Ferdinand Mehle
Elsaß und Vogesen

Morstadt-Führer
für Urlaub und Freizeit
Band 8

Ferdinand Mehle

Elsaß und Vogesen

Der große Elsaßführer
für Reisen und Wandern
zu Orten und Burgen

mit Beschreibung von 100 Ortschaften
und Burgen

Morstadt

3. ergänzte Auflage
Verlagsort: Kehl
Druck und Bindung: Westermann Druck Zwickau GmbH
Bilder: Ferdinand Mehle

ISBN 3-88571-223-7

Das Leben ist eine Reise.

Allen gewidmet, die mir Weggefährten waren.

Inhalt

Anschriftenverzeichnis:

Zum Geleit

Elsass ist das schönste thal in Germania seiner fruchtbarkeit und wohnungen halben. Das Wosagisch gebürg, darin hat es die menig wilde pferd, luxs, beren, marder, katzen, damhirsch, des anderen gewilts ser vil, desgleichen etlich weldt von kastanien, mandeln und nussen.

Daniel Speckle, 1576

Silbern glänzt die Ill im Morgenlicht,
trinkt den Atem dufterfüllter Wälder,
grüßt der Berge wolkenfreie Sicht,
wandert selig durch die reichen Felder.

Stille Dörfer schimmern freundlich mild,
durch die Blätterkronen alter Bäume.
Gastlich blinkt ein goldnes Wirtshausschild.
Türme ragen in die lichten Räume.

Auf den warmen Hängen kocht der Wein,
und die alten Städtchen ruh'n versonnen
hinter grauen Toren stolz und fein,
ganz von Licht und Rebenduft umsponnen.

Henri Adrian

Burg Nideck ist im Elsaß
der Sage wohl bekannt,
die Höhe wo vor Zeiten
die Burg der Riesen stand;
sie selbst ist nun zerfallen,
die Stätte wüst und leer,
du fragst mich nach den Riesen,
du findest sie nicht mehr.

Adelbert von Chamisso

Zu den genannten Autoren:

Daniel Speckle: Festungsbaumeister des 16. Jahrhunderts, 1577 zum Stadtbaumeister von Straßburg ernannt.

Henri Adrian (1885 – 1969): deutschsprachiger Lyriker aus Hindisheim/Elsaß.

Adelbert v. Chamisso (1781 – 1838): Deutscher Lyriker französischer Abstammung (Louis, Charles, Adelaide de Chamisso de Boncourt).

Geleitwort

Das Land der Vogesen und das Land des Schwarzwaldes waren wie die zwei Seiten eines aufgeschlagenen Buches: ich sah sie deutlich vor mir, wie der Rhein sie nicht trennte, sondern vereinte, indem er sie mit einem festen Falz zusammenhielt. Die eine der beiden Seiten wies nach Osten, die andere nach Westen, auf jeder stand der Anfang eines verschiedenen und doch verwandten Lieds, und so war es Europa, das offen vor mir lag. Vom Süden kam der Strom und ging nach Norden, und er sammelte in sich die Wasser aus dem Osten und die Wasser aus dem Westen, um sie als Einziges, Ganzes ins Meer zu tragen.

René Schickele (1922)

René Schickele (1883 – 1940): Elsässischer Schriftsteller in deutscher Sprache (Das Erbe am Rhein).

Vorwort

,,Nit alli sinn fers Wandere, net jeder well laufe“, heißt es, in schönstem Elsässisch, in einem Gedicht ,,Von der Freizitt“, der Freizeit also, eines elsässischen Wanderfreundes. Das Ziel des vorliegenden Führers durch das Elsaß und die Vogesen ist es deshalb, allen Formen des Tourismus gerecht zu werden und jedem etwas zu bieten: sowohl dem eiligen Besucher, der Rom einschließlich Papst schon lange abgehakt, das Elsaß aber bisher vergessen hat, als auch dem abenteuerlustigen Fernwanderer, der die Vogesen in ihrer gesamten Nord-Süd-Ausdehnung durchstreifen möchte, als auch demjenigen, der die dort gelegenen Ziele durch kleinere Wanderungen erreichen will, und nicht zuletzt dem Bildungsbeflissenen, der auf den Spuren der reichen Geschichte des Landes die zahlreichen Burgruinen der Vogesen und die alten Städte und Dörfer des Elsaß kennenlernen möchte.

Wer also im Auto das Land durchfahren will, um in möglichst kurzer Zeit möglichst viel zu sehen, findet in diesem Buch die Straßenverbindungen angegeben, die ihn auf kürzestem Wege zu seinen Zielen führen, und findet diese ausführlich beschrieben, seien es Orte, seien es Burgen, seien es andere Sehenswürdigkeiten in der Rheinebene und in den Vogesen (Seite 61–98).

Wer wandern will, kann sich ebenso über seine Ziele informieren. Außerdem erhält er alle sonstigen für ihn wichtigen Informationen, wie Anfahrtswege, Bezeichnung der Wanderkarten, Markierung der Wanderwege, Wegebeschreibung und Zeitaufwand (Seite 101–280).

Für den Fernwanderer schließlich ist eine dreiwöchige Tour beschrieben, die ihn, ausgehend von der Pfalz im Norden, durch die ganzen Vogesen bis in den Süden mit

Endpunkt Belfort und mit der Bahn zurück zum Ausgangspunkt führt. Bei dieser Wanderung lernt er eine Vielzahl von Burgruinen und die schönsten Seen und Aussichtspunkte sowie die höchsten Erhebungen der Vogesen kennen (Seite 99–253). Vorausgehend wird er über die Vorbereitungen informiert, die notwendig sind, um Fernwandern zum Erlebnis werden zu lassen (Seite 48–54).

Dieser Elsaß- und Vogesenführer mit seinem vielfältigen Inhalt, seinen Informationen, Karten und Abbildungen möchte dazu beitragen, daß möglichst viele Autofahrer und Wanderer die Schönheit der elsässischen Landschaft und die baulichen Kostbarkeiten ihrer Städte und Dörfer kennenlernen.

Dr. Ferdinand Mehle

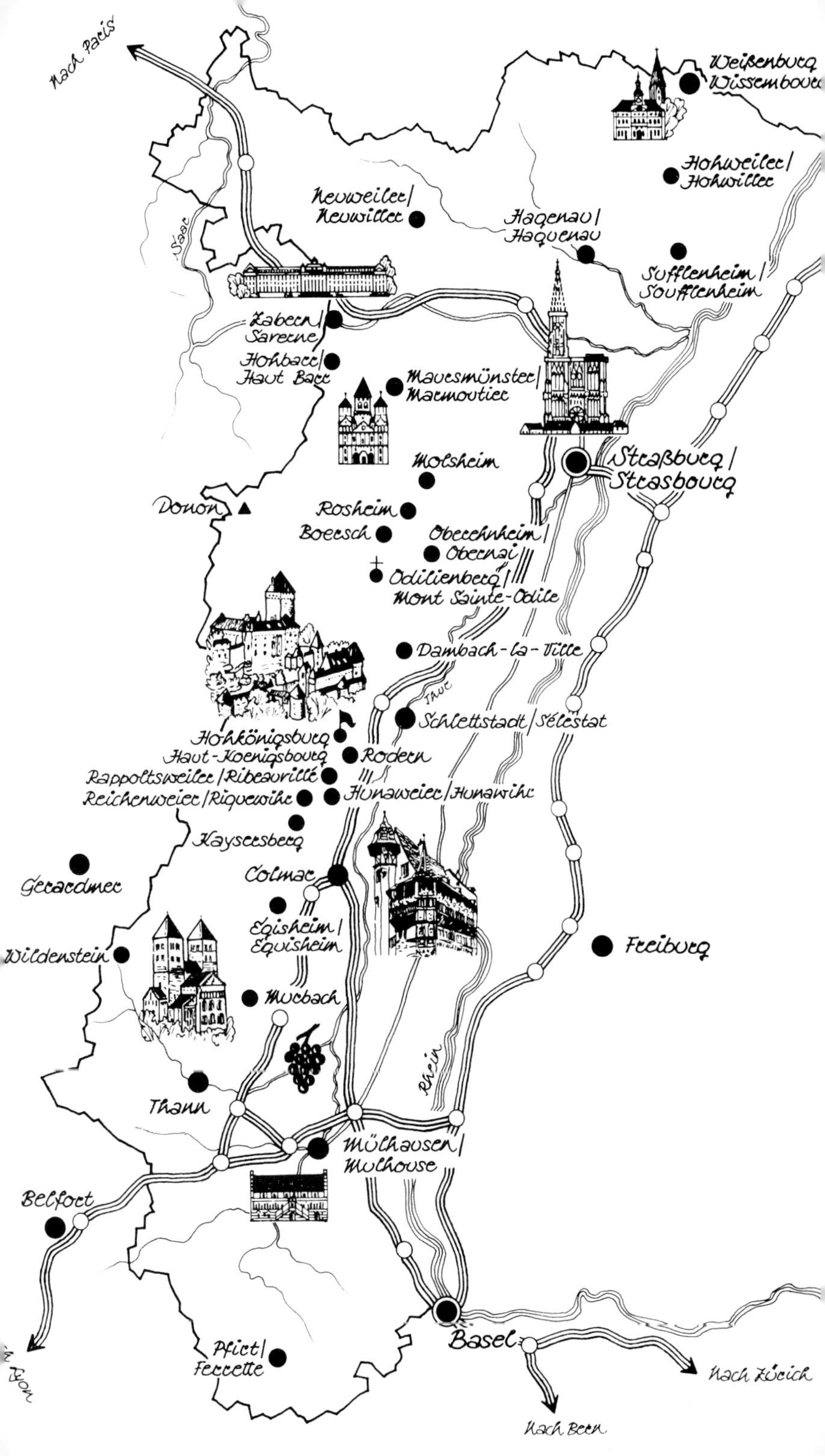

nach Paris
Weißenburg/
Wissembourg
Hohweiler/
Hohwiller
Neuweiler/
Neuwiller
Hagenau/
Haguenau
Sufflenheim/
Soufflenheim
Saar
Zabern/
Saverne
Hohbarr/
Haut Barr
Mauersmünster/
Marmoutier
Straßburg/
Strasbourg
Molsheim
Donon
Rosheim
Boersch
Oberehnheim/
Obernai
Odilienberg/
Mont Sainte-Odile
Dambach-la-Ville
Ill
Schlettstadt/Sélestat
Hohkönigsburg
Haut-Koenigsbourg
Rodern
Rappoltsweiler/Ribeauvillé
Reichenweier/Riquewihr
Hunaweier/Hunawihr
Kaysersberg
Gerardmer
Colmar
Egisheim/
Eguisheim
Wildenstein
Freiburg
Murbach
Rhein
Thann
Mülhausen/
Mulhouse
Belfort
Basel
Pfirt/
Ferrette
nach Zürich
nach Bern

Einführung

Wenn in diesem Reise- und Wanderführer die Einführung einen größeren Raum einnimmt als sonst üblich, dann ist der Grund dafür in dem erwanderten und beschriebenen Gebiet zu sehen. Ein Reisender oder Wanderer bewegt sich ja nicht in einem abstrakten Raum von Feld, Wald, Berg und Flur, sondern in einem von Menschen bewohnten Land, und das bedeutet eine fortgesetzte Begegnung mit Geschichte und Gegenwart dieses Landes. Sich damit zu beschäftigen, gehört deshalb mit zur Vorbereitung einer Wanderung oder Reise. Hinzu kommt, daß es sich bei Vogesen und Elsaß um ein Gebiet handelt, das außerhalb der Grenzen der Bundesrepublik liegt, so daß die Kenntnisse darüber zwangsläufig geringer sind als bei innerdeutschen Landschaften. Die nun folgende Beschreibung will dazu beitragen, diesem Mangel abzuhelfen.

1. Das Gebirge

,,Unter deutschen Gebirgen ist keines, das den Vogesen an malerischer Schönheit und Mannigfaltigkeit der Formen gleichkommt. In den Sandsteinvogesen im Norden fesseln seltsam zerklüftete Felsen, aus denen zahlreiche Burgen herausgemeißelt sind, und liebliche Waldtäler, in denen murmelnde Bäche zu Tal rinnen. In den Hochvogesen des Südens aber trifft der Wanderer fast alpine Formen und sieht der Alpen mächtig aufragenden Wall von Höhenwegen, wie sie großartiger weder der Schwarzwald noch sonst ein deutsches Gebirge aufweist. Dichter Wald bedeckt einen großen Teil der Höhen, der alte Wasgenwald, dem nur die einsamen Forsten des Spessarts und die riesigen Waldmassen des Böhmerwaldes das Gleichgewicht halten. Vor allem aber sind die Vogesen allen anderen Gebirgen überlegen durch eine Fülle von Erinnerungen an die Vergangenheit, die den Freund von Sage und Geschichte stets aufs neue locken. Sie hat in den Burgen ihre Spuren hinterlassen, die so zahlreich, wie nirgendwo sonst, von den Höhen des Gebirges aufragen." (Luthmer: Mündel und Bechstein als Erschließer der Vogesen, in F. Bouchholtz: Elsaß-Lothringen, ein Heimatbuch).

Geographisch betrachtet, sind die Vogesen ein westlich der Oberrheinischen Tiefebene, gegenüber dem Schwarzwald gelegenes Mittelgebirge, das sich, ansteigend, von der pfälzischen Grenze im Norden bis zur Burgundischen Pforte im Süden (Belfort) erstreckt (ca. 160 km, 6900 qkm Fläche, bei einer Breite von 40 – 45 km). Das im Tertiär aufgefaltete Gebirge besteht aus Granit und Gneis, die von jüngerem Sedimentgestein überlagert sind: zunächst Buntsandstein, darüber Muschelkalk; beide wurden, vor allem in den Südvogesen, durch eiszeitliche Gletscher abgeschliffen.
Kleine, tiefliegende Gletscherseen, schwarz-, blau- und grünäugig, sind aus diesem früheren Erdzeitalter übriggeblieben und beleben die Landschaft, zusammen mit anderen, künstlich durch Aufstauung entstandenen Gewässern. Der ursprüngliche deutsche Name der Vogesen ist Wasgau oder Wasgenwald. Die Römer nannten das Gebirge Vogesus mons (lateinisch: mons, montis = Berg, Gebirge), abgeleitet wahrscheinlich von der keltischen Berggottheit Vosegus, und daraus wurde im Französischen Vosges und im Deutschen Vogesen. Die Südvogesen haben, im Gegensatz zum Schwarzwald, einen starken Hochgebirgscharakter. Der höchste Gipfel ist der Große oder Gebweiler Belchen (Grand Ballon), mit einer Höhe von 1424 m, gefolgt von Storkenkopf und Hohneck (1364 und 1362 m) und erst an 26. Stelle, dem Elsässer Belchen (Ballon d'Alsace, 1247 m).
Vom Tal der Leber bis zur Zaberner Steige folgen die Mittelvogesen, deren Gipfel kaum noch die Höhe von 1000 m

übersteigen (Donon 1008 m). Das kristalline Urgestein der Südvogesen wird mehr und mehr durch Buntsandstein verdrängt, der später, in den Nordvogesen, dominiert. Diese bilden den niedersten Teil des Gebirges, das sich dann, ohne erkennbare Begrenzung, im Pfälzer Wald fortsetzt.

Während der gegenüberliegende Schwarzwald, außer dem Kinzigtal, keine Quertäler aufweist, sind die Vogesen von mehreren Quertälern durchzogen. Das hat die Entstehung von Ansiedlungen, von Burgen, Klöstern und Kirchen gefördert, damit aber auch Anziehungspunkte für die fremden Heere geschaffen, die immer wieder – vor allem im Dreißigjährigen Krieg – das Elsaß mit Raub, Brand und Plünderung überzogen. Für sie bildeten die Vogesen, durch ihre geologische Struktur, kein Naturhindernis wie der Schwarzwald auf der anderen Seite des Rheins. Für den Wanderer aber bedeuten diese Taleinschnitte ein häufiges Hinab- und wieder Hinaufsteigen, also Anstrengung. Die Vogesen sind von weiten Wäldern bedeckt, wobei es sich, auch hier im Gegensatz zum Schwarzwald, überwiegend um Mischwald (Buchen, Tannen, Fichten, Bergahorn, Kiefern u. a.) handelt. Von etwa 1200 m ab weicht dann der Wald den kahlen Flächen der Hochweiden, mit Kuhglocken, Sennereien und Viehtränken. Aus ihnen erheben sich die meist abgerundeten Kuppen der Gipfel (deshalb häufig als Belchen bzw. Ballon bezeichnet). Auf den Bergwiesen der Vogesenhochflächen wachsen viele Alpenpflanzen, z. B. Alpenanemonen, Gelber Enzian, Türkenbundlilien u. a. . . .

Die Fauna der Vogesen ist, wie die Flora, sehr artenreich. Außer Reh, Hase, Fuchs, Dachs, Iltis und Damhirsch sind auch Gemse, Mufflon und Auerhahn anzutreffen.

2. Das Land und seine Geschichte

In einer Stellungnahme der kaiserlichen Gesandten, die diese in einem „Bedenken von der Wichtigkeit des Elsasses, daß solches an Frankreich nicht überlassen werde" 1646 bei den Friedensverhandlungen in Münster übergeben hatten, heißt es: „Quod ultra Alsatiam non sit vita, aut si, tamen non est ita" (daß es außerhalb des Elsasses kein Leben gibt, oder wenn, daß es doch nicht ebenso ist) und weiter: „von dieses Landes Glückseligkeit, wegen gesunder Luft und guter Temperatur, Jagdbarkeiten, Eichwälder, Mineralien, warmen Bädern und Sauerbrunnen, zuvörderst aber heiligen Orten, item an Überfluß und Fruchtbarkeit aller Sachen, ist unnötig, Spezialmeldung zu thun, weil bekannt ist, daß keine Provinz in Deutschland dieser gleich, noch eine andere in Europa solche übertreffen mag. Ob nun die Kron Frankreich mit ihren Waffen, so mit dem Feind des Reichs auf dem deutschen Boden conjugiret und so viel Jahr erhalten, ein solches Land vom Römischen Reich zu einer Satisfaction oder Recompens verdienet habe, das wird an seinen Ort gestellet und dem Richter übergeben, in cujus manu sunt omnes fines terrae" (in dessen Hand alle Grenzen der Erde sich befinden).

Seitdem sind fast 350 Jahre vergangen, und vieles hat sich verändert. Geblieben aber ist, trotz aller Konzessionen an Technik und Wirtschaftswachstum, das Elsaß als eine vom Himmel gesegnete, von der Geschichte verdüsterte und von Sagen umsponnene Landschaft. Während das klein gewordene und zusammengepreßte Deutschland in den Jahrzehnten nach dem Kriege zu einem hektischen Aufschwung gezwungen wurde, dessen wirtschaftliche Denkprinzipien auch den letzten freien Winkel der Natur vermarkten, ist im Elsaß, in seinen Fachwerkdörfern und kleinen, mauerumgürteten Städten, viel von dem lebendig geblieben, was einmal war, bevor der alles zerstörende „Fortschritt" seine Herrschaft antrat und der Brunnen vor dem Tore und der Lindenbaum der Schnellstraße weichen mußten. Und in den Vogesen mit ihren einsamen Pfaden und dem grünen Gewoge der unendlichen Wälder findet der Besucher noch jenen Frieden, der im gegenüberliegenden Schwarzwald schon längst verlorengegangen ist. Hier stößt er auf Schritt und Tritt auf die Zeugen der Vergangenheit des Landes: zyklopische Befestigungswälle der Kelten, römische Bildnisse und Inschriften, germanische Sagen und christliche Legenden, staufische Burgen und mittelalterliche Klöster.

Das Elsaß wird im Norden von Lothringen und der Pfalz, im Osten vom Rhein, im Süden von der Schweiz und der Region Belfort begrenzt und umfaßt im Westen den Großteil der Vogesen. Verwaltungsmäßig ist es in die Departements Haut-Rhin (Oberelsaß), Verwaltungssitz Colmar, und Bas-Rhin (Unterelsaß), Verwaltungssitz Straßburg eingeteilt. Die Grenze zwischen den beiden Departements ist das Weilertal. Diese Verwaltungsgrenze entspricht der uralten Scheide zwischen Süd- und Nordgau und zwischen den Bistümern Basel und Straßburg. Das Elsaß hat 1,5 Mill. meist deutschstämmige Einwohner. Über den Ursprung des Namens Elsaß gibt es verschiedene Versionen: eine bringt ihn in Zusammenhang mit dem Flußnamen Alsa, den ein Teil des Ill-Flusses früher geführt hat, eine andere leitet ihn aus Edel-Sass, also Sitz der Edlen ab. Eine weitere Deutung bezieht sich auf die alemannische Landnahme im Elsaß. Die zurückgebliebenen Stammesteile sollen ihre über den Rhein gezogenen Volksgenossen Alisâzas, d. h. die drüben Sitzenden, genannt haben und das von diesen besetzte Land Alisâza, woraus dann Elsaß wurde.

In dem Besitz des Landes haben sich Gallier, Römer, Alemannen, Franken, Deutsche und Franzosen nacheinander abgelöst, und die Heere dieser Völker und der Ritter, Söldner, Armagnaken, Bauern, Landsknechte, Schweden, Weimaraner und Kaiserlichen sind über es hinweggezogen. Die wiederholten Einfälle der germanischen Alemannen seit der Mitte des 3. und seit Anfang des 5. Jahrhunderts haben dazu geführt, daß die Bevölkerung des Elsaß in ihrem Kern alemannisch ist. Die ursprüngliche keltische Bevölkerung wurde bei diesen Einfällen vertrieben und flüchtete an den Rand und in die Täler der Vogesen. Durch den Sieg des Frankenkönigs Chlodwig, 496, über die Alemannen, gelangte das Land unter fränkische Herrschaft und bildete, seit der Mitte des 7. Jahrhunderts, ein Herzogtum unter eigenen Herzögen. Im Vertrag von Verdun, 843, kam das Elsaß zum Mittelreich Lothars und 870, durch die Teilung Lothringens, an das Reich Ludwigs des Deutschen. 925 bildete es einen Teil des Herzogtums Alamanien. Die schwäbischen Herzöge führten deshalb auch den elsässischen Herzogstitel.

Die Burgen auf den Höhen der Vogesen künden von einer Zeit, in der das Elsaß zu den reichsten Provinzen des Heiligen Römischen Reiches Deutscher Nation gehörte. Es war das Kern- und Reichsland der Staufer-Kaiser, das Kaiser Friedrich II. seiner Erblande liebstes nannte, und auch das Kaisergeschlecht der Habsburger nahm von hier seinen Ausgang. Heute noch legen die Burgen und Klöster, die stolzen Rathäuser und Dome Zeugnis ab von jener Zeit der Hochblüte. Ihr folgte eine Zeit der politischen Zerstückelung unter vielen Herren, die sich auch an der Geschichte der Orte und Burgen ablesen läßt.

Um diese Geschichte verständlich zu machen, seien nachfolgend die hauptsächlichsten Territorialherrschaften genannt: im Unterelsaß die Gebiete der Grafen v. Bitsch-Zweibrücken (später Pfalz-Zweibrücken), v. Lichtenberg (später Hanau-Lichtenberg), v. Lützelstein (später Veldenz-Lützelstein), der Besitz der Herren v. Fleckenstein und das bischöflich-straßburgische Gebiet. Im Oberelsaß die Gebiete der Grafen v. Rappoltsstein, der Grafen (später Herzöge) v. Württemberg, der Grafen v. Dagsburg-Egisheim (bis zu ihrem Aussterben Anfang des 13. Jahrhunderts), das Gebiet der Fürstäbte von Murbach sowie das habsburgische Gebiet und das der Grafen v. Pfirt, das später ebenfalls habsburgisch wurde. Teile des südlichen Elsaß gehörten dem Bistum Basel. Die freien Reichsstädte des Elsaß waren – mit Ausnahme Straßburgs und Mülhausens – in einem Städtebund (Dekapolis, da es sich um 10 Städte handelte) zusammengeschlossen. Landgrafen und Reichsvögte vertraten die Reichsgewalt. Die Landgrafschaft im Unterelsaß gelangte, über die Grafen v. Werd und v. Öttingen, an den Bischof von Straßburg. Den zahlreichen selbständigen Gebieten gegenüber war sie bedeutungslos geworden.

Ungleich wichtiger war die den Grafen v. Habsburg erbliche Landgrafschaft im Oberelsaß, welche ein fast einheitliches Ganzes darstellte. 1365 und 1375 fielen Söldnerscharen aus dem englisch-französischen Krieg, die „wilden Engländer" genannt, in das Elsaß ein und 1439 bis 1445 die sogenannten Armagnaken (im Volksmund „arme Gecken"; französische Söldner, ursprünglich unter dem Kommando des Herzogs Bernhard von Armagnak, der 1418 ermordet wurde). 1469 verpfändete Herzog Sigismund von Tirol die habsburgisch-vorderösterreichischen Besitzungen im Elsaß an Karl den Kühnen von Burgund. Dessen gewaltsames Vorgehen gegen die elsässischen Reichsstädte, und in der Folge, deren Zusammengehen mit anderen Städten in Schwaben und der Schweiz bewirkten die Befreiung von der burgundischen Herrschaft. Peter v. Hagenbach, der gewalttätige burgundische Statthalter, wurde in Breisach hingerichtet. Der Bauernkrieg fand im Elsaß, von wo der Aufstand des „Bundschuh" ausgegangen war, mit den Niederlagen, welche die Bauern 1525 durch den Herzog Anton von Lothringen bei Zabern, Scherweiler und Kestenholz erlitten, ein blutiges Ende. Ausgehend von den Reichsstädten und hier vor allem von Straßburg, breitete sich die Reformation im Lande schnell aus. Davon ausgenommen waren jedoch die bischöflichen Gebiete und die habsburgischen Besitzungen. (Heute gehören nur noch etwa 20 % der elsässischen Bevölkerung dem evangelischen Glaubensbekenntnis an.) Als im Dreißigjährigen Krieg, unter dem das Elsaß besonders stark zu leiden hatte, die abendländische Reichseinheit dann endgültig zerfiel, gelangte das Elsaß mehr und mehr unter den dominierenden Einfluß des französischen Königreichs. 1648, im Westfälischen Frieden von Münster, waren die habsburgisch-vorderösterreichischen Besitzungen und kaiserlichen Rechte im Elsaß an Frankreich abgetreten worden, und der Friede von Ryswick, 1697 – im Volksmund Reißweg genannt – brachte dann die Anerkennung der französischen Besitznahmen im übrigen Elsaß seit 1648. Vergebens hatten sich die elsässischen Reichsstädte bei den Friedensverhandlungen in Münster dagegen gewehrt, an Frankreich ausgeliefert zu werden. Als eine Verwandte Ludwigs XIV., 1685, an Colmar vorbeiritt, sah sie, so wird berichtet, daß die vor den Toren der Stadt versammelten Ratsherren weinten: Französische Pioniere und Bergleute aus Markirch sprengten die Mauern der ehemaligen Reichsstadt; ihre Selbständigkeit und Freiheit war dahin. 100 Jahre später aber brachte die Französische Revolution des Jahres 1789 diese bürgerliche Freiheit ins Elsaß zurück. Freiheit, Gleichheit, Brüderlichkeit hießen die neuen Ideen. Sie fielen im Elsaß auf so fruchtbaren Boden, daß im ersten revolutionären Überschwang 235 Außenskulpturen des Straßburger Münsters zerstört wurden und der durch seine Höhe das Gleichheitsprinzip verletzende Münsterturm nur dadurch vor dem Abriß bewahrt werden konnte, daß ihm beherzte Männer eine Jakobinermütze überstülpten.

Jetzt wurde das elsässische Gebiet in die beiden Departements Bas-Rhin und Haut-Rhin eingeteilt und die französische Zollgrenze an den Rhein vorverlegt. Bis dahin war das Elsaß als ,,province à l'instar de l'étranger effectif" (Provinz, die wie Ausland zu behandeln ist) weder dem Steuer- noch dem Zollsystem der französischen Kernlande unterworfen. Von der Französischen Revolution an datieren auch die Bestrebungen, das Elsaß sprachlich dem übrigen Frankreich anzugleichen. Im französischen Konvent gipfelten sie in dem Vorschlag, die gesamte Bevölkerung nach Innerfrankreich umzusiedeln. Das monarchistische Frankreich hatte dagegen keinen Anlaß gesehen, die elsässische Eigenart anzutasten, und nicht minder tolerant war Napoleon. ,,Laissez les parler leur jargon, pourvu qu'ils sabrent à la française", sagte er (laßt sie doch ihr Kauderwelsch reden, wenn sie nur den Säbel auf französisch führen). Und das taten sie denn auch, im alten kriegerischen Alemannengeist, wie es die Namen der Generäle Kellermann, Kleber und Rapp beweisen und wie es das elsässische Autorenkollektiv Erckmann-Chatrian (1822 – 1899 bzw. 1826 – 1890) in seinen Büchern beschrieben hat (z. B. ,,Histoire d'un conscrit de 1813" und ,,Waterloo, suite du conscrit de 1813"). In diesen Büchern wird auch etwas von der schwärmerischen Begeisterung spürbar, die man im Elsaß für Napoleon empfand. Und nicht nur im Elsaß, sondern teilweise auch in den angrenzenden süddeutschen Ländern. Nachzulesen z. B. in Wilhelm Hauffs Novelle ,,Das Bild des Kaisers". Diese Zeit und die folgenden durch den bürgerlichen Liberalismus geprägten Jahrzehnte erlebte das Elsaß im Schoße Frankreichs, und dabei versank das Alte und wurde weitgehend vergessen, auch die ehemalige Zugehörigkeit zum Reich.

Die Ursache dafür ist darin zu sehen, daß der Begriff der Nation, wie er heute aufgefaßt und empfunden wird, sich erst im 18. / 19. Jahrhundert entwickelt hat. Die prägenden geschichtlichen Erlebnisse dieser Zeit waren für das Elsaß aber die Französische Revolution, die Eroberungskriege Napoleons und der bürgerliche Liberalismus und nicht die

Befreiungskriege und die Reichsgründung. Die erneute Zugehörigkeit zu Deutschland, von 1871 bis 1918, hat den Elsässern zudem gezeigt, daß das Regime von jenseits des Rheins, in seiner damaligen politischen Form, ihrer Lebensart nicht gerecht werden konnte oder wollte. „Die Deutschen waren zurückgekommen, aber sie waren keine Deutschen mehr: sie waren Preußen geworden", schreibt ein elsässischer Autor (Adrien Finck, Der Sprachlose). Hitlers kurze Herrschaft im Elsaß hat dann die endgültige Entscheidung gegen Deutschland gebracht.

Zwar kann es vorkommen, daß dem Wanderer auf einsamen Vogesenpfaden die auf Felsen, Hüttenwänden und sonst sich anbietenden Flächen aufgesprühte Parole „Alsace libre, dehors la France" (Freies Elsaß, Frankreich hinaus) begegnet. Politisch sind solche Verlautbarungen jedoch bedeutungslos, da autonomistische Bestrebungen, die im Elsaß zwischen den beiden Weltkriegen eine gewisse Rolle gespielt haben, heute kaum mehr vertreten werden.

Das heutige Elsaß bekennt sich, mit dem überwiegenden Teil seiner Bevölkerung, zu Frankreich, wobei allerdings die Gefahr besteht, daß seine kulturelle Eigenart durch diese Orientierung mehr und mehr verlorengeht. Diese Entwicklung ist schon so weit fortgeschritten, daß in Südtirol der Begriff „Verelsässerung" als Bezeichnung für eine kulturelle Situation verwendet wird, gegen die man sich dort so lange mit Entschiedenheit gewehrt hat, bis der Region der jetzige Status kultureller und verwaltungsmäßiger Autonomie zugestanden wurde.

Und zum Schluß noch eine nicht ganz ernstzunehmende Deutung der elsässischen Hinwendung zu Frankreich: Als ein Elsässer ins Jenseits gelangte, empfing ihn der heilige Petrus mit strengen Worten in Sonntagsdeutsch: „Dein Erdenwandeln, mein Sohn, ward des Himmels nicht würdig. Du konntest dich nie für das Gute entscheiden. Aber siehe, ich lasse dir nun die Wahl der Qual: Willst du in die deutsche oder in die französische Hölle?" Da stand der Elsässer wieder vor seinem Problem. Aber listig, wie er schon immer war, fragte er leise in seiner Sprache: „Wia isch's in d'r ditscha Hell?" Und es sprach gewaltig der Heilige: „Hammerschlag auf den Schädel am Morgen zum Aufwachen, dann wirst du aufgespießt und geröstet (Vorderseite) im Feuer des Tages, heiße Pechsuppe zum Mittagsmahl, dann wirst du aufgespießt und geröstet (Hinterseite) im Feuer des Tages, Hammerschlag auf den Schädel am Abend zum Einschlafen, Amen!" Da fragte wieder der Elsässer mit vertraulichem Augenzwinkern: „Wia isch's denn in d'r franzeescha Hell?" Und es sprach gewaltig der Heilige: „Hammerschlag auf den Schädel am Morgen zum Aufwachen, dann wirst du aufgespießt und geröstet (Hinterseite) im Feuer des Tages, heiße Pechsuppe zum Mittagsmahl, dann wirst du aufgespießt und geröstet (Vorderseite) im Feuer des Tages, Hammerschlag auf den Schädel am Abend zum Einschlafen, Amen!" Entsetzt rief unser Hans: „Um Himmelswilla! Wu isch denn do d'r Unterschied?" Der heilige Petrus antwortete diesmal gutmütig und sprach sogar Elsässisch: „In d'r franzeescha Hell fahlt amol d'r Hammer, d'rno wider's Pach, manchmol sogar noch's Fir!" Da konnte sich der Hans doch noch entscheiden (aus Adrien Finck, Der Sprachlose; Sonntags- oder Pfarrersdeutsch: das Hochdeutsch der Predigt).

In humoristischer Form wird hier also gezeigt, daß das preußisch Überkorrekte, Unnachgiebige und Uneinsichtige deutscher Staatsräson der elsässischen Mentalität nicht gerecht werden kann. Ihr entspricht mehr das Laissez faire, Laissez passer der Franzosen, das Leben und Lebenlassen also. „Die Gesetzeshärte der Preußen und ihrer Nachfolger, trotz ihrer guten Seiten, hat nie zu unserem Charakter gepaßt", schrieb dem Verfasser ein elsässischer

Bekannter. Sicher war der Druck der Pariser Lackstiefelette manchmal nicht minder schwer als der des preußischen Kommißstiefels, aber sie war geschmeidiger und nicht so plump.
Trotz allem aber sind einige Relikte aus der kaiserlich-deutschen Zeit von 1871 bis 1918 im Elsaß bis heute erhalten geblieben. So sind z. B. die Pfarrstellen staatlich dotiert, im Gegensatz zum streng laizistischen übrigen Frankreich, und in der Volksschule ist der Religionsunterricht obligatorisch. Auch die Bestimmungen über die Einhaltung der Sonntagsruhe, die Jagdgesetze und die Organisation der Handelskammern gehen auf jene Zeit zurück.

3. Die Burgen

In diesem Buch werden die Burgen der Vogesen und die des Sundgaues als Ziel von Wander- und Besuchsvorschlägen beschrieben. Sie sind so zahlreich, daß das Elsaß häufig als das Land der Burgen bezeichnet wird, denn kein anderes Land ist so burgenreich. Im hohen Mittelalter entstanden diese Befestigungen auf allen Bergkuppen und strategisch wichtigen Punkten vor allem des östlichen Vogesenrandes. Ihre große Zahl führt zwangsläufig zu der Frage, warum es gerade hier zu einer solchen Häufung von Burgen gekommen ist. Einer der Gründe ist darin zu sehen, daß das Elsaß im Mittelalter keine staatliche Randlage hatte wie heute – als östlichste Provinz Frankreichs und von 1871 bis 1918 westlichste Provinz Deutschlands – sondern das Kernland und der politische Mittelpunkt des Reiches der staufischen Kaiser und gleichzeitig eines ihrer Erblande war. Die Grenze dieses übernationalen Reiches verlief damals im Westen weit im heutigen Frankreich bzw. Belgien, etwa auf einer Linie die, von Süden nach Norden, durch die Städte Marseille, Lyon, Toul, Verdun, Namur und Antwerpen gebildet wurde, die sämtlich noch innerhalb des Reichsgebietes lagen. Die Grenze im Osten entsprach ungefähr der heutigen Oder-Neiße-Grenze, doch war das Gebiet zwischen Elbe und Oder noch nicht lange deutsch besiedelt.

Friedrich v. Büren (1020 – 1053), der Stammvater der Hohenstaufen, hatte durch seine Heirat mit Hildegard v. Dagsburg-Egisheim, aus dem bedeutenden und besitzreichen elsässischen Dynastengeschlecht, die staufische Hausmacht im Elsaß begründet, und sein Sohn Friedrich (1047 – 1105) war Herzog von Schwaben, einem Herzogtum, zu dem damals auch das Elsaß gehörte. Von dessen Sohn, Herzog Friedrich dem Einäugigen von Schwaben, dem Vater des Kaisers Friedrich I., Barbarossa, berichtet der Chronist, er habe am Schweife seines Pferdes immer eine Burg nach sich gezogen. Die meisten Burgen im Elsaß stammen also aus jener Zeit. Sie waren Reichsburgen, Burgen also, die im Eigentum des Reiches standen.

Das Recht zum Burgenbau war ursprünglich königliches Vorrecht, so daß keine Burg ohne Zustimmung der Salier und später der Hohenstaufen errichtet werden konnte. Unter diesen wurde, mit dem Ausbau einer für die damalige Zeit modernen Verwaltung, in zunehmendem Maße der Stand der Dienstmannen oder Ministerialen herangezogen. Diese Verwaltungsbeamten des Königs stiegen zum Teil zu freien Rittern auf und wurden oft mit Burgen belehnt oder wurden auf größeren Burgen als Vögte eingesetzt, um dort die königlichen Rechte wahrzunehmen. Schon vorher war, mit dem Aufstieg des Hochadels, das „Recht der Zugbrücke“, das Recht zum Burgenbau also, auch auf diesen ausgedehnt worden; im Elsaß hieß das auf die dort ansässigen Dynastengeschlechter, z. B. die Grafen v. Lichtenberg, die Grafen v. Dagsburg, die Grafen v. Egisheim, die Grafen v. Pfirt usw., die nun in ihren Herrschaftsgebieten ebenfalls Burgen errichteten. Weitere Burgen entstanden im Herrschaftsbereich der straßburgischen Bischöfe, die, wie damals üblich, auch weltliche Herren waren.

Besonders geschützt wurden die Zentren geistlicher und weltlicher Macht. So entstanden im Elsaß rings um das Kloster auf dem Odilienberg und um die Abtei Murbach zu deren Schutz zahlreiche Burgen. Auch die Umgebung des Trifels, auf dem sich die Reichskleinodien befanden, und die von dort zur Kaiserpfalz nach Hagenau führende Straße waren durch eine ganze Burgenkette stark bewehrt.

Dennoch hätten alle diese Gründe nicht ausgereicht, wenn nicht auch die geographischen und geologischen Voraussetzungen für den Burgenbau im Elsaß in geradezu idealer Weise gegeben gewesen wären. Die Vogesen mit ihren Gipfeln, steilen Berghängen und einzeln aufragenden, langgestreckten Felsen waren wie geschaffen für den Burgenbau, und das dafür erforderliche Baumaterial war zudem an Ort und Stelle vorhanden: der leicht zu formende Sandstein in den Nord- und Mittelvogesen, und in den Südvogesen der schwerer zu bearbeitende, dafür aber auch schwerer zu zerstörende Granit. Noch weiter im Süden, zur heutigen Schweiz hin, boten sich die Juraberge als Burgenplätze an, deren Kalkgestein ebenfalls zum Burgenbau geeignet war, wenn auch unter Anwendung anderer Verbundtechniken als in den Vogesen.

Wo immer auch im Elsaß diese Burgen errichtet wurden, es handelte sich, in den genannten Fällen, durchweg um Höhenburgen, wenn auch unterschiedlicher Typen. Da gab es die Gipfelburg, auf ringsum steil abfallendem Gipfel (z. B. Hohrappoltstein), oder die auf dem äußersten Vorsprung eines Bergsporns gelegene Sporenburg (z. B. Lützelstein) und häufig auch die Felsenburg (z. B. Fleckenstein), auf einem kaum ersteigbaren, langgestreckten Felsenriff gelegen, wie sie, vor allem in den Nordvogesen, aus dem Waldesdickicht, Inseln vergleichbar, herausragen.

Immer jedoch war der Standort einer Burg so gewählt, daß er für sich alleine schon einen Hauptteil der Verteidigungsaufgabe übernehmen konnte, die vor allem darin bestand, mit einer geringen Zahl von Verteidigern einem zahlenmäßig überlegenen Angreifer wiederstehen zu können. Zu diesem Zweck wurde der eigentliche Burgenplatz zusätzlich durch einen Graben von seiner Umgebung abgetrennt und damit noch stärker unzugänglich gemacht. Dieser Graben umlief bei einer Gipfelburg als Ringgraben im allgemeinen die gesamte Anlage, bei der Sporenburg trennte er, als sogenannter Halsgraben, den Burgenplatz von dem übrigen Höhenrücken. Bei der Felsenburg war eine solche Grabenanlage meistens nicht erforderlich, da das Felsenriff selbst ihre Aufgabe übernahm. Hinter dem Graben ragte die Ringmauer auf, die den ganzen Burgenkomplex umschloß, der bei größeren Burgen aus einer Vorburg und der daran anschließenden Hauptburg bestand. Häufig war dieser Mauer eine äußere, niedrigere Mauer, ein sogenannter Zwinger, vorgelagert, um es dem Angreifer unmöglich zu machen, Belagerungstürme an die Hauptmauer heranzuführen. Die Mauerkrone der Hauptmauer war mit Zinnen und Schießscharten versehen und stellenweise so vorgekragt, daß aus eingefügten Gußlöchern kochendes Wasser, Blei und Pech auf die Angreifer heruntergegossen werden konnte. Häufig wurde die Mauerkrone auch überdacht, so daß dadurch ein gedeckter Wehrgang entstand.

In die Mauer einbezogene, vorstehende Türme dienten dazu, den angreifenden Gegner unter flankierenden Beschuß zu nehmen. Besonders gefährdete Teile der Burg wurden durch eine Schildmauer geschützt, die, besonders hoch und stark ausgeführt, diesen Abschnitten vorgelagert war. Man findet sie immer dann gewaltig ausgeprägt, wenn das anschließende oder gegenüberliegende Gelände ansteigt und den Burgplatz überhöht (z. B. Neu-Windstein, Wasenburg). Wenn eine solche hohe Mauer die ganze Burg wie ein Mantel umzieht und gleichsam einhüllt bezeichnet man sie als Mantelmauer oder auch Hoher Mantel (z. B. Ortenburg u., vor ihrer Zerstörung, Hohnack).

Die nach außen gerichteten Bauteile der Burg waren häufig aus sogenannten Buckelquadern errichtet. Die Sandsteinblöcke wurden dabei mit einem Randschlag versehen, so daß dadurch in der Mitte ein Buckel herausgearbeitet wurde. Diese Buckelquadern dienten als Schmuck; sie hatten aber auch die Aufgabe, das Anlegen von Sturmleitern an die Mauern, Türme und sonstigen Außenbauten zu erschweren. Darüber hinaus verlieh die Buckelung der Steine den Mauerflächen eine gewisse rustikal-dräuende Wirkung und machte dadurch einen bedrohlichen und abschreckenden Eindruck, der, im psychologischen Sinne, sicherlich beabsichtigt war. Die häufig in den seitlichen Quaderflächen noch zu sehenden Löcher sind Zeugnis für den mittelalterlichen Baubetrieb, bei dem große Zangen seitlich in den Stein griffen, um ihn auf das Baugerüst heben zu können. Hinter der Schild- oder der Mantelmauer – bei Anlagen, die eine solche Mauer nicht erforderlich machten, hinter dem Tor – ragte der Bergfried, der Hauptbefestigungsturm der Burg und ihr höchster Bauteil, bis zu 30 m in die Höhe. Er hatte, wie auch die Schild- und die Mantelmauer, die Aufgabe, den Burghof mit den Burggebäuden vor den anfliegenden Geschossen zu schützen. Um diesen die Wirkung zu nehmen, war der meistens eckige Turm mit einer seiner Kanten der Angriffsseite zugewendet, so daß die aufprallenden Geschosse seitlich abgelenkt und wirkungslos wurden. Der Bergfried war außerdem der letzte Zufluchtsort der Verteidiger, wenn die Burg erobert wurde. Sein Eingang lag deshalb im ersten Obergeschoß und war nur durch eine Leiter zu erreichen, die leicht entfernt werden konnte.

Von der Zinne des Bergfrieds aus besaß man weite Sicht ins Land und bemerkte so rechtzeitig die Annäherung des

Feindes. Deshalb bot der Burgbezirk früher auch nicht den romantischen Anblick herrlicher Wälder, wie sie heute die Burgruinen der Vogesen umgeben; das Umfeld einer Burg mußte vielmehr absolut kahl sein, und kein Baum durfte Aussicht und Schußfeld hemmen. Den Burggraben überspannte eine Brücke, deren letztes Glied aus einer Zugbrücke bestand. Sie mündete in das Tor, das durch starke Eichenbohlen, feste Sperrbalken und manchmal auch ein Fallgitter gesichert war. Der Zugangsweg zum Tor war häufig so gelegt, daß er an der Ringmauer entlang führte, und zwar in der Weise, daß der angreifende Gegner dieser die schildlose rechte, die Schwertseite, zuzukehren gezwungen war. Dies ist sehr gut bei manchen Felsenburgen zu beobachten (z. B. Blumenstein, Falkenstein). Bei ihnen ist der Aufgang aus dem Felsen herausgemeißelt und mehrfach unterbrochen, wobei die Überbrückung durch Holzkonstruktionen erfolgte, die leicht zu entfernen waren, wenn Gefahr drohte. Die Wohn- und Wirtschaftsgebäude der Burg waren gewöhnlich um den Hof gruppiert und an die Ringmauer angelehnt, aber meistens nicht mit ihr verbunden, sondern durch eine Fuge getrennt, um zu verhindern, daß bei der Zerstörung eines Bauteils auch andere mit einstürzten. Bei den Felsenburgen wurden, zusätzlich zu den auf dem Felsen stehenden Gebäuden, Kammern, Wohnräume, Gänge und Treppen aus dem Felsen herausgemeißelt.

Der Palas war das Wohnhaus der Burg, das sich von den anderen Wohnbauten durch seine künstlerische Ausgestaltung unterschied. Manchmal wurden Palas und Bergfried als Wohnturm zusammengefaßt (z. B. Wasigenstein). Die tiefen Fensternischen des Palas enthielten Steinbänke, von denen man einen weiten Blick in das umliegende Land hatte. Die Burgräume, die sich außerhalb des Palas befanden, im besonderen aber die Frauengemächer, wurden Kemenaten genannt.

Eine der wichtigsten Lebensbedingungen für die Burginsassen war der Besitz von frischem Wasser. Zur Ausstattung einer jeden Burg gehörte deshalb ein Brunnen oder eine Zisterne. Letztere war die gebräuchliche Art der Wasserversorgung bei den Felsenburgen, weil sich diese Auffangvorrichtungen für das Regenwasser leicht aus dem Felsen heraushauen ließen, es andererseits aber nur sehr schwer möglich war, durch den ganzen Felsen einen Brunnen bis zur Talsohle zu bohren. Manchmal wurde dieses Problem dadurch gelöst, daß der Brunnen vom Fuße des Felsens aus nach unten geführt und der Schacht dann als Brunnenturm auf das Niveau des Felsplateaus hochgemauert wurde (z. B. Trifels, Fleckenstein). Die enorme Tiefe einer solchen Anlage (beim Trifels 80 m, wobei 20 m auf den Turm und 60 m auf den eigentlichen Brunnenschacht entfallen) machte die Wasserförderung allerdings zu einer mühseligen und zeitaufwendigen Arbeit.

Ein vollkommenes Bild elsässischer Ritterburgen bieten vor allem die Ruinen der Ulrichsburg über Rappoltsweiler und der gewaltige Burgenkomplex der wiederaufgebauten (allerdings mit Zugeständnissen an den damaligen Zeitgeschmack, die nur wenig mit der Realität zu tun haben) Hohkönigsburg. Von der strategischen Bedeutung her waren die Burgen vor allem Wehr- und Schutzbauten (das Wort Burg kommt von „bergen“). Sie waren außerdem Verwaltungsmittelpunkt für den umliegenden Besitz. So lange sie nicht erobert waren, bildeten sie, durch die Möglichkeit von Ausfällen und Streifzügen, eine ständige Bedrohung in Flanke und Rücken eines in das Land eingefallenen Feindes. Sie boten Schutz nicht nur ihren ständigen Bewohnern, sondern in Kriegszeiten auch den Bewohnern des Umlandes. Als Verwaltungsmittelpunkt waren sie, aus heutiger Sicht, eine Mischung aus Landratsamt, Finanzamt, Amtsgericht und Gefängnis. Die Bauern wurden hier zu Frondiensten eingeteilt, mußten hier den

Zehnten entrichten, und auch die Gerichtsbarkeit für das zugeordnete Herrschaftsgebiet wurde auf der Burg wahrgenommen.

Da sich in den größeren Herrschaftsgebieten mehrere Burgen im Eigentum des jeweiligen Landesherren befanden, wurden auf jenen, die dieser nicht selbst nutzte, entweder Burgvögte zur Verwaltung eingesetzt oder ihr Besitz wurde zu Lehen (von leihen) an Gefolgsleute, sogenannte Lehnsleute (Lehner, Lehnsmann), übertragen, die damit von dem Lehnsherrn belehnt wurden. Der Lehnsmann konnte die Burg wiederum an einen von ihm abhängigen Gefolgsmann zum Besitz weitergeben. Eine solche Besitzkonstruktion wird Afterlehen genannt. Einzelne Burgen und sogar ganze Herrschaftsgebiete wurden manchmal, zur Sicherung finanzieller Forderungen, an den betreffenden Gläubiger, unter Einräumung aller Rechte, einschließlich des Besitzes, verpfändet (z. B. 1469 im Elsaß die habsburgischen Gebiete an Karl den Kühnen von Burgund). Die Burg als Eigentum eines einzelnen Rittergeschlechtes war selten. Wo es der Fall war, begab sich dieses häufig selbst in den Schutz größerer Herrschaftsgebiete, in dem es seine Burg dem jeweiligen Landesherrn übereignete, um sie dann von diesem als Lehen wieder zu empfangen. Wenn mehrere adelige Familien eine Burg gemeinsam bewohnten, bezeichnete man diesen Besitz als Ganerbenburg (z. B. Hohegisheim).

Das Leben auf einer mittelalterlichen Burg war alles andere als romantisch. Waren die Lebensbedingungen in der warmen Jahreszeit noch einigermaßen günstig, so war im Winter der Schutz gegen die Unbilden der Witterung mehr als dürftig. Heizung gab es nur in wenigen Räumen, meistens nur in denen des Palas. Dort waren offene Kamine aufgemauert, welche eine doppelte Rolle spielten: Man wärmte sich, während gleichzeitig über dem Feuer, am Spieß oder auf dem Rost Braten zubereitet wurde. Fensterscheiben waren noch unbekannt. Sie wurden durch geöltes Pergament oder Tierblasen ersetzt. Die grimmige Kälte versuchte man durch hölzerne Fensterläden und dahinter gehängte Wolldecken abzuhalten. In den Räumen standen große Betten, Kisten und Truhen, und an den Wänden hatte man Sitzbänke angebracht. Die Aborte waren nach außen gerichtete Nischen oder Erker, die zu den Räumen hin durch Holztüren abgeteilt waren. Die Ansprüche an das Leben waren bescheiden. Hauptnahrung bildeten Brot, Milch und Fleisch. Gemüse schätzte man nicht, und die Kartoffel war noch nicht bekannt. Fleisch von Vieh galt als nicht standesgemäß; es war ein Bauernessen. Statt dessen aß man auf den Burgen Fleisch von Geflügel und Wild, das auf der Jagd erbeutet wurde. Als Hauptgetränk diente Wein. Er hatte allerdings, nach heutigen Ansprüchen, keine gute Qualität, und seinen Geschmack veränderte man vielfach durch Würzen mit allerlei Kräutern. In einem erhalten gebliebenen Brief von 1518, an einen in Nürnberg lebenden Freund, schildert Ulrich v. Hutten (geb. 1488 auf Burg Steckelberg in der Rhön) das Leben auf einer Burg äußerst anschaulich:

„Die Burg selbst, mag sie auf dem Berge oder im Tal liegen, ist nicht gebaut um schön, sondern um fest zu sein: von Wall und Graben umgeben, innen eng, da sie durch die Stallungen für Vieh und Pferde versperrt wird. Daneben liegen die dunklen Kammern, angefüllt mit Geschützen, Pech, Schwefel und dem übrigen Zubehör der Waffen und Kriegswerkzeuge. Überall stinkt es nach Pulver, dazu die Hunde mit ihrem Dreck. Reiter kommen und gehen. Man hört das Blöken der Schafe, das Rufen auf den Feldern, das Knarren und Rattern von Fuhrwerken und Karren; ja wahrhaftig, auch das Heulen der Wölfe wird im Hause vernehmbar, da der Wald so nahe ist.“

Der Verteidigungswert der Burgen war unterschiedlich und hing häufig weniger von der Stärke der Mauern als in erster Linie vom Widerstandswillen ihrer Bewohner ab. Manche Vogesenburg erlag im Bauernkrieg dem ersten Ansturm Sensen und Morgensterne schwingender Haufen, andere wieder hielten im Dreißigjährigen Krieg zahlreichen Belagerungen stand, um dann erst den überlegenen artilleristischen Mitteln der Truppen Ludwigs XIV. zu erliegen. Wieder andere spielten, zu Festungen ausgebaut, selbst 1814 und 1870 noch eine Rolle.

Steht man heute vor diesen Burgen, dann fragt man sich, selbst noch beim Anblick ihrer Trümmer, wie es in einer Zeit, die noch kein Pulver kannte, möglich war, diese auf unzugänglichen Felsen hochaufragenden Befestigungswerke zu bezwingen. Der sicherste Weg war, sie auszuhungern. Das aber war langwierig und deshalb für den Belagerer kostspielig (die vierwöchige Belagerung der Burg Löwenstein, 1386, verschlang 13 000 Gulden, wie der Chronist berichtet) und manchmal litten die Angreifer eher Mangel als die Verteidiger oder wurden durch Seuchen dezimiert. So manche Belagerung mußte ergebnislos abgebrochen werden, so die des Fleckensteins, 1325, durch die Straßburger, und vor Alt-Windstein lagen die Belagerer fast drei Monate, bis die Burg endlich eingenommen werden konnte (1332).

Die Hauptanstrengungen der Angreifer richteten sich vor allem gegen das Tor, das mit Widdern und Rammböcken, deren Ende eisenbeschlagen war, aufzuschlagen oder einzudrücken versucht wurde. Die Burggräben wurden mit Faschinen aufgefüllt, um sie auf diese Weise zu überbrücken, und mit Sturmleitern, die an die Mauern angelehnt wurden, versuchte man in das Innere der Burg zu gelangen. Belagerungstürme (Ebenhoch genannt, weil sie ebenso hoch waren wie die Mauern) wurden an die Mauern herangeschoben, um sie auf diese Weise überwinden zu können. Wenn dies alles und selbst der Einsatz von Wurfmaschinen, Blyden genannt, die zentnerschwere

Felsbrocken gegen Mauern und Türme schleuderten, keinen Erfolg brachte, gingen die Angreifer häufig dazu über, die Befestigung zu untergraben. So geschehen z. B. 1386 bei Burg Löwenstein. Darüber gibt es einen anschaulichen Bericht in der elsässischen Chronik des Jakob von Königshofen (Jakob Twinger von Königshofen: um 1390 in Straßburg entstandene erste oberdeutsche Chronik in Prosafassung). Dort heißt es: „Also zogeten die von Strosburg mit dem von Lichtenberg für Löwenstein die burg und sturmeten die und untergrubent den berg und den veils (Fels), do die burg uffe stunt gar siere (sehr), das sich die innen entsossent (entsetzten). Davon gobent sü die burg uf und lies man sü enweg gon. Do zerbrach man die burg ze grunde abe (bis zum Grunde), als davor was gelegen uf vier wuchen. Do wart uf XIII tusend gulden verzert und verlonet (Lohn bezahlt) den grebern und werglüten (Gräbern und Werkleuten)."

Um eine Burg „ze grunde abe", zu zerstören, wurde sie in jener Zeit, die noch kein Dynamit kannte, „ausgebrannt", wie man das nannte. Die Türme und Gebäude wurden dabei mit brennbarem Material, Holz, Reisig, Pech usw., von oben bis unten angefüllt und angezündet, nachdem vorher alle Fenster, Türen und Schlitze verstopft worden waren. Die plötzliche Hitze dehnte die Luft aus, und da sie keinen schnellen Ausweg fand, sprengte sie die Mauern und warf sie um (nach Krieg v. Hochfelden, Geschichte der Militärarchitectur, 1859).

Für die meisten elsässischen Burgen, wie für die Burg überhaupt, kam das Ende mit der Erfindung und Vervollkommnung der Feuerwaffen. Heute liegen diese steinernen Zeugen einer großen Vergangenheit in Trümmern. Keine von ihnen hat die Brandschatzungen der Bauernkriege, des Dreißigjährigen Krieges und der Kriege Ludwigs XIV. ohne Beschädigung überstanden. Aber selbst als Ruinen ziehen sie den Besucher unwiderstehlich an, denn hier, bei den moosbewachsenen Steinen und übergrünten Schutthalden, läßt sich Vergangenheit erspüren.

Allerdings waren elsässische Burgen auch schon vor der Erfindung der Feuerwaffen zerstört worden, denn die kriegerischen Ereignisse, denen das Land Jahrhunderte hindurch ausgesetzt war, zogen auch die Burgen in Mitleidenschaft. Erst waren es die elsässischen Reichsstädte, hier vor allem Straßburg und Hagenau, die, in ihrem Interesse, um Handel und Wandel zu schützen, diejenigen Ritterburgen zerstörten, deren Besitzer zu Raubrittern verkommen waren. Dann waren es Fehden der einzelnen Territorialherrschaften untereinander, denen weitere Burgen zum Opfer fielen. Schließlich führten auch die Einfälle englischer Söldnerscharen (1365 und 1375) sowie der sogenannten Armagnaken (1439 – 1445) zur Zerstörung so mancher Burg. Dennoch waren diese Zerstörungen letztlich nur Einzelfälle, und die betroffenen Burgen, einschließlich der 1525 im Bauernkrieg zerstörten, wurden meistens wieder aufgebaut. Was jedoch nach dem Dreißigjährigen Krieg, der das Elsaß mehr als andere Reichsgebiete verheerte, an Burgen noch übrig war, das wurde von den Generälen Ludwigs XIV. verbrannt und manchmal nahezu dem Erdboden gleichgemacht (z. B. Dagsburg). Verschont blieben nur jene, die von Vauban zu französischen Festungen ausgebaut wurden (z. B. Landskron, Lützelstein, Lichtenberg). Sie waren dann die letzten elsässischen Burgen, die der Zerstörung anheim fielen, als 1814 die gegen Napoleon Verbündeten und 1870 die Preußen kamen.

Die Burgen des Elsaß zu beschreiben, heißt, dieses nicht in seinen heutigen, sondern in seinen ehemaligen Grenzen zu sehen, denn die Burgen sind nicht heute, sondern vor Jahrhunderten entstanden. Im Osten und Westen waren die elsässischen Grenzen kaum Veränderungen ausgesetzt. Im Osten bildete der Rhein eine natürliche Barriere, und im

Westen war der Nord-Süd-Hauptkamm der Vogesen durch Jahrhunderte hindurch die Grenze gegen Lothringen und – von 1871 bis 1914 – gegen Frankreich. Heute verläuft hier die westliche Grenze der beiden elsässischen Departements, die in etwa auch mit der Sprachgrenze identisch ist. Weniger konstant waren die Grenzen im Süden und Norden des Landes.

Jahrhundertelang gehörte die Stadt Belfort, die jetzt ein eigenes Departement ist, zum Elsaß, und die Grenze im Norden reichte über die Lauter hinaus.

„Doch schau, dort läuft e Flissel,
es isch die muntre Queich;
di sad: jetzt halt e bissel,
am End isch unser Reich,“

reimte im 18. Jahrhundert ein elsässischer Mundartdichter, und er hatte recht: Die heute pfälzischen Orte Dahn, Bergzabern, Wörth, Kandel und Landau waren elsässisch. Landau gehörte, als Reichsstadt, der Dekapolis, dem Bund der zehn elsässischen Reichsstädte, an und wurde nach dem Dreißigjährigen Krieg, durch die Übertragung der Vogtei über diese Städte an Frankreich, französisch. Die von Vauban zur Festung ausgebaute Stadt (1688) wurde 1793 von den Preußen belagert, was im französischen Konvent zu der Parole „Landau, ou la mort“ führte. Die Abgeordneten brauchten nicht zu sterben; die Preußen zogen wieder ab. Auch noch im 1. Pariser Frieden, 1814, blieb die elsässische Nordgrenze unverändert, und sie wäre es heute noch, wenn Napoleon in Elba geblieben wäre. So kam es jedoch, 1815, zum 2. Pariser Frieden, und durch diesen wurde das Gebiet zwischen Lauter und Queich pfälzisch und blieb es bis heute. 1825 erfolgte nochmals eine Veränderung, als, im Zuge einer sogenannten konzilianten Landabtretung, Bayern Frankreich die Ortschaften Nieder- und Obersteinbach und das unmittelbar nördlich gelegene Gebiet überließ, das Frankreich für die Talverbindung zwischen den Festungen Weißenburg und Bitsch benötigte. Dadurch wurden die Burgen Wasigenstein, Klein-Arnsburg und Lützelhardt wieder französisch und gehören somit wieder zum elsässischen Burgenbereich, wie vorher auch die Queichgauburgen vom Trifels bis zum Berwartstein, der Wegelnburg und dem Blumenstein. Diese Queichgauburgen müßten also eigentlich in die Beschreibung dieses Buches mit einbezogen werden. Sie beschränkt sich jedoch auf die beiden Burgruinen Wegelnburg und Blumenstein, die unmittelbar an der jetzigen elsässisch-pfälzischen Grenze liegen, um den Rahmen nicht zu sprengen, der durch den Buchtitel vorgegeben ist.

4. Die Sprache

Im Elsaß wird – mit Ausnahme der französischen Sprachinseln in den hinteren Abschnitten des Breusch-, Gießen-, Weiß- und Lebertals – ein alemannischer, dem Schriftdeutschen verwandter Dialekt gesprochen (etwa bis Hagenau, dann nach Norden bis zur Grenze eine fränkische Mundart), der als Umgangssprache jedoch mehr und mehr vom Französischen verdrängt wird, da, nach der französischen Staatsdoktrin des cuius regio eius lingua, Französisch ausschließliche Amts- und Schulsprache ist. Hinzu kommt wohl auch eine Sogwirkung, die von dem kosmopolitischen Flair und dem Klangwunder Französische Sprache ausgeht. „Oui, j'ai une patrie: la langue française", formulierte es Albert Camus. Diese Entwicklung hin zum Französischen scheint unaufhaltsam zu sein, denn im Elsaß selbst, soweit das für den Außenstehenden erkennbar ist, macht sich nur wenig Widerstand dagegen bemerkbar. Eine aufgespießte Zunge, als Museumsausstellungsobjekt, mit der Anmerkung „Langue Alsacienne, XX. siecle" – so sieht der bekannte elsässische Zeichner Tomi Ungerer die Zukunft des elsässischen Dialekts. In einer Zeit allgemeiner Rückbesinnung auf traditionelle Werte ist es erstaunlich, daß hier eine Volksgruppe bereit zu sein scheint, den Verlust der eigenen Sprache und damit ihrer Identität weitgehend widerstandslos hinzunehmen. Der elsässische Autor Adrien Finck sagt hierzu: „Mir luje unserem aigene Begräbnis zue und sawe: s'isch doch e scheeni Lich, nit?" Die Zeit also, in der sich der folgende Dialog zwischen Sohn und Vater abgespielt hat, dürfte der Vergangenheit angehören, wobei es allein elsässischem Urteil unterliegt, ob das zu bedauern oder zu begrüßen ist: Bue by syne Uffgawe zum Babbe: „Babbe, heißt's jetzert la coeur odder le coeur? Babbe: Bue, diß heißt Likör."

Weniger anekdotisch, da selbst erlebt, ist eine andere Begebenheit. Vor der Auberge Hohbarr sitzt ein Vater mit seinem Sohn an einem Tisch und erklärt ihm, in wortreichem Französisch, die Geschichte der Burg Hohbarr. Dabei rutscht der auf der Tischkante aufgestützte Ellbogen ab, was, inmitten des französischen Redeschwalles, mit einem kräftigen „Scheiß-Tisch" quittiert wird.

Es hat allerdings in den letzten Jahren den Anschein, als ob der Dialekt doch widerstandsfähiger wäre, als vermutet und wieder an Boden gewinnt. Als Beleg hierfür sei Catherine Trautmann, sozialistische Oberbürgermeisterin von Straßburg, zitiert, die sich bei ihren Wählern, wegen ihrer geringen Elsässischkenntnisse, auf elsässisch entschuldigte: „Ihr fröje mich manchmol, worum ich nitt besser elsässisch redd? Nu ja, diß leijt halt an minnere Gschicht: Minni Mamme isch e richtigi Elsässere, awer minner Babbe kummt üs'm Intérieur. Ich bin 1951 g'bore. Ihr wisse jo zellemols, c'était chic de parler français! Ich bin grad in dere Zitt groß worre, un m'r henn in Strossburri, in d'r Stadt, g'wohnt." (Die Zeit, Nr. 16, 14. 4. 1989; mit „Intérieur" ist Innerfrankreich gemeint, im Gegensatz zum Elsaß.)

Und hier noch einige Kostproben des elsässischen Dialektes: Hitt grättle mir bi Wind un Sturm, d'Schnecke nuff vum Minschderdurm (gemeint ist das Straßburger Münster; grättle = klettern, krabbeln). – Buewe, dün de Knibbe schliffe, Zitt isch do fer d' Widepiffe (Weidenpfeifen; Knibbe ist der nur noch im elsässischen Dialekt lebendige oberdeutsche Bruder des englischen knife). – Ihr kenne mich alli, sagt der Hänner zu seinen Richtern, die entsetzt in die Höhe fahren. Numme rühwi, beschwichtigt er, net alli mitenander – aaner noch'm andere. – In einer kleinen Weinstube behindern sich zwei Elsässer mit ihren unter dem Tisch ausgestreckten Beinen. Sagt der eine: Pardon, sinn Sie so frindlich un namme Ihre Fiaß zruck, daß ich oi Platz bekumme. Keine Reaktion. Monsieur, Sie mian (müssen) Ihre Fiaß zrucknamme, ich kann so nit sitze. Nichts. Wenn Ihr jetzt begott Eure krumme Knoche nit zrucknamme, so knall ich Euch mi Humpe an d'r Schadel. Sagt der andere, während er seine Füße zurückzieht: Wurum sagen Ihr das nit gleich also vernimftig.

Die Elsässer sind bekannt wegen ihres scharfen Witzes, mit dem sie die Schwächen anderer, aber auch die eigenen Schwächen bloßlegen. Kein Wunder also, daß sich dieser Witz auch der Sprachenfrage angenommen hat: Ein Elsässer, der in den Rhein gefallen ist und nicht schwimmen kann, ruft verzweifelt: „Au secours, au secours!“ Ein anderer Elsässer schaut ihm vom Ufer aus ungerührt zu und ruft hinüber: „Hätsch dü schwemma g'leert, statt Franzeesch, dann dätsch jetz nit versüffa!“ – Kaum mehr ein Witz, aber voll böser Ironie ist dieser Vierzeiler von Adrien Finck:

Fête Alsacienne
ah le petit vin blanc
macht sie ganz sentimental
singen bald Waldeslust
o wie einsam schlägt die Brust.

In einem älteren Lexikon (Brockhaus von 1908) wird die Anzahl der elsässischen Gemeinden, in denen ausschließlich oder überwiegend Französisch bzw. ein dem Französischen verwandter Dialekt gesprochen wird (Patois Vosgien, siehe hierzu Seiten 202, 208 und 267), mit 51 angegeben (von insgesamt 946) und die Zahl der diese Sprachen sprechenden Einwohner mit ca. 50 000, bei einer Gesamteinwohnerzahl von etwa 1,5 Millionen. Fest steht also, daß in jenen Teilen des Elsaß, auch in den Zeiten als sie zum Reich gehörten, schon immer französisch bzw. ein verwandter Dialekt gesprochen wurde. Wie es sich auch immer verhalten mag mit der Sprache im Elsaß, man urteile am besten selbst: Das elsässische ,,Merci vielmols" klingt zweifellos auch vielmals hübscher als das hochdeutsche ,,Danke sehr".

Und noch etwas zur Sprachenfrage: ob elsässisch, französisch oder deutsch, was immer und von wem gesprochen wird, deutschen Elsaß-Besuchern ist zu empfehlen, sich hierzu nicht zu äußern. Die ,,Schwowe" (elsässischer Spitzname für die Deutschen) sind im Elsaß schlechte Ratgeber und sollten es den Elsässern überlassen, ihre Probleme selbst zu lösen. Welche Folgen es haben kann, wenn man sich nicht an diesen Rat hält, beschreibt der elsässische Dichter André Weckmann in einem ,,Paradoxon" betitelten kurzen Gedicht:

,,Was seid ihr nun?
het de Schwob gfroit:
Franzosen oder Elsässer?
Elsasser,
het de Elsasser gsait;
also seid ihr keine Franzosen,
het de Schwob gsait
un esch d' Deer nüsgflöje."

Hier wird etwas von der Zwiespältigkeit des elsässischen Wesens sichtbar, die am treffendsten in dem Volkslied vom „Hans im Schnokeloch“ ausgedrückt ist, von jenem Hans, der nicht will, was er hat, und nicht hat, was er will (Schnoke = Schnake, die im Badischen wie im Elsaß gleich bezeichnete und gefürchtete stechwütige Rheinschnake. Goethe, den sie bei einem seiner Besuche in Sesenheim von einer Rheininsel vertrieben hatten, versichert in seinen Erinnerungen, „daß diese Schnaken allein mich von dem Gedanken abbringen könnten, als habe ein guter und weiser Gott die Welt erschaffen.“).

Der Besucher jedenfalls, der sich bei Einheimischen nach dem Weg erkundigt, kann davon ausgehen, daß seine deutsche Frage verstanden und ebenso beantwortet wird, wenn sie nicht allzu akzentuiert hochdeutsch gestellt wurde. Wendet er sich allerdings an Angehörige der jüngeren Generation, dann kann es ihm schon passieren, daß er seine Französischkenntnisse zusammenkratzen oder das Wörterbuch bemühen muß. Wichtig ist in diesem Zusammenhang noch zu wissen, daß manche Elsässer die Frage nach deutschen Sprachkenntnissen als Frage nach hochdeutschen Sprachkenntnissen interpretieren und deshalb verneinen.

5. Orts- und andere Bezeichnungen

Im Elsaß fällt uns, sofort nach dem Überschreiten der Grenze, die Schreibweise der Ortsnamen auf. Die ursprünglich deutschen Bezeichnungen sind französischen Ausspracheregeln angepaßt. So wird aus der Endsilbe -burg französisch -bourg, aus -hofen -hoffen und aus -hausen -house. Aus -weiler wird villé oder -willer, aus -weier -wihr, und die Buchstabenkombination „ge“ wird, der richtigen Aussprache wegen „gue“ geschrieben (z. B. Haguenau statt Hagenau und Guebwiller statt Gebweiler). Weniger zahlreich sind die Ortsnamen, bei denen die deutschen Bezeichnungen völlig verändert wurden, wie Cernay für Sennheim, Ribeauvillé für Rappoltsweiler, La Petite Pierre für Lützelstein, in diesem Falle eine wörtliche Übersetzung, da „lützel“ im Mittelhochdeutschen „klein“ bedeutet. Ebenso wörtlich übersetzt ist beispielsweise auch der Ortsname Trois Epis = Drei Ähren. Fast immer jedenfalls hat die französische Bezeichnung eine Verbindung zu der ursprünglichen deutschen. Sei es, daß die Dialektaussprache französisiert wurde, wie Obernai für Oberehnheim oder Riquewihr für Reichenweier (qu französisch wie k), sei es, daß ein lautlicher Anklang vorhanden ist, wie Séléstat für Schlettstadt, Saverne für Zabern und Marmoutier für Maursmünster. Da dieses Buch deutsch geschrieben ist und hauptsächlich Besuchern aus Deutschland dienen soll, werden in ihm die deutschen Bezeichnungen verwendet und die amtlichen französischen (soweit diese von den deutschen abweichen) der Orientierung halber in Klammern dahinter gestellt. Davon ausgenommen sind die Bezeichnungen in jenen Vogesengebieten, in denen, obwohl sie zum Elsaß gehören, mehrheitlich französisch gesprochen wird (siehe hierzu auch Seite 41). Bei ihnen wird umgekehrt verfahren. Im Verzeichnis der Orte (siehe Seite 305) sind sowohl die deutschen, als auch die amtlichen französischen Ortsnamen aufgeführt, jeweils mit Hinweis auf die anderslautende Bezeichnung, wenn sie voneinander abweichen. Welche Schreibweise auch immer gewählt ist, eine politische Absicht liegt ihr in keinem Fall zugrunde.

6. Erläuterungen zu den Wandervorschlägen

Es handelt sich bei den Wanderungen, die auf den Seiten 99–253 beschrieben sind, in jedem einzelnen Fall um Tagestouren, die, aneinandergereiht, die Strecke von der pfälzischen Grenze bis nach Belfort ergeben. Man kann sie also, wenn man über die entsprechende Zeit verfügt (mit Rückweg, nach Bahnfahrt Belfort – Weißenburg, 19 Tage) in einem Stück, in Teilstücken oder aber einzeln erwandern. Der Begriff „Tagestour" heißt aber nicht, daß die reine Wanderzeit einen vollen Tag beträgt, er bedeutet lediglich, daß die Wanderung sich von morgens (8.00 – 9.00 Uhr) bis zum Nachmittag (16.00 – 18.00 Uhr) erstreckt, einschließlich Pausen, Zeit zum Essen und für Besichtigungen. Die einzelnen Strecken wurden so ausgewählt, daß größere Ortschaften möglichst vermieden werden.

Für denjenigen, der nur eine kleine Wanderung durchführen will, empfiehlt sich ein Seiteneinstieg in die beschriebenen Strecken, auf denen er dann das von ihm angestrebte Ziel erreichen kann. Auf der Grundlage der nachstehend genannten Wanderkarten ist ein solcher Quereinstieg ohne Schwierigkeiten zu bewerkstelligen. Bei sämtlichen Burgruinen und sonstigen erwähnten Sehenswürdigkeiten auf der Gesamtstrecke Pfalz – Belfort, sind zudem auch die direkten und kürzesten Wege angegeben, die zu ihnen führen, unabhängig von der Streckenführung des einzelnen Wandervorschlags. Außerdem sind die Wandervorschläge der Seiten 254–280 (Weitere Burgruinen der Vogesen und Burgruinen im Sundgau) gleichfalls auf die direkten und kürzesten Wege abgestellt, so daß derjenige, der nur eine kleine Wanderung beabsichtigt, auch dort eine Vielzahl von Möglichkeiten findet (geordnet von Norden nach Süden).

Soweit markierte Wanderwege benützt werden, genügen zur Orientierung die Karten des Vogesenclubs im Maßstab 1 : 50 000. Sie sind allerdings dann mit Vorsicht zu genießen, wenn man diese Wege verläßt. Besser sind also in jedem Falle die Karten des Maßstabes 1 : 25 000. Sie, wie auch die Karten 1 : 50 000, sind erhältlich entweder über eine Buchhandlung oder aber direkt vom Club Vosgien, 16, Rue Sainte Hélène, F-67000 Strasbourg. Die Blätter des Maßstabes 1 : 50 000 haben folgende Bezeichnungen (Reihenfolge von Norden nach Süden): Vosges du Nord (Nordvogesen), Saverne (Zabern), St. Odile / Donon / Hoh-Königsburg, Colmar / Münster / Gerardmer / St. Dié, Thann / Gebweiler. Im Maßstab 1 : 25 000 liegen folgende Karten vor, die, wie die Karten des Maßstabes 1 : 50 000, das beschriebene Wandergebiet erfassen (Reihenfolge von Norden nach Süden): Niederbronn – Lembach, Saverne – Phalsbourg (Zabern – Pfalzburg), Dabo – Wangenbourg (Dagsburg – Wangenburg), Obernai – Mont Sainte Odile (Oberehnheim – Odilienberg), Dambach – Tännchel, Hohneck – Vallée Münster (Hohneck – Münstertal), Grand Ballon (Großer Belchen) – Thann.

Die in den Karten aufgeführten Wanderwege sind mit Zahlen und Buchstaben bezeichnet, wobei die Zahl für das Markierungszeichen (Rechteck, Dreieck, Kreuz usw.) und der Buchstabe für die Farbe des Markierungszeichens steht. Diese Buchstaben-Zahlen-Kombination ist bei den neueren Kartenausgaben (z. B. Grand Ballon – Thann, 1 : 25 000) dadurch ersetzt, daß die Wanderwege auch auf den Karten mit der jeweiligen farbigen Markierung gekennzeichnet sind (rotes Rechteck, blaues Dreieck, gelbes Kreuz usw.). Für die letzte Strecke nach Belfort benötigt man von der Carte de France, Maßstab 1 : 25 000, die Blätter Giromagny 7-8, Lure 3-4, und Belfort 1-2. Herausgeber ist das Institut Géographique National France, 136 bis, Rue de Grenelle, 75700 Paris.

Die Wege der Wanderung Weißenburg (Wissembourg) – Nothweiler (Rückweg, nach Bahnfahrt Belfort – Straßburg – Weißenburg) sind in folgenden Karten enthalten: Bad Bergzabern und Umbebung mit elsässischem Grenzgebiet, 1 : 25 000, und Grenzgebiet Pfalz / Elsaß, 1 : 25 000. Beide Karten sind erhältlich über das Landesvermessungsamt Rheinland-Pfalz.

Die graphischen Darstellungen der beschriebenen Wanderungen dienen der Übersicht. Sie sind, gegenüber der kartographischen Ausführung, zwangsläufig verkürzt und schematisiert und deshalb nicht geeignet, die angegebenen maßstäblichen Karten zu ersetzen. Aus diesem Grunde empfiehlt es sich, vor Antritt der Wanderung die vorgesehene Strecke, anhand der Beschreibungen dieses Buches und der aufgeführten Wegemarkierungen, in der für den beabsichtigten Weg maßgebenden Karte festzulegen.

Die Kilometerangaben für die einzelnen Wandervorschläge sind ungefähre Werte, da sie nach einem Schrittzähler ermittelt wurden. Die Hinweisschilder des Vogesenclubs enthalten dagegen keine km-Angaben, sondern Zeitangaben. Diese sind nicht objektiv meßbar und deshalb manchmal auch nicht zutreffend. Eine km-Angabe ist im Gebirge allerdings auch nicht sehr hilfreich, da bei ihr die Hohenunterschiede nicht berücksichtigt sind, die sich in Zeitaufwand niederschlagen (siehe hierzu Seite 49).

Alle vorgeschlagenen Wanderstrecken wurden vom Verfasser vorgewandert. Sie stellen insofern also eine Momentaufnahme dar. Denken Sie bitte daran, wenn Sie einmal das angegebene Markierungszeichen nicht finden; es werden Wege verlegt, Bäume gefällt, neue Straßen gebaut, und nicht immer kommt die betreuende Sektion des Vogesenclubs dazu, diesen Veränderungen sofort Rechnung zu tragen.

Der Wanderer in den Vogesen begegnet oft tagelang keinem Menschen. Das ändert sich allerdings dann, wenn er den Fehler macht, zum Wochenende besondere touristische Anziehungspunkte als Ziel zu wählen. Wer die Einsamkeit liebt, sollte also die nachstehend aufgeführten Gegenden lieber an Werktagen erwandern:

Grenzgebiet Pfalz – Elsaß
Ruine Hohbarr bei Zabern (Saverne)
Nideck Wasserfälle
Donon

Odilienberg
Hohkönigsburg
Weißer See (Lac Blanc)
Schlucht – Hohneck
Großer Belchen (Grand Ballon)
Elsässer Belchen (Ballon d'Alsace).

Das Klima der Hochvogesen (Südvogesen) ist rauher als das im gegenüberliegenden Schwarzwald. Größere Wanderungen sollte man deshalb dort nicht vor Juni durchführen. Am besten sind die Monate Juli, August, September dafür geeignet. Der August ist in Frankreich allerdings Hauptferienmonat, was auch für die Vogesen einen größeren touristischen Andrang als sonst bedeutet.

Da die beschriebenen Wanderstrecken in Frankreich liegen, ist unbedingt ein Paß oder Personalausweis mitzuführen.

7. Der Vogesenclub und sein Wirken

Die Erschließung der Vogesen für den Wanderer durch die Schaffung von Wanderwegen (heute 12 000 km), den Bau von Schutzhütten, Aussichtstürmen usw. ist dem Vogesenclub zu danken. Er betreut die Wege, hat in freiwilliger Arbeit seiner Mitglieder die Markierungen angebracht und die Karten im Maßstab 1 : 25 000 und 1 : 50 000, die Grundlage jeder Vogesenwanderung sind, herausgegeben. Sein Abzeichen ist das Zackenblatt der immergrünen Stechpalme (Ilex aquifolium), die im Unterholz der Vogesenwälder wächst. Der Club wurde 1872 von dem Landgerichtsrat Richard Stieve, einem Reichsdeutschen, gegründet. Schon 1873 erschien der erste Führer durch die Vogesen von Schricker und Stieve, zwar nur ein Notbehelf, da die Verfasser nur eine kleine Anzahl von Wanderungen selbst hatten ausführen können und das Kartenmaterial unzureichend war, aber doch ein Fortschritt gegenüber dem vorausgegangenen Zustand, der weder einen gedruckten Führer noch für Wanderer geeignete Karten kannte. Diesem ersten Führer folgte 1881 der große Vogesenführer von Curt Mündel, einem Buchhändler aus Schlesien, der sich in Straßburg niedergelassen hatte. Dieser Führer, einfach „Der Mündel" genannt, erlebte seither zahlreiche Auflagen. Heute liegt der Nouveau Mündel leider nur als französisch-sprachige Ausgabe vor. Der Vogesenclub gibt die Zeitschrift „Les Vosges" heraus. Außerdem erscheinen noch Mitteilungsblätter der einzelnen Sektionen (Bulletins de Liaison). Die Zeitschrift des Hauptverbandes wie auch die Mitteilungsblätter der Sektionen enthalten manchmal Berichte auch in deutscher Sprache. Der Club hat heute ca. 20 000 Mitglieder. Die Mitgliedschaft ist an keine bestimmte Staatsbürgerschaft gebunden, das heißt, der Eintritt steht auch Bundesdeutschen offen. Der Jahresbeitrag beträgt zur Zeit (1991) 50 Francs. Die Adresse des Hauptverbandes lautet: Club Vosgien, 16, Rue Sainte Hélène, F-67000 Strasbourg.

8. Tips für den Wanderer

Wandern, was ist das schon: feste Schuhe anziehen, und auf geht's! Wer so denkt, und dementsprechend handelt, wird spätestens nach den ersten zehn Kilometern durch die Blasen an seinen Füßen schmerzhaft darauf hingewiesen werden, daß er Wandern mit Spazierengehen verwechselt hat.

Wandern ist eine sportliche Betätigung. Sie erfordert, wie jeder Sport, Training und zweckmäßige Ausrüstung. Aus dem Stand, also ohne diese Voraussetzungen, eine größere Wanderung anzutreten, wird demjenigen, der das unternimmt, die Lust am Wandern sehr schnell nehmen. Für den Ungeübten ist deshalb zu empfehlen, mit kleineren Strecken anzufangen, die dann, von Mal zu Mal, gesteigert werden können.

a) Vom Wandertempo

In einem Gelände ohne starke Steigungen gilt eine Strecke von 4 – 5 km in der Stunde als normales Wandertempo. Durch größere Höhenunterschiede wird diese Durchschnittsleistung jedoch erheblich verringert. Als Faustregel gilt hier, daß ein Höhenunterschied von 400 m einen Zeitaufwand von einer Stunde bedeutet. Eine Strecke von 8 – 10 km wird man also, bei diesem Höhenunterschied, nicht in zwei sondern in drei Stunden zurücklegen. Bei der Planung einer Wanderung ist das zu berücksichtigen. Wandern soll Spaß machen; eine Tagesleistung von mehr als 35 km ist deshalb nicht zu empfehlen. Im Schnitt sollte sie zwischen 20 und 35 km liegen, je nach Geländebeschaffenheit und eigenem Leistungsvermögen. Die besten Leistungen erreicht man bei Regen und kühlem Wetter, wasserdichte Schuhe und entsprechende Kleidung vorausgesetzt.

b) Von Schuhen, Strümpfen und Blasen

Der wichtigste Ausrüstungsgegenstand für den Wanderer ist der Wanderschuh. Für die jüngere Generation sind Turnschuhe und Jeans Allround-Kleidung und quasi Weltanschauung. Auch beim Wandern ist sie davon nicht abzubringen. Sei 's drum, jeder muß selbst wissen, ob nasse Füße und dito Hosenbeine angenehme Gefühle vermitteln. Bei beiden, Turnschuhen und Jeans, handelt es sich also um Schönwetterbekleidung. Zum Wandern taugt sie nicht. Gleichfalls unter die Kategorie Schönwetter fallen Wanderschuhe aus Wildleder, weil sie sich nicht dauerhaft gegen Nässe imprägnieren lassen. Absolut wasserdicht sind dagegen Schuhe aus Kunststoffobermaterial. Sie sind zudem noch extrem leicht. Diese Schuhe sind aber nicht nur wasser-, sondern auch luftdicht. Die Füße werden in ihnen gleichsam weichgekocht. Die Hersteller solcher Schuhe haben sich deshalb eine „Zwangsentlüftung" einfallen lassen. Absolut wasserdicht sind auch Wanderschuhe aus

Leder mit Gortex-Innenfutter. Dieses Material ist außerdem atmungsaktiv, so daß die im Schuh entstehende Schwitzfeuchtigkeit abdunsten kann.
Außer wasserdichtem Obermaterial sind bei einem guten Wanderschuh eine biegsame Profilsohle, ein abgefütterter, knöcheldeckender Schaft und eine breite, gleichfalls abgefütterte Zunge erforderlich. Diese verhindert das Eindringen von Wasser und schützt vor Druckstellen, die durch die Metallösen und zu straff angezogene Schnürsenkel entstehen können. Wanderschuhe der hier beschriebenen Art sind allerdings nicht billig. Ihr Preis bewegt sich zwischen 300 – 400 DM. Die Gegenleistung besteht in guter Paßform, festem Halt und trockenen Füßen. Nässe im Schuh macht den Fuß weich und begünstigt dadurch die Bildung von Hautblasen. Diese entstehen durch Reibung und Druck, vor allem an der Ferse, und bei längeren Abstiegen auch an den Zehen. Um sie zu verhindern, ist folgendes zu beachten:
1) unter den Wanderstrümpfen Seidensocken anziehen, damit das grobere Material der Strümpfe nicht direkt mit der Haut in Berührung kommt.
2) Schuhe von Zeit zu Zeit nachschnüren. Sie sollen fest sitzen, aber nicht drücken. Unter Umständen muß die Schnürung also auch gelockert werden.
3) Über die Ferse vorbeugend einen breiten Streifen Leukoplast kleben, so daß die Fersenreibung von dieser zweiten Haut aufgefangen wird.
4) Bei längeren Abstiegen zum Schutz der Zehen eine Schaumstoffkappe oder auch ein Knäuel aus Plastik (z. B. von einer Einkaufstüte) in die Schuhspitzen schieben.

c) Die Wanderkleidung

Jeans – es wurde schon gesagt – sind zum Wandern ungeeignet. Die Hosenbeine kommen dabei mit feuchtem, hohen Gras und Büschen in Berührung und werden deshalb nach kurzer Zeit naß um die Knöchel hängen. Die altbewährte Kniebundhose ist deshalb, in Verbindung mit Anorak oder Windbluse, die bessere Wanderkleidung. Wer also aus praktischen Überlegungen auf die geliebten Jeans verzichten muß, die Kniebundhose aber für ein Requisit aus dem Bauernkrieg hält, der kann seine Zuflucht zu jener Art von Ausrüstung nehmen, die in Neudeutsch Trekking- oder auch Outdoorbekleidung genannt wird. Welche Kleidung man auch wählt, absolut wasserdicht ist keine. Für Regen empfehlen die Hersteller deshalb Überziehhosen und -Jacken aus Kunststoff. Wer damit einige Zeit wandert, wird jedoch feststellen, daß er genauso naß ist, als wenn er darauf verzichtet hätte. Der Unterschied besteht nur darin, daß die Nässe jetzt nicht von oben außen, sondern von unten innen kommt. Das Kunststoffgewebe läßt zwar keinen Regen, aber auch keine Luft durch. Die beste Regenbekleidung ist deshalb ein Regenschirm, nicht zu klein, damit auch die Schuhe überdeckt werden und eine Regenpelerine aus Kunststoff, die so weit geschnitten sein sollte, daß auch der Rucksack unter ihr Platz hat, so daß dadurch zwangsläufig für genügend Unterlüftung gesorgt ist.

d) Das Wandern mit Rucksack

Für mehrtägige Wanderungen ist ein Rucksack, in dem alles Notwendige verstaut werden kann, unerläßlich. In der Bescheidung zeigt sich der Meister; das gilt hier ganz besonders. Zivilisation wiegt schwer; man sollte also auf alles verzichten, was irgendwie entbehrlich ist, und wird dann erstaunt feststellen, wie wenig man zum Leben eigentlich wirklich braucht. Wandern soll ein Vergnügen sein. Für einen Packesel ist es das nicht. 20, höchstens 25 Pfund, sind deshalb das Obergewicht für den gepackten Rucksack. Der Rucksack selbst sollte ein Traggestell besitzen. Dieses kann aus freiliegenden Stangen bestehen oder aber in den Sack eingearbeitet sein. Seine Aufgabe besteht darin, den Rücken freizuhalten, um das lästige

Durchschwitzen zu vermeiden und wichtiger noch darin, das Gewicht des Rucksacks auf die Hüfte zu verlagern, um die Schulter und damit vor allem die Schlüsselbeine zu entlasten. Dazu gehört deshalb auch ein Hüftgurt, der die Pendelbewegung des Rucksacks verhindert und es ermöglicht, die Trageriemen locker zu lassen.

e) Verpflegung und Unterkunft

Schwitzen, beim Wandern vor allem an sonnigen Tagen nicht zu vermeiden, bedeutet Flüssigkeitsverlust und damit durch die mitausgeschwemmten Mineralien Leistungsminderung. Eine Tageswanderung entspricht einem Verlust von 2 – 3 Litern Flüssigkeit, die dem Körper wieder zugeführt werden müssen. Sie mitzuführen, bedeutet ein Zusatzgewicht von 2 – 3 kg, ohne Behälter. Da es unterwegs fast immer Möglichkeiten gibt, den Durst zu löschen, genügt es im allgemeinen, zu Beginn der Wanderung die Feldflasche zu füllen und den Vorrat zwischendurch wieder zu erneuern. Vor Wasser aus klaren Gebirgsbächen muß jedoch gewarnt werden. Sie führen, da sie keine Mineralien enthalten, dem Körper keine Mineralstoffe zu, sondern schwemmen sie im Gegenteil zusätzlich aus. Um Wasser oder andere Getränke anzureichern, sollte ein Wanderer deshalb immer Mineralsalztabletten in ausreichender Menge dabei haben.

Unterwegs zu essen macht müde, da der Verdauungsvorgang dem Körper Kraft entzieht. Es ist also besser, das Mittagessen ausfallen zu lassen und die Mittagszeit stattdessen zum Wandern zu benützen. Wenn man ein kräftiges Frühstück eingenommen hat, läßt sich die Zeit bis zum Abendessen auch leicht überbrücken. Dieses Abendessen ist dann die Hauptmahlzeit des Tages, und die Gewißheit „zu Hause" zu sein, d. h. eine Unterkunft zu haben, wird es besonders genußvoll machen. Es ist deshalb zweckmäßig, sich das Nachtquartier im voraus telefonisch zu sichern. Andernfalls kann es passieren, daß kein Zimmer mehr frei oder Ruhetag ist. Nachteilig bei einer Vorausbuchung ist jedoch, daß der Wanderer sich dadurch auf ein bestimmtes Ziel festlegen muß und nicht dort bleiben kann, wo es ihm gerade gefällt. Absolute Freiheit in der Quartierfrage bietet ein mitgeführtes Leichtzelt; das aber heißt, auf die warme Dusche und das weiche Bett zu verzichten und mit einer Schaumstoffmatte als Unterlage und einem Schlafsack vorliebzunehmen.

f) Von Wanderkarten und Wanderwegen

Ohne Karte ist ein Wanderer blind. Auf sie kann also nicht verzichtet werden. Sie muß stets griffbereit sein und gehört deshalb in eine Kartentasche, damit sie geschützt ist, was bei einer Kleidungstasche nicht der Fall ist. Der Maßstab sollte 1 : 50 000 oder 1 : 25 000 betragen. Darüber liegende Maßstäbe sind nur für eine Übersicht gut, für die Wanderung selbst sind sie nicht geeignet. Besonders wichtig ist eine gute Karte für Ortsdurchquerungen, denn hier hören die Wegmarkierungen meistens auf, so daß man sich nach der Karte orientieren muß. Dafür ist vor allem eine Karte des Maßstabes 1 : 25 000 geeignet. Nachteilig bei diesem Maßstab ist jedoch, daß bei ihm 4 Karten erforderlich sind, um das gleiche Gebiet einer Karte des Maßstabes 1 : 50 000 abzudecken. Bei größeren Wanderungen sind das dann z. B. 24 Karten 1 : 25 000 statt 6 Karten 1 : 50 000. Man wird sich deshalb für den Maßstab 1 : 50 000 entscheiden. Bei der beschriebenen Vogesenwanderung entsprechen die Karten 1 : 25 000 allerdings nicht genau dem gleichen Gebiet wie die Karten 1 : 50 000, so daß man hier mit 7 Karten 1 : 25 000 auskommt, gegenüber 5 Karten 1 : 50 000. Als zusätzliches Orientierungsmittel, in Verbindung mit der Karte, dient ein Kompaß. Seine Handhabung, d. h. das Wandern mit Karte und Kompaß, will gelernt sein. Hierüber gibt es spezielle Informationen, z. B. das Büchlein „Karte und Kompaß“

(Verfasser Karlschmidt), erschienen im Bergverlag Rudolf Rother, München.

Stehen zu bleiben, um auf die Karte zu schauen, bedeutet immer Unterbrechung und Zeitverlust. Man wird es also dann nicht für erforderlich ansehen, wenn man glaubt, auf dem richtigen Wege zu sein. Dieser Glaube stellt sich häufig dann ein, wenn es sich um breite, angenehme Wege handelt. Solche Wege verführen dazu, den Markierungen nicht die notwendige Aufmerksamkeit zu schenken. Schnell ist dann die nach links oder rechts führende Abzweigung übersehen, und bis man den Fehler bemerkt, ist man schon mehrere Kilometer in die falsche Richtung gegangen. Wenn es also bei breiten Wegen wichtig ist, auf die Markierungen zu achten, ist es bei steil abwärts führenden Wegen zusätzlich wichtig, auf den Weg selbst zu achten, denn Geröll und lose Steine geben unter dem auftretenden Fuß nach und können Anlaß für Stürze oder unfreiwillige Spagatschritte sein. Besonders heimtückisch sind hier feuchte, den Weg durchziehende Baumwurzeln. Auf ihnen rutscht man wie auf Schmierseife, und dagegen hilft die beste Profilsohle nicht. Mancher Waldweg ist zur Forststraße avanciert und deshalb asphaltiert. Das Gehen auf asphaltierten Wegen ermüdet, wahrscheinlich deshalb, weil der Untergrund hart ist und nicht federt. Hier empfiehlt es sich auf dem Gras- oder Sandstreifen neben dem Weg zu laufen. Eines aber ist allen Wanderwegen gemeinsam: man kann auf ihnen weiter und immer weiter wandern, ohne Begrenzung. Die Grenzen bestehen nur in der Zeit, die dem Wanderer zur Verfügung steht und in seiner Leistungsfähigkeit. Ihm liegt, im wahrsten Sinne des Wortes, eine Welt zu Füßen.

9. Sonstige praktische Hinweise

a) Küche und Keller: Die Restaurants im Elsaß führen französische Küche, ergänzt durch einheimische Spezialitäten, z. B. als Vorspeise Assiette Alsacienne (Teller mit Wurstwaren und Rohkostsalate) oder Gänseleberpastete (pâté de foie gras) oder Flammeküeche (aus dünn ausgerolltem Brotteig, der früher – daher der Name – direkt auf der Glut gebacken wurde), als Hauptgericht garniertes Sauerkraut (choucroute) oder Coq (Hahn oder auch Masthuhn) au Riesling oder Bäckeofe (ein für das Elsaß typischer Eintopf, sozusagen ein Nationalgericht, bei welchem verschiedene Fleischsorten zwischen Kartoffelschichten unter Zusatz von Riesling gegart werden, was früher im Bäckerofen – im Ofen des Bäckers also – geschah), danach Münsterkäse und als Nachtisch Vacherin oder Tarte Maison (hausgemachter Obstkuchen). Am Nachmittag wird zum Wein Gugelhupf gereicht (in der Form einer Gugel, d. h. einer Kapuze, gebackener Hefeteigkuchen). Eine Spezialität des Sundgaues ist Carpe frite (gebackener Karpfen).

Selbst einfache Gasthöfe sind in ihrer Küche fast immer ihren deutschen Nachbarn der gleichen Kategorie weit überlegen und liegen sogar häufig in dieser Hinsicht auf dem gleichen Niveau wie manches deutsche Nobelrestaurant. Zum Essen trinkt man das recht gute einheimische Bier (z. B. Kanterbräu, la bière de mâitre Kanter, hier erwähnt wegen seiner hübschen Bierdeckel, die Szenen aus dem elsässischen Volksleben zeigen) oder einen der bekannten elsässischen Weine: Edelzwicker, Sylvaner, Riesling, Pinot blanc (manchmal auch Klevener genannt, ihm entspricht in Deutschland der Weißburgunder), Tokay d'Alsace (aus der Pinot gris – d. h. der Grauklevener-Traube gewonnen, ihm entspricht der badische Ruländer). Gewürztraminer, Muscat. Man sollte sie, wie alle guten Weine, vor allem im Lande trinken, denn es ist immer besser, der Trinker reist zum Wein, als daß der Wein zum Trinker reist.

Weniger bekannt, da wegen ihrer geringeren Qualität und Lagerfähigkeit nicht auf Flaschen gezogen, sondern am

Ort der Herstellung verbraucht, sind der Knipperle und der Wein aus der Chasselas-Traube, der in Südbaden, im Markgräflerland, Gutedel genannt wird. Auf ihm basiert, verschnitten mit einer Edelsorte, der sogenannte Zwicker, der gleichfalls nur als offener Wein getrunken wird. Beim Edelzwicker werden dagegen Trauben einer Edelsorte, meistens Sylvaner, zusammen mit Trauben einer anderen Sorte, Pinot oder Riesling, gekeltert, was zu sehr unterschiedlichen Geschmacksergebnissen führt, je nach Quantität und Qualität der Mischung. Alle bis jetzt genannten Weine sind Weißweine. Sie – und hier vor allem natürlich die Edelgewächse – haben den Weltruf der elsässischen Weine begründet. Ein erlesener Genuß ist aber auch der aus der Spätburgundertraube – Pinot noir – gewonnene elsässische Rotwein. Im Gegensatz zu anderen Rotweinen wird er leicht gekühlt getrunken, wobei sein kernigfruchtiger Charakter voll zur Entfaltung kommt. Der Anteil der aus der Spätburgundertraube gekelterten Weine beträgt etwa 7 % der gesamten elsässischen Weinproduktion. Sie werden vor allem in den Ortschaften Ottrott und Rodern (unterhalb des Odilienberges bzw. der Hohkönigsburg) angebaut.

Elsässische Weine tragen im allgemeinen den Namen der Traube, aus der sie gewonnen werden. Die Namen bestimmter Weinberge werden nur bei Spitzenlagen verwendet. Bekannt ist der Vers, der diese Lagen nennt:

> „Zu Thann im Rangen,
> zu Gebweiler in der Wannen,
> zu Türckheim im Brand,
> wächst der beste Wein im Land.
> Doch der Zellenberger Mantelkragen
> tut alle miteinander schlagen,
> und gegen den Reichenweierer Sporen
> haben sie alle das Spiel verloren."

Es sind also folgende Lagen, die hier genannt werden: Thanner Rangen, Gebweiler Wanne, Türckheimer Brand, Zellenberger Mantelkragen, Reichenweierer Sporen. Nicht aufgeführt, aber ebenfalls zu diesen Spitzenlagen gehörend, ist der Ammerschweierer Käferkopf.

In der Stephansbruderschaft, einer dem Wein verpflichteten, elsässischen Vereinigung, die ihre Zusammenkünfte im Schlosse des Ortes Kientzheim (zwischen Kaysersberg und Sigolsheim) abhält, wird niemand Mitglied, der nicht zwischen Sylvaner, Riesling, Klevener, Tokay, Gewürztraminer und Muskat zu unterscheiden vermag und nicht in der Lage ist, außerdem auch noch den Standort, wie Rangen und Brand, zu bestimmen.

Elsässische Weißweine genießen Weltruf. Die Jahresproduktion liegt zwischen 750 000 und maximal 1 000 000 Hektolitern und beträgt damit etwa 1/5 der gesamten französischen Weißweinproduktion. Die Weinanbaufläche beträgt insgesamt 12 500 Hektar. Sie verteilt sich auf 92 Weinorte. Zu den bedeutendsten unter ihnen zählen, außer den bereits mit ihren Spitzenlagen erwähnten, weiter (von Norden nach Süden) Marlenheim, Molsheim, Oberehnheim, Goxweiler, Barr, Mittelbergheim, Dambach, Bergheim, Rappoltsweiler, Hunawihr, Beblenheim, Mittelweier, Sigolsheim, Kientzheim, Kaysersberg, Egisheim, Häusern, Vögtlinshofen.

In Kaysersberg steht ein Brunnen von 1618 mit einer Inschrift, die jedem Weintrinker aus der Seele gesprochen ist:

„Drinckstu Wasser in deim Kragen
überm Disch
es kält din Magen.
Drink mäsig alten subtiln Wein
– rath ich –
und las mich Wasser sein.“

In der Urlaubszeit und wenn die Traubenlese beginnt, sind die elsässischen Weinorte das Ziel vieler Touristen. Bevorzugt wird dabei vor allem Reichenweiher (Riquewihr) mit seinem Dolder- und Diebsturm und den alten Fachwerkhäusern. Der Ort zählt jedes Jahr über eine Million Besucher. Das hat dazu geführt, daß viele Bewohner wegziehen, um dem Rummel zu entgehen.

Auf den Kirchtürmen und den Kaminen der Häuser der elsässischen Ortschaften waren die Storchennester einst so zahlreich, daß der Storch zum Wahrzeichen des ganzen Landes wurde. Heute sind die meisten Nester leer. Auch die Störche sind weggezogen, seitdem durch die Rheinregulierungen die Altwasserarme des Flusses versiegten, Motorenlärm und Abgase die Straßen füllen und Strommasten mit ihren Drähten den Bewegungsraum einengen.

Das Comité Régionale Institut Appellation Contrôlé wacht streng darüber, daß niemand mit der Traubenlese anfängt vor dem offiziell festgesetzten Beginn des Herbstens, also in der Regel Anfang bis Mitte Oktober.

Die Zeiten aber, in der die Rebleutestube Mittelpunkt des gesellschaftlichen Lebens der Weinorte war, sind längst vorüber. Auch die Tage des bunten Völkchens der Saisonpflücker, die mit der Weinlese von Roussillon, entlang der Côtes du Rhône, durch Burgund und schließlich der Champagne, ins Elsaß heraufwandern, scheinen gezählt zu sein. Schon lassen Lohnunternehmer die ersten riesigen Lesemaschinen über die Rebhänge rattern.

Die Ernährungsgewohnheiten und der Weinkonsum im Elsaß haben allerdings auch eine Kehrseite. Das „Observatoire régional de la santé d'Alsace", ein vom Staat finanziertes Institut, das sich mit Gesundheitsfragen im Elsaß beschäftigt, nennt sie als Grund dafür, daß in dieser Region 39,2 % der Einwohner an Herz-Kreislauferkrankungen sterben, gegenüber 36,4 % im übrigen Frankreich und die durchschnittliche Lebenserwartung um rund 1 % niedriger liegt.

Eine ähnliche Feststellung wurde schon 1 200 Jahre früher getroffen, allerdings mit drastischeren Formulierungen.

„Längst wären die Elsässer in Fett und Wein erstickt, aber die Händler führen sie über den Rhein hinweg bis in die fernen Gestade des Meeres", schrieb ein aquitanischer Mönch, Anfang des 9. Jahrhunderts, in einem Lobgedicht für den damaligen karolingischen Frankenkaiser.
Ein Beweis jedenfalls dafür, daß gutes Essen und Trinken im Elsaß eine lange Tradition hat und schon damals über die Grenzen hinweg bekannt war.

b) Übernachtungen: Die gute alte „Sommerfrische" aus dem Deutschland der Vorkriegszeit hat sich im Elsaß bei den Gasthöfen in den kleineren Orten und in den Vogesen noch weitgehend erhalten. Moderne Hotels heißen „Intercontinental" und „Holiday-Inn" und nicht, wie hier, „Cheval Blanc", „Boeuf Noir", „Au Cygne" oder, auf gut elsässisch, „Zum große Hahn". Die brutale Kommerzialisierung des Hotel- und Gaststättenwesens, wie sie in der Bundesrepublik an der Tagesordnung ist, hat hier nicht stattgefunden. Es gibt keine Bettenburgen und keine Flachdachbauten, und die Nobelkarossen aus Untertürkheim verirren sich nur dorthin, wo Gault et Millau und Michelin oder eine ähnliche Institution Kochmützchen und Sternchen verteilt haben. So stört es dann auch nicht, wenn sich Toilette und Dusche manchmal nicht im Zimmer, sondern auf der Etage befinden.
Übernachtungen in den Vogesen bieten teilweise auch die sogenannten „Fermes-Auberges" an. Mit Ferme-Auberge werden die Almwirtschaften bezeichnet, die als Einzelgehöfte in den Südvogesen liegen und neben der Landwirtschaft ein Restaurant betreiben. Wer bodenständige elsässische Küche sucht, findet hier ein reiches Angebot. Manche Ferme-Auberge hat auch einige Zimmer zu vermieten. Daneben – in einigen Fällen aber auch als einzige Übernachtungsmöglichkeit – ist dann häufig noch ein Schlafsaal (oder mehrere) vorhanden, für diejenigen, die sich, durch das Schnarchen anderer, in ihrer Nachtruhe

nicht stören lassen. Es gibt in den Vogesen über 50 Fermes-Auberges, fast jede in landschaftlich herrlicher Lage und mit einzigartigen Wanderzielen ringsum. In einem Verzeichnis „Fermes-Auberges des Hautes Vosges“, zu beziehen von der Chambre d'Agriculture du Haut-Rhin, 4, Rue de l'Est, 68055 Mulhouse, werden sie einzeln beschrieben (nur französisch).

c) Camping: Im Anschriftenverzeichnis dieses Buches sind nicht nur die Übernachtungsmöglichkeiten in den beschriebenen Orten und an den einzelnen Wanderstrecken, sondern auch die daran gelegenen Campingplätze aufgeführt. Dabei ist wichtig zu wissen, daß außerdem auch das Zelten in freier Natur in Frankreich grundsätzlich erlaubt ist.

d) Zahlungsmittel: Euroschecks werden überall angenommen bzw. von Banken eingelöst. Man kann sogar oft, vor allem in den Grenzgebieten, mit DM bezahlen, muß dann allerdings einen etwas ungünstigeren Wechselkurs in Kauf nehmen.

Elsässische Ortschaften: Sehenswürdigkeiten und Anfahrtswege
(geordnet von Norden nach Süden)

Weißenburg (Wissembourg):
Anfahrt vom Grenzübergang Schweigen – Weißenburg.
Ortsbeschreibung siehe Seite 248.

Hunspach:
Anfahrt von Weißenburg auf der N 263, dann Landstraße nach Hunspach.

Die Dörfer des Landstrichs „Hinterm Wald" (Outre-Forêt), einem Gebiet, das im Norden durch die Grenze, im Süden durch den Hagenauer Forst (daher der Name), im Westen durch die Vogesen und im Osten durch den Rhein umschlossen ist, sind in ihrer typisch elsässischen Art noch unverfälscht erhalten. Hunspach (10 km südlich von Weißenburg, 600 Einwohner) soll hier, stellvertretend für eine Anzahl anderer (z.B. Seebach, Hofen, Hohweiler) genannt werden. Die Straßen des Dorfes sind von schönen alten Fachwerkhäusern, mit buntem Blumenschmuck vor den Fenstern, gesäumt. Die Fenster haben manchmal leicht nach außen gewölbte Scheiben, die ein zusätzliches Schmuckelement darstellen und den praktischen Zweck haben, den Blick ins Innere zu verhindern.

Obersteinbach:
Anfahrt von der deutschen Grenze (Hirschthal) auf der D 925. Nach dem Fleckensteiner Weiher nach rechts auf die D 3.
Ortsbeschreibung siehe Seite 110.

Obersteinbach und das benachbarte Niedersteinbach sind von zahlreichen Burgruinen umgeben: Wegelnburg, Hohenburg, Löwenstein, Fleckenstein, Frönsburg, Wasigenstein, Klein-Arnsburg, Wittschlössel, Lützelhardt, Schöneck und Wineck (siehe Seiten 102, 104, 106, 107, 111, 255, 256).

Bitsch:
Anfahrt auf der N 962 (B 424) aus Richtung Zweibrücken (Pfalz).

Verwaltungsmäßig gehört Bitsch zwar zu Lothringen (Departement Moselle), geschichtlich und geographisch kann man den Ort (5 000 Einwohner) am Nordabfall der Vogesen aber dem Elsaß zurechnen. Er war Besitz der Grafen von Zweibrücken-Bitsch. Deren auf einem Felsen 50 m über der Stadt gelegene Burg wurde 1740 neu errichtet und – nachdem Lothringen französisch geworden war – zur Zitadelle ausgebaut. Sie konnte, wie auch die Festung von Belfort, im deutsch-französischen Krieg 1870 / 71 von den Belagerern nicht eingenommen werden und wurde erst nach Abschluß der Friedensverhandlungen übergeben. Man erreicht sie vom Parkplatz unterhalb des ersten Tores oder auf dem Fußweg vom Ort. Ihre Kapelle dient heute als Museum.

Bad Niederbronn:
Anfahrt auf der N 62 von Hagenau.
Ortsbeschreibung siehe Seite 116.

In der Nähe des Ortes liegen die Burgruinen Wasenburg, Alt- und Neu-Windstein und Groß-Arnsburg (siehe Seiten 118, 112, 113, 120).

Lichtenberg:
Anfahrt auf der D 28, von Bad Niederbronn bis Rothbach.
Dort nach rechts auf die D 198.
Ortsbeschreibung siehe Seite 121.

Wimmenau:
Anfahrt auf der N 419 von Hagenau über Ingweiler. Ortsbeschreibung siehe Seite 124.

Wörth:
Anfahrt auf der D 27 von Hagenau, auf der N 263 und dann D 28 über Sulz (Soultz) von Weißenburg.

Das Dorf an der Sauer (1200 Einwohner), in der Mitte (westlich versetzt) zwischen Hagenau und Weißenburg gelegen, ist bekannt durch die nach ihm benannte Schlacht vom 6. August 1870 (in Frankreich wird sie nach dem westlich von Wörth gelegenen Ort Reichshofen benannt). Wörth war – nach Weißenburg – die 2. Schlacht des deutsch-französischen Krieges von 1870/71, und wie dort so wurde auch hier mit äußerster Erbitterung gekämpft. Kein Wunder, wenn man bedenkt, wie auf beiden Seiten die Kriegsbegeisterung angeheizt worden war.

> „Empor mein Volk! Das Schwert zur Hand
> und brich hervor in Haufen!
> Vom heiligen Zorn ums Vaterland,
> mit Feuer laß Dich taufen!"

reimte Emanuel Geibel und

> „Votre Rhin, Allemand
> où le père a passé
> passera bien l'enfant"

hatte Alfred de Musset, größer als Dichter denn als Prophet, angekündigt. Über 10000 Gefallene waren das Ergebnis. Sie sind in Sammelgräbern auf den Friedhöfen von Wörth, Reichshofen, Fröschweiler und Morsbrunn beigesetzt. Den Schrecken dieses mörderischen Kampfes hat der damalige evangelische Pfarrer von Fröschweiler, Karl Klein, in seinem Buch „Fröschweiler Chronik" (zuletzt aufgelegt Ansbach, 1931) geschildert. „Ob durch die Sie-

gesfreude auch eine Ahnung zieht von dem tausendfachen Weh, das der Krieg über Völker bringt?", fragte er beim Anblick der preußischen Sieger in den Gassen von Fröschweiler. Auf dem ehemaligen Schlachtfeld wurden von Deutschen und Franzosen zahlreiche Gedenksteine aufgestellt.
Der Rundweg Wörth – Fröschweiler – Elsaßhausen – Wörth führt an ihnen vorbei. Man kann ihn zu Fuß (etwa 2 Stunden), aber auch mit dem Auto unternehmen.
Die Militaria-Sammlung des Musée du 6 Août 1870 in Wörth erinnert, mit u. a. 4000 Zinnsoldaten, an diese Schlacht.

Walburg:
Anfahrt von Hagenau auf der N 263 nach Norden. Nach ca. 6 km die erste nach links führende Straße nehmen.

Der Ort liegt etwa 9 km nördlich von Hagenau. Hier gründeten die Staufer im Jahre 1105 eine Benediktinerabtei. Erhalten ist die Abteikirche aus dem 15. Jahrhundert mit bedeutenden Fresken und Glasmalereien aus jener Zeit.

Betschdorf:
Anfahrt von Hagenau auf der N 263 bis Surburg (dort Kirche aus dem 11. Jahrhundert), dann nach rechts auf die D 243 über Schwabweiler.

Zusammen mit Sufflenheim ist die am Rande des Hagenauer Forstes gelegene Ortschaft ein Zentrum der keramischen Industrie des Elsaß.

Hagenau:
Anfahrt auf der N 263 von Weißenburg.

Der Ort, mit 27000 Einwohnern die viertgrößte Stadt des Elsaß, liegt 34 km südlich der deutsch-französischen Grenze bei Schweigen-Weißenburg, am 14750 Hektar großen Hagenauer Forst, der alten Stammesgrenze zwischen Franken und Alemannen. Ihre Entstehung verdankt die Stadt dem Kaisergeschlecht der Hohenstaufen. Friedrich Barbarossa ließ in Hagenau 1164 eine große und berühmte Kaiserpfalz errichten. Die mittalterliche Dichtung zählt zu ihren Meistern Reinmar und Gottfried von Hagenau. 1257 wurde die Stadt Reichsstadt und war im 14. Jahrhundert Hauptort des Bundes der zehn elsässischen Reichsstädte. 1677 wurde Hagenau von den Franzosen verbrannt, die Kaiserpfalz gesprengt. Bedingt durch diese Zerstörung, besitzt die Stadt nur noch wenige alte Bauten. Bedeutend sind die beiden Kirchen: St. Georg, ein romanisch-gotischer Bau als Kaiserpfalzkapelle 1189 geweiht, mit den ältesten Glocken des Elsaß (von 1268) und St. Nikolaus, eine gotische Kirche aus dem 14. Jahrhundert. Von der alten Befestigung sind der Ritterturm, der Bischerturm und das Weißenburger Tor erhalten. 4 km südöstlich von Hagenau liegt Marienthal, ehemals ein Kloster, das von der Familie von Wangen im 13. Jahrhundert gegründet worden und später von Jesuiten bewohnt war.

Sufflenheim:
Anfahrt auf der N 63 von Hagenau (N 419 auf älteren Karten).

Der Ort (4000 Einwohner) liegt östlich von Hagenau am südlichen Rande des Hagenauer Forstes. Zusammen mit dem nördlich gelegenen Betschdorf bildet er ein Zentrum der keramischen Industrie des Elsaß. Das Rohmaterial für die Herstellung wird heute noch wie in früheren Zeiten aus den Tongruben des Hagenauer Forstes gewonnen. Dazu heißt es in einer alten Sufflenheimer Chronik: ,,Wie de Kaiser Friedrich Barbarossa in de letscht Kritzzug gezöje isch, ha'm Süflumer Hafner e Krippele g'schenkt, wie er het solle in Bethlehem niderleje. Un üs Dankbarkeit het er ene das Grabrecht verschribbe, das se für ewije Zitte de Ton im Hagenauer Forscht umsonscht grabe dürfe". (Als Kaiser Friedrich Barbarossa in den letzten Kreuzzug gezogen ist, haben ihm die Sufflenheimer Töpfer eine Krippe geschenkt, die er in Bethlehem niederlegen sollte. Und aus Dankbarkeit hat er ihnen das Grabrecht verschrieben, daß sie für ewige Zeiten den Ton im Hagenauer Forst umsonst graben dürfen). Eine Sammlung alter Sufflenheimer Keramik wird im Straßburger Musée Alsacien gezeigt.

Sesenheim:
Anfahrt auf der A 34, D 300 Straßburg – Lauterburg / deutsche Grenze oder von Hagenau auf der N 63 oder aus Richtung Baden-Baden über Rheinübergang Iffezheim.

Das kleine, hübsche Dorf liegt östlich von Hagenau, etwa 25 km nördlich von Straßburg. Es ist der Ort der Romanze zwischen Friederike Brion, der Tochter des damaligen Sesenheimer Pfarrers, und dem jungen Goethe, der in Straßburg studierte. Die Verbindung bestand jedoch nur von Oktober 1770 bis August 1771. In „Dichtung und Wahrheit", seinen späteren Erinnerungen, hat Goethe auch jene Zeit beschrieben. In dem einstigen Wachgebäude von Sesenheim ist eine Goethe-Gedenkstätte eingerichtet. Das Gasthaus Ochsen, gegenüber der Kirche, enthält als private Sammlung viele wertvolle Erinnerungsstücke an Goethe und die Familie Brion. Die Grabsteine von Friederikens Eltern befinden sich an der Südmauer der Kirche von Sesenheim. Sie selbst ist im badischen Meißenheim (bei Lahr), wo sie ihre letzten Lebensjahre verbrachte, begraben.

Lützelstein (La Petite Pierre):
Anfahrt auf der D 7 von Weitersweiler.
Ortsbeschreibung siehe Seite 124.

Neuweiler:
Anfahrt auf der D 6, D 14 von Zabern.

Der Ort (1 200 Einwohner) liegt 12 km nördlich von Zabern. Er verdankt seinen Ursprung einer im 8. Jahrhundert durch den Bischof von Metz gegründeten Benediktinerabtei. Die Abteikirche St. Peter und Paul mit der Doppelkapelle St. Katharina und St. Sebastian stammt aus der Zeit um 1200, im Übergang von der Romanik zur Gotik. Teile der Kirche wurden, aufgrund der Beschädigungen in der Revolutionszeit, abgebrochen. Außer der Abteikirche ist noch die St.-Adelphus-Kirche zu nennen, die seit 1562 evangelisch ist.

Nahe Neuweiler liegen die Burgruine Herrenstein und die zum Teil wieder aufgebaute Hüneburg (siehe Seiten 259, 260).

Buchsweiler (Bouxwiller):
Anfahrt von Zabern, auf der D 6.

Das Städtchen (3 700 Einwohner) liegt 15 km nordöstlich von Zabern. Es war Hauptort der Grafschaft Hanau-Lichtenberg (siehe Seite 121) und Residenz der Grafen dieses Geschlechtes, die mit Schillers Ballade „Der Gang nach dem Eisenhammer“ verknüpft sind (sie werden darin Grafen von Savern genannt). Ihre Nachfolger, die Landgrafen von Hessen-Darmstadt, erbauten hier im 18. Jahrhundert ein prachtvolles „Klein-Versailles“ genanntes Schloß, das jedoch in der französischen Revolution vollständig zerstört wurde. Heute bewahrt der Schloßplatz (Place du Château) die Erinnerung an diesen prächtigen Bau, an dessen Stelle sich jetzt eine Schule befindet. Das Rathaus, an der Südseite des Platzes, wurde 1658 / 1663 als Hanau-Lichtenbergische Kanzlei erbaut. Weitere bemerkenswerte Bauten sind die Kornhalle an der Ostseite der Place du Château mit einer sich nördlich anschließen-

den Kapelle aus dem 15. Jahrhundert und die evangelische Stadtkirche von 1614. Über dem Städtchen mit seinen alten, schönen Häusern und den zahlreichen malerischen Ecken und Winkeln liegt die liebenswürdige Verträumtheit der ,,Kleinen Residenz". Es bewahrt eine Stimmung von Abgeschiedenheit, Dahingegangenem und Vergessenem, wie man sie in unserer hektischen Zeit sonst kaum mehr irgendwo findet.
Sehr viel weniger friedlich ging es hier jedoch im Jahre 1463 zu, als im sogenannten ,,Buchsweiler Weiberkrieg" die Frauen des Ortes das Schloß belagerten und die ,,schöne Bärbel von Ottenheim" (im Badischen), die Geliebte des Grafen Jakob mit dem Bart von Lichtenberg, verjagten. Sie floh nach Hagenau und starb dort später, als Hexe angeklagt, im Gefängnis unter mysteriösen Umständen.
Buchsweiler liegt am Fuße des 326 m hohen Bastberges, der Sage nach Versammlungsort der Hexen vor ihrer nächtlichen Fahrt zum Brocken. Der Berg ist aus Jura-Kalkstein gebildet und wegen seiner Fossilienfunde bekannt, die schon Goethe hierher gezogen hatten. (,,Diese Höhe, ganz aus verschiedenen Muscheln zusammengehäuft, machte mich zum ersten Male auf solche Dokumente der Vorzeit aufmerksam". Goethe, Dichtung und Wahrheit).

St. Johann (St.-Jean-Saverne):
Anfahrt auf der D 619 von Zabern über Monsweiler.

Der Ort, ursprünglich St. Johann im Kraut genannt, liegt 4,5 km nördlich von Zabern. Er ist bekannt durch die romanische Abteikirche aus der Mitte des 12. Jahrhunderts. Sie gehörte zu einem 1126 gegründeten Kloster, das jedoch 1493, 1525, 1622 und zuletzt durch einen Brand im Jahre 1867 zerstört wurde. Wenig über dem Ort erhebt sich die Michaelskapelle aus dem Jahre 1593.

Zabern (Saverne):
Anfahrt auf der A 34 von Straßburg.
Ortsbeschreibung siehe Seite 134.

Bei Zabern liegen die Burgruinen Hohbarr, Groß- und Klein-Geroldseck, Ochsenstein, Greifenstein und weiter westlich, im Zorntal, Lützelburg (siehe Seiten 132, 139, 140, 261).

Maursmünster (Marmoutier):
Anfahrt von Zabern auf der N 4, 6 km nach Süden.

Der kleine Ort (2 000 Einwohner) wird geprägt durch die St. Mauruskirche der ehemaligen Benediktinerabtei, die im 8. Jahrhundert hier gegründet wurde. Die Abteikirche ist ein bedeutendes Kunstwerk. Die Westfassade mit den drei Türmen ist romanisch (12. Jahrhundert), Langhaus und Querschiff sind gotisch (13. Jahrhundert). Der Chor wurde im 18. Jahrhundert in gotischem Stil erneuert. Im Inneren Silbermannorgel, schönes Chorgestühl (etwa 1770) und Grabmäler der von Geroldseck und von Wangen.

Dagsburg (Dabo):
Anfahrt auf der D 132 von Zabern durch das Zorntal, dann D 45 über Schäferhof.
Ortsbeschreibung siehe Seite 142.

Obersteigen:
Anfahrt von Zabern auf der N 4, D 917 bis Romansweiler, dann nach rechts auf der D 143.
Ortsbeschreibung siehe Seite 142.

Wangenburg-Engenthal:
Anfahrt nach Obersteigen; kurz vor dem Ort jedoch nach links auf die D 218.
Ortsbeschreibung siehe Seite 146.

In unmittelbarer Nähe des Doppelortes liegen die Burgruinen Wangenburg und Freudeneck (siehe Seiten 146, 148).

Oberhaslach:
Anfahrt auf der N 392/420 von Straßburg bis Ortseingang Urmatt (Schweizerhof), dann D 218 nach rechts. Ortsbeschreibung siehe Seite 151.

In der Nähe von Oberhaslach liegen die Burgruinen Ringelstein, Hohenstein und Nideck (siehe Seiten 151, 148).

Niederhaslach:
Anfahrt wie Oberhaslach.

Der Ort liegt, gemeinsam mit Oberhaslach (zusammen 1 100 Einwohner), 39 km südwestlich von Straßburg im Haseltal, kurz vor der Mündung des Flüßchens in die Breusch. Die ehemalige Benediktinerabtei von Niederhaslach wurde im 7. Jahrhundert durch den heiligen Florentinus gegründet und 1633 durch die Schweden niedergebrannt. Erhalten blieb die dreischiffige Stiftskirche mit der mächtigen Westfassade und dem viereckigen Glockenturm, die aus dem 13./14. Jahrhundert stammt. Sie ist eines der bedeutendsten mittelalterlichen Bauwerke des Elsaß.

Straßburg: Anfahrt von Kehl über die Europabrücke.

Mit über 400 000 Einwohnern ist die Stadt die größte des Elsaß. Sie ist Hauptstadt des Departements Bas-Rhin (Unterelsaß), Sitz des Europarates und Universitätsstadt. Das Straßburger Münster ist eines der erhabensten Bauwerke der Gotik. Seine Bauzeit erstreckte sich von 1015 bis 1439. In seinen wesentlichen Teilen wird der Bau Erwin von Steinbach zugeschrieben. Sehenswert sind ferner die Alt-St.-Peter-Kirche (14./15. Jahrhundert), die Jung-St.-Peter-Kirche (1220 – 1320), die romanische St.-Stephans-Kirche, die Thomaskirche (1200 – 1348) mit dem Grabmal des Marschalls Moritz von Sachsen, die Nikolauskirche mit dem Chor von 1454, die Wilhelmerkirche (14./15. Jahrhundert), das Rohanschloß (1731 – 1741), Stadtresidenz der Fürstbischöfe dieses Namens, das alte Rathaus (1582 – 1585), das Kammerzellsche Haus (1465 und 1589), das Frauenhaus (1571), die alte Metzig (1587), heute Historisches Museum, die vier Türme der gedeckten Brücken, das Rathaus am Broglie-Platz, 1736 als Stadtpalast der Landgrafen von Hessen-Darmstadt erbaut (siehe Lichtenberg Seite 121) und verschiedene andere Paläste und Residenzen. Aber auch alte malerische Viertel mit schönen Fachwerkbauten sind erhalten, vor allem längs der Ill, z. B. das sogenannte Pflanzbad in der Nähe der gedeckten Brücken. Straßburg entstand aufgrund der günstigen Lage am Kreuzungspunkt mehrerer alter Völkerstraßen, wodurch sich der Name der Stadt erklärt. Sie war zunächst Bischofsstadt. In der Schlacht von Hausbergen (1262) befreiten sich die Bürger von dieser Herrschaft. Die spätere Freie Reichsstadt zählte im 15. und 16. Jahrhundert zu den größten und blühendsten Städten Europas. Als das Deutsche Reich als Folge des Dreißigjährigen Krieges besonders geschwächt war, ließ Ludwig der XIV. Straßburg 1681 mitten im Frieden besetzen und erzwang dadurch den Anschluß an Frankreich.

Avolsheim:

Anfahrt von Straßburg auf der N 392, N 422 nach Molsheim, Sulzbad, vor diesem Ort rechts nach Avolsheim.

Das Dörfchen (etwa 500 Einwohner) liegt 20 km westlich von Straßburg. Es besitzt mit der Dompeterkirche einen der ältesten Kirchenbauten des Elsaß. Der frühromanische, 1049 geweihte Bau steht außerhalb des Ortes mitten im Felde nahe der Breusch neben einer ebenfalls uralten

Linde. Im Dorf ist die St.-Ulrichs-Kapelle bemerkenswert, ein gleichfalls sehr altes (um 1000) romanisches Bauwerk.

Molsheim:
Anfahrt wie oben.

Der Ort (6900 Einwohner) liegt 23 km westlich von Straßburg. Der mittelalterliche Mauerring der kleinen bischöflich-straßburgischen Stadt ist teilweise erhalten; ebenso das wuchtige Schmiedetor aus dem 14. Jahrhundert. Die Innenstadt von Molsheim bietet noch ein geschlossenes Bild. Der Rathausplatz wird von dem Renaissancebau der Metzig von 1554 beherrscht, dem Zunfthaus der Metzger- und Fleischerinnung. 1580 gründeten die Straßburger Bischöfe in Molsheim, im Zuge der Gegenreformation, eine Jesuitenakademie. Die im Jahre 1618 erbaute Jesuitenkirche ist ein eigenartiges Gemisch von Gotik und Renaissance. In der Zeit zwischen den beiden Weltkriegen befand sich in Molsheim ein Werk der ehemaligen Autofirma Bugatti (siehe Mülhausen: Automuseum).

Altdorf:
Anfahrt auf der N 392 von Straßburg.

Der Ort (1500 Einwohner) liegt 18 km südwestlich von Straßburg und ist bekannt durch die Ende des 12. Jahrhunderts in romanischem Baustil errichtete Benediktinerabtei, in der die Grafen von Dagsburg-Egisheim ihre Begräbnisstätte hatten. Sie wurde in Teilen 1725 barock um- bzw. neugebaut und vereinigt die beiden Baustile in ebenso seltener wie geglückter Weise.

Rosheim:
Anfahrt von Straßburg auf der N 392, N 422, D 604.

Die kleine Stadt (3500 Einwohner) liegt 25 km südwestlich von Straßburg am Fuße der Vogesen. Die Kirche

St. Peter und Paul aus dem 12. Jahrhundert ist eine kreuzförmige Basilika und gehört zu den besterhaltensten und charakteristischsten Bauten der elsässischen Romanik. Teile der mittelalterlichen Befestigung von Rosheim, mit drei Tortürmen, darunter der „Zittglöckelturm", sind erhalten. Das Stadtbild ist reich an alten Häusern. Das älteste ist das „Heidenhaus", aus dem 12. Jahrhundert, wohl das älteste Haus nicht nur von Rosheim, sondern der gesamten Region. In der Mitte der Stadt, vor dem Rathaus, steht ein kunstvoller Renaissancebrunnen. Rosheim gehörte zum elsässischen Zehnstädtebund und ist seit 1697 französisch.

Oberehnheim (Obernai):
Anfahrt von Straßburg auf der N 392, N 422.

Der Ort (8 000 Einwohner) liegt 27 km südwestlich von Straßburg, am Ausgang des Ehntals, das ihm den Namen gegeben hat. Oberehnheim mit seinen zahlreichen alten Häusern, dem Renaissance-Rathaus, der Kornhalle und dem Sechseimerbrunnen von 1579 ist eine der malerischsten Städte des Elsaß. 1330 Reichsstadt geworden, trat die Stadt 1354 dem elsässischen Zehnstädtebund bei. Sie wurde 1697 französisch. Wahrzeichen Oberehnheims ist der Kapellturm, ein Überbleibsel der 1873 abgetragenen Kapellkirche. Der wohl bekannteste elsässische Dichter deutscher Sprache, René Schickele (Das Erbe am Rhein, Roman) wurde 1883 hier geboren.

Schirmeck:
Anfahrt von Straßburg durch das Breuschtal auf der N 420.
Ortsbeschreibung siehe Seite 161.

Schirmeck liegt am Fuße des 1 008 m hohen Donon, eines Felsgipfels der Mittelvogesen, der in vorchristlicher Zeit kultische Verehrung genoß (siehe Seite 156). In der Nähe liegt der kleine Ort Salm, mit der Ruine einer alten Burg (siehe Seiten 154, 160) und Grandfontaine, mit alten Bergwerksstollen (siehe Seite 161).

Waldersbach:
Anfahrt von Schirmeck auf der N 420 nach Süden in Richtung Fouday (Urbach). Von dort nach links in das Steintal (Vallon du Ban de la Roche).
Ortsbeschreibung siehe Seite 263.

In der Nähe des Ortes (südlich bei der Ortschaft Bellefosse) liegt die Burgruine Steinschloß (siehe Seite 262).

Klingenthal:
Anfahrt auf der N 426 von Oberehnheim.
Ortsbeschreibung siehe Seite 162.

Über Klingenthal liegen die sogenannten Ottrotter Schlösser, das sind die Burgruinen Rathsamhausen und Lützelburg, und – weiter anfahrend auf der N 426 – der Odilienberg mit dem Odilienkloster und den umgebenden Burgruinen Hagelschloß, Dreistein und Birkenfels, sowie südlich, über dem Ehntal, die Wallanlage des Köpfels und die Burgruine Kagenfels (siehe Seite 167 ff.).

Ottrott:
Anfahrt von Oberehnheim in Richtung Odilienberg auf der N 426.

Das hübsche kleine Winzerdorf (1 400 Einwohner) mit Fachwerkhäusern, altem Brunnen, einer Kirche und mehreren ausgezeichneten Restaurants liegt westlich von Oberehnheim unterhalb der nach ihm benannten Ottrotter Schlösser (Rathsamhausen und Lützelburg, siehe Seite 174) und des Odilienberges. In Ottrott wird der elsässische Rotwein „Rouge d'Ottrott", ein Pinot noir, angebaut. Man kredenzt ihn im Ort in allen Restaurants. Die Gäste kommen von weit her, um den Wein und die ausgezeichnete Küche zu genießen. Der Rotweinanbau in Ottrott hat eine alte Tradition. Die Reben waren von Benediktinermönchen aus Beaune in Burgund hier eingeführt worden, und die aus ihnen gewonnenen Weine hatten stets einen guten Ruf. Da die Ortschaft am Eingang des St. Ulrichstales gelegen ist, lautete der Spruch: „Willst du haben guten roten Wein, so fahre ins St. Ulrichstal hinein." Dennoch soll ein reicher Winzer aus Ottrott im Herbst 1539 seinen Wein selbst dann nicht losgeworden sein, als er ihn umsonst anbot. Es war ein überaus reicher Herbst, der von allen elsässischen Chronisten gerühmt wurde, so reich, daß man sagte, „Gott fülle die fass bey nacht", schreibt Daniel Speckle als Zeitgenosse.

Börsch:

Anfahrt von Klingenthal auf der D 216 oder von Oberehnheim auf der D 322.

Das reizende kleine Städtchen (1400 Einwohner) liegt 31 km südwestlich von Straßburg, nördlich versetzt zwischen Klingenthal und Oberehnheim. Es besitzt viele schöne Fachwerkhäuser, einen malerischen Marktplatz mit dem Sechseimerbrunnen von 1617 und ein sehenswertes Rathaus aus dem Jahre 1578. Auch drei alte Stadttore und der größte Teil der mittelalterlichen Stadtmauer sind erhalten.
Von Börsch gelangt man über die D 216, D 204 nach der Ortschaft Grendelbruch und von dort zur Burgruine Girbaden (siehe Seite 262).

Barr:

Anfahrt von Oberehnheim auf der N 422 über Gertweiler.

Der Ort (4600 Einwohner) liegt südwestlich von Oberehnheim und 32 km südwestlich von Straßburg. Er ist ein

Zentrum des Weinbaus im Unterelsaß. Trotz häufiger Brände und der Beschädigungen im 2. Weltkrieg sind einige Häuser des 14./15. Jahrhunderts und das Renaissance-Rathaus von 1640 erhalten. Urkundlich erwähnt wird die Stadt erstmals 788. Im Bauernkrieg schlug sie sich auf die Seite der Aufständischen. In der Nähe von Barr liegen die Burgruinen Spesburg, Hohandlau und Landsberg und der Odilienberg mit dem Odilienkloster und dem umgebenden Burgenkranz (siehe Seiten 180, 178, 167 ff.).

Hohwald:
Anfahrt auf der Route du Vin, von Barr nach Andlau, dann auf der N 425 nach Hohwald.

Der sehr beliebte Luftkurort und Ferienaufenthalt (500 Einwohner), 15 km westlich von Barr und 42 km südwestlich von Straßburg, liegt inmitten herrlicher Wälder in 600 m Höhe. Er ist erst seit dem 16. Jahrhundert besiedelt. Ein weitverzweigtes Wegenetz ermöglicht zahlreiche Wanderungen und Spaziergänge, und ein Weg von 1 1/2 Stunden führt zum Hochfeld (1 098 m, Skigebiet) hinauf. Seine französische Bezeichnung „Champ du Feu" verweist auf jene alten Zeiten, in denen hier einstmals, vor vielen hundert Jahren, keltische Opferfeuer und Sonnwendfeuer gebrannt hatten. Das Hochfeld ist die höchste Erhebung der Mittelvogesen. Auf der Höhe steht ein Aussichtsturm, von dem man einen großartigen Rundblick genießt.

Andlau:
Anfahrt von Barr auf der Route du Vin.
Ortsbeschreibung siehe Seite 182.

Reichsfeld:
Anfahrt von Andlau auf der Route du Vin, dann kurz vor Ittersweiler auf die D 253, D 202.
Ortsbeschreibung siehe Seite 183.

Benfeld:
Anfahrt auf der N 83, die Straßburg und Schlettstadt verbindet.

Der Ort (5 000 Einwohner) mit seinem interessanten Rathaus von 1531 (Renaissance), liegt 20 km nordöstlich von Schlettstadt an der Straße nach Straßburg. Er ist Mittelpunkt des größten Tabakanbaugebietes des Elsaß. Benfeld, das schon im 8. Jahrhundert urkundlich erwähnt wird, gehörte den Bischöfen von Straßburg.

Ebersmünster:
Anfahrt auf der N 83.

Der 9 km nördlich von Schlettstadt gelegene Ort (1 000 Einwohner) ist bekannt durch die Kirche der ehemaligen Benediktinerabtei aus dem 7. Jahrhundert. Sie wurde im Dreißigjährigen Krieg zerstört. Der jetzige Bau stammt aus dem Jahre 1759 und gilt als die schönste und bedeutendste Barockkirche des Elsaß.

Dambach (Dambach-la-Ville):
Anfahrt auf der N 422, von Schlettstadt bis Abfahrt Dambach (D 210).

Das Winzerstädtchen (2 040 Einwohner) liegt 10 km nördlich von Schlettstadt. Es ist, mit seiner gut erhaltenen Stadtmauer, den drei mächtigen Tortürmen, dem Rathaus aus dem 16. Jahrhundert und zahlreichen schönen Fachwerkhäusern, eine überaus malerische Ortschaft. Nahebei am Berghang liegt mitten in den Reben die St.-Sebastians-Kapelle aus dem 12. Jahrhundert mit Ölberg, Beinhaus und einem prächtigen Barockaltar von 1690. Dambach war zunächst Besitz der Grafen von Dagsburg-Egisheim und später der Bischöfe von Straßburg. Über dem Ort erhebt sich die Burgruine Bernstein, ehemals Sitz der Grafen von Dagsburg-Egisheim (siehe Seite 186).

Scherweiler:
Anfahrt von Dambach auf der D 35 (Route du Vin), von Schlettstadt auf der N 59.

Das kleine Weindorf (2 500 Einwohner) liegt 5 km nordwestlich von Schlettstadt. Es besitzt hübsche Fachwerkhäuser, ein Rathaus von 1670 und eine Kirche aus dem 13. Jahrhundert. Über dem Ort erheben sich die Burgruinen Ramstein und Ortenburg (siehe Seiten 190, 188).

Kestenholz (Châtenois):
Anfahrt auf der N 59 von Schlettstadt.

Der Ort (3 000 Einwohner) liegt 5 km nordwestlich von Schlettstadt am Ausgang zweier Vogesentäler, des Gießen- oder Weilertales und des Lebertales. Mit Kesten sind Kastanien gemeint. Aber nicht diese, sondern der Weinbau begründet den Ruf von Kestenholz. Das Städtchen war ehemals bischöflich-straßburgischer Besitz. Die Pfarrkirche St. Georg stammt aus dem 12./13. Jahrhundert. Das imposante Rathaus wurde im 15. Jahrhundert errichtet. Reste der mittelalterlichen Ummauerung mit einem starken Torturm, dem Hexenturm, aus dem 13. Jahrhundert sind erhalten.

Schlettstadt (Sélestat):
Anfahrt auf der N 83 Straßburg – Colmar.

Die Stadt mit heute etwa 15 000 Einwohnern wurde im Jahre 728 erstmals urkundlich erwähnt. Als spätere Freie Reichsstadt trat sie 1354 dem elsässischen Zehnstädtebund bei. In der zweiten Hälfte des 15. Jahrhunderts erlangte Schlettstadt große Bedeutung als Blütestätte des deutschen Humanismus, dessen Mittelpunkt die Lateinschule von Schlettstadt war. Die 1452 gegründete Stadtbibliothek verwahrt die Schriften der Schlettstädter Humanisten. 1634 wurde Schlettstadt von den Franzosen besetzt und 1697 an Frankreich abgetreten.

Die Stadt besitzt malerische alte Viertel mit vielen schönen Häusern, u. a. der prachtvollen Residenz der Abtei Ebersmünster. Von der mittelalterlichen Befestigung sind der Uhrturm (14./17. Jahrhundert) und der Hexenturm erhalten. Bedeutende Kirchenbauten sind die mächtige gotische St.-Georgs-Kirche, die Hauptkirche von Schlettstadt (12./15. Jahrhundert), und die St.-Fides-Kirche, ein romanischer Bau des 12. Jahrhunderts, in seinem Ursprung 1087 durch Hildegard von Dagsburg-Egisheim begründet. Ihre Heirat mit Friedrich von Büren, dem Stammvater der Hohenstaufen, legte den Grundstein der staufischen Hausmacht im Elsaß. Hildegards Grab, vor dem Hochaltar der St.-Fides-Kirche, wurde 1892 geöffnet. Man fand die Tote von gehärtetem Kalk umhüllt, was darauf hinweist, daß sie an einer Seuche gestorben ist. Nach Entfernung der Kalkhülle konnte das Gesicht, wie eine Totenmaske ausgegossen werden. Es ist das einzige mittelalterliche Gesicht dessen Aussehen uns erhalten geblieben ist, denn erst viel später begann man Totenmasken anzufertigen. Das Antlitz strahlt Lebendigkeit, edle Anmut und Würde aus und vermittelt den Eindruck von Kraft, Größe, beherrschter Entschlossenheit und Ruhe. Die Ähnlichkeit in Ausdruck und Kopfhaltung mit dem Reiter im Dom von Bamberg ist unverkennbar und dann nicht überraschend, wenn es sich bei diesem – wie vermutet wird – um den deutschen König Konrad III. von Hohenstaufen, der im Bamberger Dom beigesetzt ist, handelt, dem Enkel der Hildegard von Dagsburg-Egisheim also. Der Gipsabguß befindet sich in der Stadtbibliothek von Schlettstadt.
Von Schlettstadt führt die D 159 westlich nach Kintzheim mit der gleichnamigen Burgruine (siehe Seite 194) und weiter zur Hohkönigsburg hinauf.

St. Pilt (Saint Hippolyte):
Anfahrt von Kintzheim auf der D 35, über Orschweiler.
Der malerische kleine Weinort (1 300 Einwohner) mit vielen hübschen Fachwerkhäusern liegt am Fuße der Hohkö-

nigsburg, der größten und als einzige wieder aufgebauten Vogesenburg (siehe Seite 191). Teile der alten Ortsbefestigung mit einem Turm, dem Storchenturm, sind erhalten. Die Kirche von St. Pilt stammt aus dem 14./15. Jahrhundert.

Thannenkirch:
Anfahrt auf der D 42 von der Hohkönigsburg.
Ortsbeschreibung siehe Seite 198.

Bergheim:
Anfahrt auf der N 83, D 42 von Schlettstadt.

Das bekannte Winzerstädtchen (1 700 Einwohner, Stadtrecht von 1311) liegt 9 km südlich von Schlettstadt. Es ist noch fast ganz von der mittelalterlichen Stadtmauer umgeben. Die gotische Ortskirche stammt aus dem Jahre 1347. Mittelpunkt des Ortes ist der Marktplatz mit Brunnen und barockem Rathaus. Böse Zungen nennen die Bergheimer Totschläger, aufgrund eines Asylrechtes, das König Wenzel solchen Tätern eingeräumt hatte, die sich hinter den Mauern von Bergheim in Sicherheit bringen konnten. Auf dem Grasberg, hinter Bergheim, liegt der Friedhof aller im 2. Weltkrieg im Oberelsaß gefallenen deutschen Soldaten.
Auf der D 42 westlich weiterfahrend, gelangt man zu der unbedeutenden Burgruine Reichenberg (siehe Seite 265).

Rappoltsweiler (Ribeauvillé):
Anfahrt von Schlettstadt auf der N 83, D 106.
Ortsbeschreibung siehe Seite 200.

Über dem Ort liegen die drei Rappoltsweiler Burgen (siehe Seite 198 f.).

Altweier (Aubure):
Anfahrt von Rappoltsweiler auf der D 416, D 11.
Ortsbeschreibung siehe Seite 202.

In der Nähe des Ortes liegt die Burgruine Bilstein (siehe Seite 202).

Fréland:
Anfahrt auf der N 415 von Kaysersberg, vor Hachimette nach rechts.
Ortsbeschreibung siehe Seite 206.

Lapoutroie:
Anfahrt auf der N 415 von Kaysersberg.
Ortsbeschreibung siehe Seite 206.

Reichenweier (Riquewihr):
Anfahrt von Colmar auf der N 415, dann auf der Elsässischen Weinstraße (Route du Vin).

Das Weinbaustädtchen (1 200 Einwohner) liegt 20 km nordwestlich von Colmar. Von 1324 bis zur Französischen Revolution gehörte der Ort den Herzögen von Württemberg. Herzog Ulrich von Württemberg, bekannt durch Wilhelm Hauffs Roman „Lichtenstein", wurde hier geboren. Das Schloß beherbergt heute das elsässische Postmuseum.
Reichenweier besitzt malerische Gassen mit zahlreichen Häusern des 16. und 17. Jahrhunderts. Auch große Teile der mittelalterlichen Stadtbefestigung, hier vor allem der Dolderturm und der Diebsturm, sind erhalten. Von den ausgezeichneten Weinen, die auf den Rebhängen um Reichenweier geerntet werden, ist der „Sporen" die beste Lage (siehe Seite 57). In der Nähe des Ortes liegt die kleine Burgruine Reichenstein (siehe Seite 265).

Hunaweier (Hunawihr):
Anfahrt auf der Route du Vin von Reichenweier nach Norden oder von Rappoltsweiler nach Süden.

Das hübsche, durch einen sehr guten Riesling ausgezeichnete Weindorf liegt auf halbem Wege zwischen Rappoltsweiler und Reichenweier.
Sehenswert ist die Wehrkirche aus dem 15. Jahrhundert. Am Rathaus Wappen der Herzöge von Württemberg, denen Hunaweier bis 1789 gehörte.

Kaysersberg:
Anfahrt auf der N 415 von Colmar.
Ortsbeschreibung siehe Seite 266.

Ammerschweier:
Anfahrt auf der N 415 von Colmar.

Der kleine Weinort (1 500 Einwohner) liegt 8 km nordwestlich von Colmar, am Eingang des Kaysersberger Tales. Sehenswert sind die gotische Martinskirche und als Rest der mittelalterlichen Stadtbefestigung der Schelmenturm und das Obertor. Alle anderen alten Bauten wurden im 2. Weltkrieg, der den größten Teil des Ortes zerstörte, vernichtet. Mit 400 Hektar Anbaufläche zählt Ammerschweier zu den bedeutendsten Weinorten des Elsaß. Beste Lage ist der „Käferkopf" (siehe Seite 57).

Orbey:
Anfahrt auf der N 415 von Colmar, Kaysersberg. Hinter Hachimette nach links auf die D 48.
Ortsbeschreibung siehe Seite 208.

In der Nähe von Orbey liegt der Weiße See (Lac Blanc), ein 29 Hektar großer und 1 055 m hoch gelegener Vogesensee (siehe Seite 208).

Labaroche:
Anfahrt auf der N 415 von Colmar. In Ammerschweier nach links auf die D 11.
Ortsbeschreibung siehe Seite 267.

In der Nähe von Labaroche liegt die Burgruine Hohnack (siehe Seite 267).

Türckheim:

Anfahrt von Colmar auf der D 10 oder D 11.

Das Weinstädtchen (3 600 Einwohner) liegt nahe Colmar an der Fecht und ihres meistens Münstertal genannten (nach dem Ort Münster) Tales. 742 erstmals urkundlich genannt, wurde Türckheim 1312 Freie Reichsstadt und trat 1354 dem elsässischen Zehnstädtebund bei. 1648 mußte die Stadt aufgrund der Bestimmungen des Westfälischen Friedens Frankreich übergeben werden. Nach dem Sieg des französischen Marschalls Turenne, 1675, bei Türckheim über die Kaiserlichen wurden die Mauern der Stadt geschleift, so daß heute von der mittelalterlichen Befestigung nur noch drei Tore geblieben sind.
Türckheim besitzt eine Anzahl hübscher alter Häuser und ein Rathaus mit einem schönen Barockgiebel. Beste Weinlage der um die Stadt gelegenen Rebhänge ist der „Brand" (siehe Seite 57).
Etwa 5 km nordwestlich von Türckheim liegt der kleine Luftkur- und Wallfahrtsort Drei Ähren (Trois Epis, Anfahrt von Türckheim auf der D 11). Der Legende nach soll hier einem Schmied die Jungfrau Maria erschienen sein, in der Hand drei Ähren haltend. Die jetzige Wallfahrtskirche an dieser Stelle stammt aus dem Jahre 1651.
2 km südwestlich von Türckheim, das Fechttal aufwärts, beginnt nach links die Fünf-Burgen-Straße, die zu den Burgruinen Pflixburg und Hohlandsberg und zu der Dreierburg Hohegisheim führt (siehe Seiten 268, 269, 271).

Colmar:

Anfahrt von Deutschland Rheinübergang Breisach, N 415, von Straßburg auf der N 83, von Mülhausen auf der A 35.

Mit 83 000 Einwohnern ist die Stadt die drittgrößte des Elsaß, nach Straßburg und Mülhausen, und nächst Straßburg die Sehenswerteste. Sie ist Verwaltungssitz des Departements Haut-Rhin, also des Oberelsaß. Seit 1278 Freie Reichsstadt und später Mitglied des elsässischen Zehnstädtebundes, wurde sie Ende des 17. Jahrhunderts französisch. Aus Colmar stammen der Maler Martin Schongauer (geb. 1450), der Bildhauer Bartholdi (geb. 1834, Schöpfer der New Yorker Freiheitsstatue), der spätere napoleonische General Rapp (geb. 1772) und der 1736 geborene, später erblindete Dichter Gottlieb Konrad Pfeffel. Sein Gedicht „Die Tabakspfeife" (Gott grüß Euch, Alter, schmeckt das Pfeifchen) hat die Zeiten überdauert und findet sich heute noch in manchem deutschen Schullesebuch. Es zeigt, wie selbstverständlich damals im Elsaß noch deutsch geschrieben und gesprochen wurde. Pfeffel unterhielt in Colmar eine berühmte Privatakademie. Zu ihren Absolventen gehörte 1783/84 eine badische Hofdame namens Luise Geyer von Geyersberg. Später zur Gräfin Hochberg erhoben und dem badischen Großherzog zur linken Hand (morganatisch) angetraut, spielte sie eine dunkle Rolle in der Affäre um die badische Thronfolge und den Findling Kaspar Hauser (siehe auch unter Kembs: Flaschenpost). Sie ist die Stammutter des hochbergisch-zähringischen Hauses Baden, das von 1830 – 1918 den Thron des Großherzogtums Baden innehatte und im Schloß zu Karlsruhe residierte.
Das Museum Unterlinden in Colmar, ein früheres Dominikanerkloster aus dem 13. Jahrhundert, besitzt eine hervorragende Sammlung mittelalterlicher Malerei, mit Werken u. a. von Martin Schongauer und vor allem den Isenheimer Altar des Matthias Grünewald. Die Altstadt birgt viele schöne, alte Häuser: das Pfisterhaus von 1537, das Kopfhüs von 1609, das ehemalige Zollhaus von 1480, das Haus Adolf von 1380, das Johanniter-Haus von 1608

u. a. mehr. Die sich an der Lauch entlangziehende Häuserzeile wird Klein-Venedig genannt. Die Stiftskirche von Colmar, das Martinsmünster in der Mitte der Altstadt, wurde ab 1237 erbaut. Außer ihr sind sehenswert die Franziskanerkirche (heute evangelisch, Baubeginn 1292) und die Dominikanerkirche, deren Grundstein 1283 von Rudolf von Habsburg gelegt wurde. In ihr befindet sich Martin Schongauers wohl berühmtestes Gemälde, die „Maria im Rosenhag" von 1473. Im Justizpalast, einem Sandsteinbauwerk, das von 1765 – 71 erbaut wurde, residierte der Conseil Souverain d'Alsace. Diese Institution war von Ludwig XIV. geschaffen worden und wurde 1698 von Ensisheim nach Colmar verlegt. Sie hatte die Aufgabe, Streitigkeiten zu entscheiden, die sich aus den verwickelten politischen Rechtsverhältnissen im Elsaß zwangsläufig ergeben mußten, da die deutschen Standesherrschaften auch nach der französischen Besitzergreifung weiterbestanden, nur jetzt unter der französischen Krone. Dieser Zustand wurde erst durch die Französische Revolution von 1789 beendet. Einige Vorfahren des deutschen Schriftstellers Ernst von Salomon, die de Salomon, waren Präsidenten des Conseil Souverain.

Neubreisach:
Anfahrt auf der N 415 von Colmar; von Deutschland Rheinübergang Breisach.

Der Ort (2600 Einwohner) liegt 3 km westlich des Rheins, Breisach auf der deutschen Rheinseite gegenüber. Neubreisach wurde 1699 – 1709 von dem berühmten französischen Festungsbaumeister Vauban erbaut, als Gegengewicht zu dem deutschen Breisach. Die Stadt bildet ein bastioniertes Achteck. In seiner Mitte liegt der große Exerzierplatz mit Garnisonskirche und Kommandantur (heute Rathaus). Neubreisach ist ein wohl einmaliges Schaubild französischer Militärarchitektur des ausgehenden 17. Jahrhunderts und steht insgesamt unter Denkmalschutz. Als Festung konnte es seinen Wert allerdings nie beweisen. Bei der ersten Belagerung im November 1870 kapitulierte die Besatzung nach achttägiger Beschießung, und am 17. Juni 1940 wurde die leere Stadt, deren Bevölkerung bei Kriegsausbruch nach Innerfrankreich evakuiert worden war, kampflos geräumt, nachdem 2 Tage davor Soldaten des Infanterieregiments 623, als Flankenschutz der 239. deutschen Infanteriedivision, im Zusammenwirken mit Pionieren in Sturmbooten den Rhein bei Breisach überquert und die Maginotlinie an dieser Stelle durchbrochen hatten. „On ne passe pas" stand auf dem Abzeichen an den Mützen der französischen Festungstruppen. Es war eine Illusion, wie sich einige Jahre darauf auch die Festigkeit des sogenannten Westwalls, auf der anderen Rheinseite, als Illusion herausstellen sollte. Wo heute die große Rheinbrücke den Strom überspannt, die den Reisenden ohne Verzögerung vom Badischen ins Elsaß hinüberbringt – ihre Vorgängerin war bis 1939 eine holzbelegte Pontonbrücke – peitschten damals, 1940, die Maschinengewehrgarben aus den französischen Uferbunkern lange Spuren ins Wasser, ließen Granateinschläge steile Fontänen aufsteigen und gellten die Abschüsse der 8,8-cm-Flak auf dem Breisacher Münsterberg, die punktgenau auf jede Schießscharte feuerte, während die Sturmboote mit ihren schweren Außenbordmotoren ins Wasser klatschten, um dann mit hoher Bugwelle dem anderen Ufer zuzustreben. Der hier gelegene zerstörte französische Bunker gegenüber dem Breisacher Münster, ist in eine kleine Gedächtnisstätte umgewandelt worden. Die Gedenktafel trägt die Aufschrift „A nos Camarades morts au champ d'honneur 1939 – 1940".

Nicht weniger spektakulär als dieser Sturmbootangriff war die Rückeroberung Neubreisachs durch die alliierten Truppen, die am 6. 2. 1945 in einer nächtlichen Aktion die

Mauern mit Sturmleitern erkletterten und in die Festung eindrangen. Die 1940 und 1944/45 gefallenen deutschen Soldaten sind auf dem Soldatenfriedhof von Breisach, einem Teil des allgemeinen Friedhofs der Stadt, beigesetzt.

Marckolsheim:
Anfahrt von Neubreisach auf der D 468 nach Norden in Richtung Straßburg, von Schlettstadt auf der D 424, von Deutschland Rheinübergang Sasbach.

Der Ort (2 800 Einwohner) liegt 14 km nördlich von Neubreisach und 15 km südöstlich von Schlettstadt. Er wurde im 2. Weltkrieg größtenteils zerstört. In seiner Nähe (östlich) befindet sich ein erhaltenes Befestigungswerk der Maginotlinie, das besichtigt werden kann (Memorial-Musée de la Ligne Maginot). Es wurde 1940 nur um wenige Meter von einer Stukabombe verfehlt. Der Bombentrichter dahinter ist heute noch zu sehen. Die bei der Verteidigung des Panzerwerkes gegen die angreifende 221. deutsche Infanteriedivision am 16. 6. 1940 gefallenen französischen Soldaten sind vor dem Bunker beigesetzt.

Fessenheim:
Anfahrt von Neubreisach auf der D 468 nach Süden.

Das Dorf liegt 12 km südlich von Neubreisach, in der Rhein-Niederung. Es ist in die Geschichte der Bürgerinitiativen eingegangen, da sich hier seinerzeit ein grenzüberschreitender, elsässisch-badischer Widerstand gegen die Atomkraftwerke Fessenheim und Wyhl gebildet hatte. Seither stellen die Umweltschützer auch im Elsaß eine politische Kraft dar, die bei Gemeindewahlen etwa 10 % der Wählerstimmen erhält. Ihr Organ ist der Sender „Radio Dreyeckland“ (Elsaß, Baden, Schweiz). Der Bau des Atomkraftwerkes Fessenheim konnte allerdings nicht verhindert werden. Dieses erste elsässische Kernkraftwerk liegt in der Nähe der Ortschaft, am Rheinseitenkanal (Grand Canal d'Alsace). Es kann werktäglich von 9 – 12.30 Uhr und 13.30 – 18 Uhr besichtigt werden. Nach einer neuesten Umfrage haben 63 % der französischen Bevölkerung nicht das geringste Vertrauen in die Fähigkeit der Behörden, eine mögliche Atomkatastrophe zu meistern.

Egisheim:
Anfahrt auf der N 83 von Colmar.

Das alte Weinstädtchen (1 500 Einwohner) liegt ca. 6,5 km südwestlich von Colmar. In seiner Mitte erheben sich die Reste der uralten achteckigen Burg der Grafen von Dagsburg-Egisheim, des bedeutendsten Adelsgeschlechts des Elsaß in der Zeit vom 9. bis zum Beginn des 13. Jahrhunderts. Die Burg wurde 1908 restauriert. Im Jahre 1002 wurde hier Bruno von Dagsburg-Egisheim geboren, der – als Leo IX. – von 1048 – 1054 Papst war (siehe Seite 142). Vor der Burg steht sein Denkmal. Die Kirche von Egisheim stammt zum Teil aus dem 13. Jahrhundert. Der Ort ist von einem zweifachen, weitgehend erhaltenen Mauerring umzogen. Über ihm erheben sich die drei Bergfriede der Burgruine Hohegisheim (siehe Seite 271). Drei weitere Burgruinen, Hageneck, Hohlandsberg und Pflixburg, liegen in der Nähe (siehe Seiten 270, 269, 268).

Münster (Munster):
Anfahrt auf der D 417 von Colmar.

Die Stadt (6 000 Einwohner) liegt 19 km westlich von Colmar im nach ihr benannten Münstertal (eigentlich Fechttal), am Zusammenfluß der Großen und der Kleinen Fecht. Sie entstand aus einer Benediktinerabtei, wurde 1235 Reichsstadt, trat 1354 dem elsässischen Zehnstädtebund bei und kam 1648, im Westfälischen Frieden, an

Frankreich. Das Rathaus stammt aus dem Jahre 1550. In der Nähe von Münster liegt die Burgruine Schwarzenburg (siehe Seite 272). Von den Melkereien auf den Almen des hinteren Münstertales wird der würzige Münsterkäse hergestellt, der schon 1532 in einem Dankschreiben an einen Straßburger reformierten Prediger gerühmt wird, der einem Ulmer Kollegen einige Münsterkäse übersandt hatte. Das Münstertal ist eines der schönsten Täler der Vogesen.

Rufach (Rouffach):
Anfahrt auf der N 83 von Colmar.

Das malerische Städtchen (5 100 Einwohner) mit vielen alten Häusern liegt 15 km südlich von Colmar. Seine Kirche, die Liebfrauenkirche, entstand im 12. – 14. Jahrhundert. Der weite Platz bei der Kirche ist eingerahmt von den Bauten des ehemaligen bischöflichen Verwaltungssitzes, der Kornhalle (1569), dem Rathaus (1581) und dem Hexenturm (13. – 15. Jahrhundert), der alten Stadtbefestigung. Sehenswert ist auch die Franziskanerkirche aus dem 14. – 15. Jahrhundert. Bis zur Französischen Revolution gehörte Rufach, das 1663 an Frankreich gefallen war, den Bischöfen von Straßburg. Nordwestlich über der Stadt erhob sich die Isenburg, deren Ursprung in die merowingische Zeit zurückreicht. Sie war später Besitz der Straßburger Bischöfe, wurde jedoch schon 1199 zerstört. Wiederaufgebaut, erlitt sie im Dreißigjährigen Krieg schwere Beschädigungen. Der nicht vollendete Neubau von 1664 wurde 1781 durch einen Blitzeinschlag vernichtet, und die Reste wurden 1822 abgebrochen. Heute ist der Hügel über Rufach nicht von den Resten der alten Burg, sondern von den Baulichkeiten des Luxus-Hotels Château d'Isenbourg geprägt.
Fährt man von Rufach auf der Weinstraße nach Westen ins Ohmbachtal, dann gelangt man über Westhalten nach Sulzmatt, einer Ortschaft, in der früher einmal fünf

Schlösser standen. Von ihnen ist nur noch die Wagenburg mit Wendeltreppenturm und Staffelgiebel erhalten. Sulzmatt besitzt einen kleinen und malerischen Rathausplatz und eine Kirche, in der romanische und spätgotische Stilelemente vereinigt sind. Am Ortsausgang in Richtung Wintzfelden befindet sich eine Mineralquelle.

Murbach:
Anfahrt auf der D 40 II von Gebweiler.

Die kleine Ansiedlung (400 Einwohner) liegt 3 km westlich von Gebweiler im Murbachtal, einem Seitental des Lauchtales, inmitten der Vogesenberge. Sie wird beherrscht von der mächtigen romanischen Abteikirche der 727 hier gegründeten Benediktinerabtei. Diese war eines der reichsten und mächtigsten Klöster des Elsaß und besaß in ihrer Blütezeit 3 Städte und 20 Dörfer. Ihre Äbte waren Reichsfürsten. Die Stiftsherren übersiedelten 1759 aus der Einsamkeit ihres Tales nach Gebweiler. Wenig später, 1789, in der Französischen Revolution, wurden die Abteigebäude und das Langhaus der Kirche zerstört, so daß heute nur noch der Ostteil mit den beiden wuchtigen Türmen erhalten ist. Aber selbst dieser Rest gehört zu den monumentalsten romanischen Bauten Europas. Auf den Höhen um das Kloster entstanden zu seinem Schutz im Mittelalter zahlreiche Burgen: Husenburg, Hohrupf, Hugstein, Freundstein, Hirzenstein und Herrenflüh (siehe Seiten 275, 276, 228, 277).

Lautenbach:
Anfahrt auf der D 430 von Gebweiler.

Der kleine Ort (1 300 Einwohner) liegt, das Lauchtal aufwärts, 4 km nordwestlich von Gebweiler. Ihm und seiner Umgebung hat der hier geborene elsässische Autor Jean Egen (Egensperger) mit seinem Roman ,,Les tilleuls de Lautenbach", der Geschichte einer elsässischen Familie

von 1870 bis 1945, ein literarisches Denkmal gesetzt. Das Buch, das auf der französischen Bestsellerliste stand, ist auch in Deutschland erschienen („Die Linden von Lautenbach", Morstadt, Kehl, und Rowohlt-Taschenbuch).
Die Ortskirche von Lautenbach ist eine dreischiffige romanische Basilika aus dem 12. Jahrhundert, die zu einem Benediktinerkloster gehört hat. Ihre Barockkanzel ist 1717 entstanden. Die Friedhofskapelle von Lautenbach stammt aus dem 14./15. Jahrhundert.

Gebweiler:
Anfahrt auf der D 430 von Mülhausen.

Der Ort liegt 23 km nordwestlich von Mülhausen am Eingang des Lauchtales (auch Blumental genannt) und gehört mit einer Einwohnerzahl von 11 350 zu den größeren Städten des Elsaß. Er ist eine Gründung der Abtei Murbach, wurde 774 erstmals urkundlich erwähnt und Ende des 13. Jahrhunderts zur Stadt erhoben. Von 1759 bis 1790 residierten die Stiftsherren von Murbach in Gebweiler. Schon vorher, 1680, war die Stadt französisch geworden. Zu den herausragenden Gebäuden von Gebweiler gehören die auf der Schwelle von der Romanik zur Gotik stehende St.-Leodegar-Kirche mit ihrer reichen Fassade, die gotische Dominikanerkirche vom Anfang des 14. Jahrhunderts (heute Festsaal und Museum), das spätgotische Rathaus von 1514 und die von den Murbacher Stiftsherren erbaute barocke Liebfrauenkirche von 1764.
Über und unter dem Zifferblatt der historischen Uhr am Südturm von St. Leodegar liest man die Worte

Frey Leben oder sterben
Im dritten Jahr der Freyheit 1791

Die Inschrift ist deutsch, was damals im Elsaß noch selbstverständlich war. Sie bezieht sich jedoch auf ein französisches geschichtliches Ereignis, nämlich auf die Revolution von 1789 und die bürgerliche Freiheit, die sie auch dem Elsaß brachte.

Auf den Rebhängen um Gebweiler wächst ein sehr guter Weißwein. Beste Lage ist die „Wanne“ (siehe Seite 57). Der Große Belchen (Grand Ballon), mit 1424 m die höchste Erhebung der Vogesen, liegt unmittelbar westlich der Stadt und wird deshalb auch Gebweiler Belchen genannt (siehe Seite 224).
Südlich von Gebweiler stößt man auf den kleinen Ort Hartmannsweiler. Nach ihm ist ebenfalls ein Vogesengipfel benannt, und zwar der 956 m hohe Hartmannsweilerkopf. Er war im 1. Weltkrieg schwer umkämpft. Die französischen Toten – der insgesamt 60 000 hier Gefallenen – sind im Mausoleum des Silberlochsattels beigesetzt, wo auch das französische Nationaldenkmal steht. Unterhalb des östlichen Gipfels befindet sich ein Denkmal für die Gefallenen des 152. französischen Infanterieregiments. Die deutschen gefallenen Soldaten sind auf dem Nationalfriedhof von Sennheim (Cernay) bestattet.
Von Sennheim aus führt die D 431, Route des Crêtes, zum Hartmannsweilerkopf mit seinen Gedenkstätten hinauf.

Ensisheim:
Anfahrt auf der D 20 von Mülhausen.

Der kleine Ort (3 000 Einwohner) mit schönen Häusern der Gotik und Renaissance liegt 14 km nördlich von Mülhausen. In seiner Umgebung weisen zahlreiche Grabhügel keltischen und germanischen Ursprungs sowie römische Reste darauf hin, daß es sich um eine sehr alte Ansiedlung handelt. Das Rathaus, in dessen Baustil sich Gotik und Renaissance vereinen, ist einer der hervorragendsten profanen Bauten des Elsaß. Im ehemaligen Ratssaal des Obergeschosses befindet sich ein 54 kg schwerer Meteorit. Bei seinem Niedergang am 7. 11. 1492 soll er 130 kg gewogen haben. Die fehlende Menge ist vermutlich in den Taschen von Andenkenjägern verschwunden, die es demnach nicht erst seit heute gibt. Von 1523 – 1632 war Ensisheim Sitz der habsburgischen Verwaltung der Vorderösterreich genannten österreichischen Vorlande im Sundgau, Breisgau und Oberelsaß. Die Stadt wurde im Westfälischen Frieden an Frankreich abgetreten.

Ungersheim:
Anfahrt von Mülhausen auf der D 430 oder von Ensisheim nach Westen Richtung Gebweiler.

Die kleine Ortschaft liegt ca. 4 km westlich Ensisheim zwischen diesem und Gebweiler. Bei Ungersheim wurde 1984 ein Museumsdorf errichtet, das aus alten, vor dem Verfall geretteten und restaurierten elsässischen Bauernhäusern besteht und einen Überblick über die bäuerliche Architektur des Elsaß vom 15. bis 19. Jahrhundert vermittelt. Geplant ist auf dem Gelände außerdem die Errichtung eines seperaten Stadtviertels, um auch die Stadtentwicklung im Elsaß darstellen zu können, wobei an den Zeitraum zwischen 1850 und 1930 gedacht ist. Die dahinter liegende, stillgelegte Kalimine soll ebenfalls restauriert werden und als Denkmal der elsässischen Industriegeschichte in das Freilichtmuseum integriert werden. Das Museumsdorf liegt südwestlich von Ungersheim. Es ist in den Sommermonaten täglich von 10 – 20 Uhr geöffnet (in der übrigen Jahreszeit reduzierte Öffnungsdauer).

Ottmarsheim:
Anfahrt von Deutschland Rheinübergang Neuenburg in Richtung Mülhausen. Kurz danach 2. Straße nach links, Richtung Basel (D 468).

Das kleine Dorf liegt unweit des Rheins, etwa 16 km nordöstlich von Mülhausen. Die Ortskirche wurde von den Habsburgern um 1030 errichtet. Der achteckige Zentralbau ist der Pfalzkapelle Karls des Großen in Aachen nachgebildet. Ehemals war die Kirche Kapelle eines heute nicht mehr existierenden Benediktinerklosters.

Mülhausen (Mulhouse):
Anfahrt von Deutschland Rheinübergang Neuenburg oder AB-Dreieck Neuenburg und A 36; von Straßburg, Colmar N 83, A 35.

Die nach Straßburg zweitgrößte Stadt des Elsaß (221 000 Einwohner) wurde erst 1798 durch Ratsbeschluß französisch, 100 Jahre später also als das übrige Elsaß. Sie ist dennoch französischer geprägt als alle anderen elsässischen Orte. „S'get en dera Stadt kei Kend meh, wu uf Elsassisch dankt" (es gibt in dieser Stadt kein Kind mehr, welches auf Elsässisch denkt), klagt das Verbindungsblatt „D'Heimet zwesche Rhin un Vogese", der elsässischen Vereinigung „Heimetsproch un Tradition" (3. Jahrgang, Dezember 1984). Als Industriestadt (vor allem Textilindustrie) war Mülhausen gezwungen, sich nach dem größeren französischen Markt hin zu orientieren. Dem nüchternen Sinn der calvinistischen Stadtväter bedeutete wirtschaftlicher Erfolg mehr als Traditionen. So kam es zunächst zu dem Anschluß an die Schweizerische Eidgenossenschaft und später zu dem an Frankreich. Dieser praktische Sinn hat wohl auch dazu geführt, daß nur noch wenige bauliche Zeugnisse der reichsstädtischen Vergangenheit Mülhausens erhalten geblieben sind, nämlich das Rathaus von 1552, der Bollwerksturm der alten Stadtbefestigung und die St.-Johann-Kapelle mit bedeutenden Fresken. Das Mülhausen von heute ist eine nüchterne und fleißige Industriestadt.
Böse Zungen nennen sie die zweitgrößte Stadt Algeriens, aufgrund des hohen Anteils nordafrikanischer Arbeitskräfte, die dort beschäftigt sind. Aber auch hier sind Bestrebungen im Gange, die alemannisch-elsässische Identität wieder zu beleben. Äußerer Ausdruck dafür ist der Beschluß, bis Ende 1990 den Straßen der Stadt ihre alten elsässischen Bezeichnungen zurückzugeben. Neben den französischen Namen wird dann z. B. die „Rue du

Sauvage“ wieder ,,Wilde Mann Gass“ und die ,,Rue Bonbonniere“ wieder ,,Siass Winkel“ (Süßer Winkel) heißen. In Mülhausen befindet sich das berühmte, ehemals den Industriellen Fritz und Hans Schlumpf gehörende Automobilmuseum (außer Dienstag täglich von 10 – 18 Uhr geöffnet, Eintritt umgerechnet DM 10,–), das 437 Oldtimer beherbergt und die größte Bugatti-Sammlung der Welt enthält.

Kembs:
Anfahrt von Mülhausen auf der N 66 bis Sierentz, dann links, oder auf der D 468 von Ottmarsheim weiter Richtung Basel.

Das Dorf liegt etwa 13 km südöstlich von Mülhausen zwischen Hardtwald und Rhein bzw. Rheinseitenkanal. Kembs ist der Standort eines großen Rheinkraftwerkes. Im Ortsteil Schäferhof befindet sich ein Restaurant mit gutbürgerlicher, aber ausgezeichneter Küche. Der Ort spielt eine Rolle in der Kaspar-Hauser-Forschung, die sich mit der Frage beschäftigt, ob der 1833 in Ansbach ermordete Nürnberger Findling von 1828 der badische Erbprinz, Sohn des Großherzogs Karl und seiner Gemahlin Stephanie Beauharnais, der Adoptivtochter Napoleons, gewesen ist. Am 22. September 1816 hatte ein elsässischer Fischer bei Kembs aus dem Rhein eine Flaschenpost geborgen, die einen handgeschriebenen Zettel mit folgendem lateinischen Text enthielt:
,,Cuicumque qui hanc epistolam inveniet: Sum captivus in carcere, apud Lauffenburg, juxta Rheni flumen: meum carcer est subterraneum, nec novit locum ille qui nunc solio meo potitus est. Non plus possum scribere, quia sedulo et crudeliter custoditus sum. HARES SPRAUCA“
Ins Deutsche übersetzt: ,,Wer auch immer dieses Schreiben findet: Bin gefangen im Kerker bei Lauffenburg, nahe dem Rheinstrom. Mein Kerker ist unterirdisch; der Ort ist

dem unbekannt, der jetzt meinen Thron innehat. Mehr kann ich nicht schreiben, weil ich sorgfältig und grausam bewacht werde."

Die Unterschrift ,,HARES SPRAUCA" hat die Hauser-Forschung als Umstellung von ,,CASPAR HAUSER" entziffert. Weiter hat man herausgefunden, daß Kaspar Hauser in der in Frage kommenden Zeit in dem Ort Beuggen in Gewahrsam gehalten wurde. Dieser Ort liegt aber nur 25 km flußabwärts von Laufenburg, dem in der Flaschenpost genannten Ort. Trotz aller scharfsinnigen Bemühungen ist das Rätsel um Kaspar Hauser bis heute noch nicht gelöst worden, und so hat die Inschrift auf seinem Grabstein in Ansbach nach wie vor Gültigkeit: AENIGMA SUI TEMPORIS, IGNOTA NATIVITAS, OCCULTA MORS (Rätsel seiner Zeit, unbekannter Geburt, geheimnisvollen Todes).

Thann:

Anfahrt auf der N 66 von Mülhausen.
Ortsbeschreibung siehe Seite 232.

Über Thann liegt die Ruine der Engelsburg (siehe Seite 230).

Wildenstein:

Anfahrt auf der N 66, D 13 von Thann durch das Thurtal.
Ortsbeschreibung siehe Seite 219.

Bei Wildenstein liegt der größte See des elsässischen Teils der Vogesen und eine Burgruine (siehe Seite 222).

Krüt:

Anfahrt zu dem kurz vor Wildenstein gelegenen Ort wie dort.
Ortsbeschreibung siehe Seite 224.

Masmünster (Maseveaux):
Anfahrt auf der D 34 von Thann bis Gewenheim, dann nach rechts auf die D 466.

Der kleine Ort (3 600 Einwohner) liegt 25 km westlich von Mülhausen im Tal der Doller, dem südlichsten Tal des elsässischen Teils der Vogesen, nahe der Departementsgrenze (Haut-Rhin = Oberelsaß) zum Territoire de Belfort. Masmünster verdankt Namen und Entstehung dem Grafen Maso, dem Enkel des Herzogs Eticho, des Vaters der Heiligen Odilia. Er gründete im Jahre 728 hier ein Kloster, zur Erinnerung an seinen in der Doller ertrunkenen Sohn. Aus dem Kloster wurde später ein Damenstift, in dem u. a. die Prinzessin Sophie von Anhalt-Zerbst, die spätere Zarin Katharina II., die Große (1729 – 1796), erzogen wurde. Es bestand bis zur Französischen Revolution. Von seiner Kirche ist der spätgotische Chor erhalten.
Masmünster ist ein günstiger Ausgangspunkt für Vogesenwanderungen im Gebiet des Elsässer Belchens (siehe Seite 238).

Altkirch:
Anfahrt auf der D 432 von Mülhausen.

Der Hauptort des Sundgaues (eigentlich Südgau), des südlichsten, an die Region Belfort und die Schweiz angrenzenden Teils des Oberelsaß, hat 6 200 Einwohner und liegt 18 km südlich von Mülhausen. Die Stadt entstand im 13. Jahrhundert und gehörte zur Grafschaft Pfirt. Mit dieser kam sie 1324 an die Habsburger und 1648 durch die Friedensschlüsse, die den Dreißjährigen Krieg beendeten, an Frankreich. Sehenswert sind das barocke Rathaus und das habsburgische Amtshaus, heute mit Sammlung des Sundgau-Museums.
Im elsässischen Teil des Juras, südlich von Altkirch, liegen die Burgruinen Landskron, Liebenstein, Mörsberg, Hohenpfirt und Waldeck (siehe Seiten 278–280).

Straßen und Autobahnen im Elsaß:

A = Autobahnen. Durch das Elsaß führen 3 Autobahnen. Die A 34 Straßburg – Paris, die A 35 Straßburg – Schlettstadt – Colmar – Mülhausen – Basel (erst in Teilen fertiggestellt) und die an die deutsche Rheintalautobahn angeschlossene A 36 Mülhausen – Richtung Südfrankreich. A 34 und 36 sind gebührenpflichtig, die A 35 zur Zeit noch gebührenfrei. Die Höchstgeschwindigkeit auf den Autobahnen beträgt 130 km/h.

N = Nationalstraßen. Sie entsprechen den deutschen Bundesstraßen. Als Höchstgeschwindigkeit ist auf ihnen 110 (bei 4 Fahrspuren) bzw. 90 km/h vorgeschrieben.

D = Départementstraßen. Sie entsprechen den deutschen Landstraßen. Auf ihnen ist die Geschwindigkeit auf 90 km/h begrenzt. In den Ortschaften darf in keinem Fall schneller als im allgemeinen 60 km/h gefahren werden. Teilweise ist die Geschwindigkeit auch auf 50 und sogar 40 km/h begrenzt (Hinweisschilder am Ortseingang).

Die französische Polizei ist nicht sehr entgegenkommend. Bekanntschaften mit ihr sollte man deshalb besser aus dem Wege gehen.

Durch die Vogesen bis Belfort
Kurzbeschreibung der Wanderwege

Burgruinen der Vogesen auf Wanderwegen

1. Nothweiler – Wegelnburg – Hohenburg – Löwenstein – Fleckenstein – Frönsburg – Wasigenstein – Obersteinbach – Wittschlössel – Windstein

Verkehrsmöglichkeiten: Bus nach Nothweiler
Anfahrt: über B 427 von Bad Bergzabern, Kreisstraße über Niederschlettenbach
Nächste Bahnstation: Bad Bergzabern
Parken: im Ort
Einkehr- und Übernachtungsmöglichkeiten:
Nothweiler, Obersteinbach, Windstein (siehe Seiten 281, 300, 301)
Tourenlänge: 22 km
Markierungen: Grünes Rechteck, Rotes Rechteck (ab Grenze, Bezeichnung 1 a der Karte)
Höhenunterschiede: Von den Tallagen (Nothweiler, Sauertal, Steinbachtal) zu den Höhen jeweils ca. 300–350 m.
Wanderzeit: Tagestour
Wanderkarte: Vosges du Nord (Nordvogesen) 1 : 50 000, Niederbronn – Lembach 1 : 25 000, Grenzgebiet Pfalz / Elsaß 1 : 25 000

Wissenswertes:
Nothweiler: Nothweiler, ein kleiner (230 Einwohner), hübscher Ort mit vielen Fachwerkhäusern, liegt idyllisch in einem Hochtal zwischen stillen Wäldern. Mitten im Dorf steht der historische Zeppelinbrunnen, an dem Graf Zeppelin 1870, nach einem Patrouillenritt über die französische Grenze (ca. 50 m südwestlich von Nothweiler), seine Pferde tränkte.

Wegelnburg: Auf einem 572 m hohen, schmalen Felsgrat gelegen, um 1200 als staufische Reichsburg erbaut. Belehnung an die Ministerialen von Wegelnburg, 1330 an Kurpfalz. Zerstörung 1680 durch französische Truppen unter Montclar. (Montclar oder Monclar, General Ludwigs XIV. Er ließ, am 31. 5. 1689, in Befolgung des Befehls „brûlez le Palatinat", die pfälzische Stadt Speyer in einem Ausmaß zerstören, das selbst von den flächendeckenden Bombenwürfen der alliierten Flugzeuggeschwader des 2. Weltkrieges nicht erreicht wurde.) Damals im Besitz von Pfalz-Zweibrücken. Geringe Mauerreste, einige Torbogen und in den Burgfels geschlagene Kammern. Ausblick auf Hohenburg und Nothweiler. Höchstgelegene Burgruine der Pfalz. Die Burg ist am einfachsten von Nothweiler aus zu erreichen (siehe Wegebeschreibung).

Kaiser-Wilhelm-Stein: Felsklotz an der pfälzisch-elsässischen Grenze zwischen Wegelnburg und Hohenburg.

Maidenbrunnen: Unterhalb der Hohenburg, unmittelbar hinter der pfälzisch-elsässischen Grenze. Der Sage nach erscheint dort um Mitternacht eine weiße Jungfrau, um ihr Haar zu waschen und weinend zur Hohenburg zurückzukehren.

Hohenburg: 550 m hoch auf dem Schloßberg gelegen und um 1200 als staufische Reichsburg erbaut. Stammburg der Puller von Hohenburg, bekannt durch den Minnesänger Konrad Puller von Hohenburg, der Rudolf von Habsburg auf seinem Zug gegen König Ottokar von Böhmen begleitete. Seine unterwegs entstandenen und der „minniglichen Frouwe im Elsazen" gewidmeten Minnelieder haben ihn unsterblich gemacht:

„Wil iemen gegen Elsazen lant
der sol der lieben tuon bekant
das ich mich senen.
Wenen kan sich min herze nach ir . . ."

Nothweiler
Wegeln-
burg
Hohenburg
Löwenstein
Grenze
Fleckenstein
Frönsburg
Wasigenstein
Obersteinbach
Wittschlössel
Lindenkopf
Windstein

Im Erbgang fiel die Burg Ende des 15. Jahrhunderts an die von Sickingen. Deren Wappen, die 5 Würfelpunkte, ist über dem Renaissance-Portal des Eingangs angebracht. 1523 wurde die Sickingische Hohenburg durch pfälzische Truppen zerstört. 1543 Wiederaufbau. Durch Aufgabe allmählich verfallen; endgültige Zerstörung 1680 (Montclar). Erhalten sind Teile der Umfassungsmauern, eine den Eingang schützende Bastion mit tiefen und breiten Schießscharten, Reste des Palas und der Bergfried. Von ihm aus genießt man eine der schönsten Aussichen der Nordvogesen. Man erreicht die Burg auf dem Weiterweg von der Wegelnburg (siehe Wegebeschreibung) über Kaiser-Wilhelm-Stein, Maidenbrunnen.

Löwenstein: Ungefähr 200 m von der Hohenburg entfernt auf demselben Bergkegel gelegen; erbaut im 12. Jahrhundert und Reichslehen der Fleckensteiner. Durch Verpfändung 1383 an Johann von Bitsch und Streif von Landenberg. Wegen Wegelagerei der Besitzer 1386 durch die Straßburger und die Herren von Lichtenberg zerstört (siehe den Bericht über diese Belagerung auf Seite 35). Die Sage nennt den Raubritter auf dem Löwenstein Linkenschmied, weil er zur Täuschung seiner Feinde, sein Pferd verkehrt herum beschlagen ließ.
Der Linkenschmied ist der elsässische Rodensteiner. Wenn Not und Krieg droht, dann zieht er, der Sage nach, an der Spitze seines Trosses lärmend durch das verschüttete Tor und braust, waffenklirrend, über den nächtlichen Himmel.
Nach der Zerstörung als Vorwerk der Hohenburg wieder aufgebaut, teilte der Löwenstein deren Schicksal des Verfalls und der erneuten und endgültigen Zerstörung. Kein aufgehendes Mauerwerk mehr vorhanden. Der Aufstieg auf den Burgfelsen ist beschwerlich, wird aber durch einen schönen Rundblick belohnt. Von der Hohenburg aus ist die Ruine Löwenstein in wenigen Minuten zu erreichen (siehe Wegebeschreibung).

Burgruine Fleckenstein (S. 106): Aufgang zum Felsplateau

Fleckenstein: Als staufische Reichsburg im 12. Jahrhundert erbaut und den Herren von Fleckenstein als kaiserliches Lehen übergeben. Auf einem gewaltigen Sandsteinklotz (50 m lang, 8 m breit, 40 m hoch), der senkrecht aus der Ebene aufsteigt, gelegen. 1325 in einer Auseinandersetzung mit der Stadt Straßburg erfolglos belagert. Um- und Erweiterungsbau 1541–1570. 1680 durch französische Truppen zerstört. Der letzte Fleckensteiner, Friedrich Jakob, beging 1710 Selbstmord. Der Fleckenstein ist von 2 m dicken, von Schießscharten durchbrochenen Mauern umgeben und enthält zahlreiche in den Felsen gehauene Kammern, Treppen und Galerien. Die Inschrift über dem Eingangstor lautet: ,,Diese Fürport und der Sarck ist gemacht worden in dem jar do man zalt nach XZ Geburt MCCCCXXVIII jar.“ Auf dem Felsplateau sind nur noch geringe Reste der einstmals bis zu 3 Etagen hochgeführten Mauern des Palas erhalten. Weite Aussicht von der Plattform. Die Besichtigung der Burg ist mit einem Eintrittsgeld verbunden. Man kann mit dem Auto bis zu dem Parkplatz unterhalb der Ruine fahren. Die Zufahrtsstraße geht kurz vor dem Fleckensteiner Weiher nach links ab (aus Richtung Hirschthal, deutsche Grenze).

Fleckensteiner Weiher: Durch Aufstauung der Sauer entstandener Bade- und Angelsee, mit Campingplatz, im Sauertal, unterhalb der Ruine Fleckenstein, an der Straße von Schönau (Pfalz) nach Lembach (Elsaß).

Frönsburg: Auf einem hohen Sandsteinklotz, der aus einem Waldhang aufragt, über dem Steinbachtal gelegen. Im 13. Jahrhundert durch die von Frönsberg, oder Frunsberg, erbaut. 1349 als Raubritternest von den elsässischen Reichsstädten zerstört. 1481 Wiederaufbau durch die Herren von Fleckenstein. 200 Jahre später Zerstörung durch französische Truppen. Außer einigen ausgehauenen Felskammern und dem Tor zum oberen Felsen mit der Jahreszahl 1481 im Schlußstein des Torbogens ist nur noch wenig Mauerwerk erhalten. Schöne Aussicht ins Steinbachtal. Auf kürzestem Wege ist die Ruine von dem unterhalb gelegenen Forsthaus Welschthal aus zu erreichen, und zwar mit dem Wanderzeichen blaues Rechteck.

Zigeunerfelsen: Zwischen der Frönsburg und dem Wasigenstein erhebt sich der 460 m hoch gelegene Zigeunerfelsen (siehe Wegebeschreibung). In ihm sind Treppenstufen eingehauen und auf dem Felsplateau findet man Reste von Mauern. Er wird deshalb als ehemaliges Vorwerk des Wasigensteins angesehen. Der Name leitet sich von Zigeunern her, die hier ein sicheres Versteck fanden. Der Felsen kann erstiegen werden.

Wasigenstein: Die heute im dichten Wald der Vogesen verborgenen Burgen waren einstmals, als sie noch nicht in Trümmern lagen, Schauplatz historischer Ereignisse und menschlicher Schicksale. Der Ruinen hat sich die Sage bemächtigt, die vom Zwist verfeindeter Brüder, der Verzweiflung weinender Frauen und von Schätzen in tiefen Kellergewölben berichtet, die von Drachen bewacht und von Zwergen behütet, auf den Glücklichen warten, der sie hebt und die Verzauberten erlöst. Dieses „Es-war-einmal“ aus Geschichte, menschlichem Schicksal und Sage umgibt die Burgruinen noch heute mit dem Schimmer des Geheimnisvollen, der wie ein ferner Lichtstrahl aus der Vergangenheit in unsere sachliche Gegenwart dringt und Wanderer und Touristen anzieht, die sie so zahlreich aufsuchen. Von allen Burgruinen der Vogesen ist vor allem der Wasigenstein in mystisches Dunkel verschollener Zeiten gehüllt. Hier sollen sich der Sage nach die im Waltharilied (Waltharius manu fortis, lateinische Hexameterdichtung, Ekkehard von St. Gallen, um 930) geschilderten

Kämpfe zwischen Hagen von Tronje, Gunther von Burgund und Walther von Aquitanien abgespielt haben. Die Felsen, auf denen die Burgruine liegt, entsprechen auch heute noch der Beschreibung des Mönches Ekkehard aus dem Kloster St. Gallen in der Schweiz (Waltharilied, Übersetzung von Viktor v. Scheffel):

„Dort ragen dicht beisammen
zwei Berge in die Luft.
Es spaltet sich dazwischen
anmutig eine Kluft,
umwölbt von zackigen Felsen,
umschlungen von Geäst
und grünem Strauch und Grase,
ein rechtes Räubernest.“

Verschiedene Schriftzeichen und Flachreliefs, die in den Felsen gehauen sind, werden von einigen Forschern als Kampfesrunen gedeutet. Alte Flurbezeichnungen der näheren Umgebung des Wasigensteins, z. B. Waltersloch, Waltershag, Walterstachel, Alt Heer und Walterstein, weisen ebenfalls auf jene sagenhaften Kämpfe hin, denen als geschichtliches Ereignis wahrscheinlich eine kriegerische Auseinandersetzung der Völkerwanderungszeit zugrunde liegt, die sich demnach in der Nähe des Wasigensteins abgespielt haben muß. In den im Waltharilied geschilderten Kämpfen wurde dem Helden des Epos, Waltharius, eine Hand abgehauen. Die Herren von Wasigenstein, die die Burg als Reichslehen besaßen, führten sechs abgehauene Hände in rotem Schild als Wappen, und unweit des Wasigensteins, östlich der Ortschaft Bitsch (Bitche), findet man an der Straße nach Stürzelbronn die Reste eines früheren Forsthauses, das den Namen Prinzenhand trug (la main du prince). Dort erhob sich vor dem Ausbau der Straße ein Felsen, in den die Abbildung einer abgeschlagenen Hand eingehauen war. Die anschließende Waldabteilung trägt die Bezeichnung Prinzengrab (tombe du prince). Hier befand sich ehemals ein alter Steinsarkophag (heute im Museum von Bitsch) unbekannter Herkunft und mit unleserlichen Schriftzeichen bedeckt. Alle diese Hinweise auf die Walthersage sind so zahlreich und so eindeutig, daß sie nicht zufällig sein können. Sie deuten auf den Wasigenstein und seine Umgebung als Schauplatz und auf ein unbekanntes, gleichwohl aber historisches Ereignis hin, das sich hier abgespielt und die Sage begründet haben muß.

Die Burg Wasigenstein erhob sich als Doppelburg auf den beiden Felsen, von denen sie den Namen hat. Sie sind durch einen tiefen Spalt voneinander geschieden. An ihrem Fuße sicherte eine Ringmauer vorburgartig die Anlage. Auf dem talwärts gelegenen Fels ist ein hochaufragender Wohnturm mit Spitzbogenfenstern erhalten. Der Nachbarfels enthält mehrere ausgehauene Kammern, die zum Teil mit Steinsäulen gestützt sind, und auf dem Felsplateau geringe Reste des ehemaligen Palas. Unterhalb seines östlichen Endes befindet sich eine große Zisterne mit noch gut erkennbaren Zulaufkanälen. Von manchen seltsamen Zeitgenossen wird sie heute leider als Abfallbehälter für Bierflaschen, Coladosen und Plastiktüten benützt. Als staufische Reichsburg im 12. Jahrhundert erbaut, ging die Burg nach Aussterben des Geschlechts der Herren von Wasigenstein im 15. Jahrhundert in den Besitz der von Fleckenstein über. Im 30jährigen Krieg stark beschädigt, wurde sie 1680 durch französische Truppen endgültig zerstört. Der sagenumwobenen Stätte des Wasigensteins hat der Dichter Viktor v. Scheffel folgende Verse gewidmet (zitiert nach C. Matthis, Sagen des Wasgenwaldes):

„Ein Pfad biegt von des Maimont Gipfeln
in ein elsässisch Waldtal ein
und braunrot starrt, aus grünen Wipfeln,

der Doppelklotz des Wasigenstein.
Wie ein vermoostes Waldgeheimnis
ruht das geborstene Riesenhaus,
in Schutt und schweigender Verträumnis,
von grauer Vorzeit Rätseln aus."

Am einfachsten erreicht man den Wasigenstein von Obersteinbach aus (siehe Wegebeschreibung). Die beiden Burgfelsen liegen, in 340 m Höhe, auf dem Westhang des Schloßberges, oberhalb der Ortschaft.

Maimont: 512 m hoher Berg, zwischen den beiden Burgruinen Wasigenstein und Blumenstein gelegen. Auf ihm verläuft die 1825 neu festgelegte Grenze zwischen dem Elsaß und der Pfalz, so daß der Wasigenstein im Elsaß, der Blumenstein jedoch in der Pfalz liegt. Auf dem Gipfel des Maimont befindet sich eine geborstene Opferschale, wahrscheinlich aus keltischer Zeit, die aus einem Felsstück herausgehauen ist, und ein Gedenkkreuz an die Gefallenen des 2. Weltkrieges. Vom Wasigenstein aus führt der Wanderweg mit der Markierung rot-weiß-rotes Rechteck zum Gipfel des Maimont hinauf (Burgruine Blumenstein siehe Seite 255).

Obersteinbach: Hübsches Fachwerkdorf im Steinbachtal mit einer sehenswerten protestantischen Kirche von 1787. Der Ort gehörte zur Grafschaft Hanau-Lichtenberg und kam 1736 im Erbgang an Hessen-Darmstadt. Obersteinbach wurde im Jahre 1825, in einer sogenannten „konzilianten Landabtretung", von Bayern an Frankreich abgetreten, zusammen mit dem Nachbarort Niedersteinbach und den nördlich dieser Linie gelegenen Weilern. Das abgetretene Gebiet gehörte damals zur bayrischen Pfalz. Durch die Abtretung wurde Frankreich die Talverbindung zwischen den Festungen Weißenburg und Bitsch ermöglicht. Auf diese Grenzverschiebung weist die Jahres-

zahl 1825 hin, die sich auf den Grenzsteinen unterhalb der Wegelnburg findet. Bis dahin lagen die Ruinen Wasigenstein, Kl. Arnsburg und Lützelhardt auf pfälzisch-bayrischem Gebiet. Die betroffene Bevölkerung wurde bei der Gebietsabtretung nicht gefragt, wie bei allen Grenzänderungen vorher und nachher zwischen Frankreich und Deutschland, die das Elsaß und Lothringen betrafen.
Obersteinbach hat, in dieser Hinsicht, eine besonders turbulente Vergangenheit: 1679, im Frieden von Nimwegen, Verbleib beim Reich, 1793 von Frankreich annektiert, 1815, im 2. Pariser Frieden, an Bayern abgetreten, 1825, im Rahmen der „konzilianten Landabtretung“, zurück zu Frankreich, und dann weiter, wie das übrige Elsaß: 1871 Deutschland, 1918 Frankreich, 1940 Deutschland, 1945 Frankreich.
Im Hinblick auf die zahlreichen Burgruinen in der näheren und weiteren Umgebung des Ortes (Wegelnburg, Hohenburg, Löwenstein, Fleckenstein, Frönsburg, Wasigenstein, Blumenstein, Klein-Arnsburg, Lützelhardt, Wittschlössel, Wineck, Schöneck) wurde im Juni 1988 in Obersteinbach ein Museum, Haus der Burgen (Maison des Chateaux-forts), eröffnet, dessen Exponate dem mittelalterlichen Burgenbau im Elsaß, speziell aber jenem in den Nordvogesen, gewidmet sind.
Unmittelbar hinter Obersteinbach ragt, auf einem einzeln stehenden Felsen, die Ruine der Klein-Arnsburg aus dem Grün eines Waldhanges. Sie wird 1385 erstmals urkundlich erwähnt, und zwar als klösterlich-weißenburgisches Lehen der Herren von Wasigenstein. Zum Zeitpunkt der Zerstörung, im 30jährigen Krieg, befand sich die Burg im Besitz der Grafen von Hanau-Lichtenberg.

Wittschlössel: Eine ausgehauene Zisterne am Fuße des roten Sandsteinfelsens ist alles, was von der einstigen Befestigung, wahrscheinlich einem Außenwerk der benachbarten Burg Schöneck, übriggeblieben ist. Kein Aufgang. Das Felsplateau ist nur durch eine nicht ungefährliche Kletterpartie zu erreichen. Von oben herrlicher Ausblick auf die Vogesenberge und die Nachbarburgen Schöneck und Wineck (siehe Seite 256). Der Felsen des Wittschlössels liegt, 444 m hoch, südlich von Obersteinbach und ist am besten von dort aus zu erwandern (siehe Wegebeschreibung).

Alt-Windstein: In 340 m Höhe auf einem 160 m langen, ziemlich schmalen Sandsteinfelsen gelegen. Erhalten sind der in den Felsen gehauene Brunnen mit einer Tiefe von 40 m und aus dem Sandstein herausgeschlagene Kammern und Treppen sowie Überreste eines Wachturmes. Die Burg wurde 1212 als staufische Reichsburg erbaut und den von Windstein als kaiserliches Lehen übergeben. 1332 wurde sie, wegen Wegelagerei der damaligen Besitzer, von den Truppen des Landvogtes des Unterelsasses, Graf Rudolf von Habsburg, des Bischofs von Straßburg, des Grafen Hanemann von Lichtenberg und der Stadt Hagenau nach 10wöchiger Belagerung eingenommen und zerstört. 1340 wieder aufgebaut, gelangte die Burg später in den Besitz der von Dürkheim. Sie wurde 1680 von den Truppen Montclars zerstört. Ein ehemaliges Burgfräulein soll manchmal in der Abenddämmerung, in geisterhaftes Licht gehüllt, auf den Resten der Mauern und Türme erscheinen, berichtet die Sage. Die Ruine erhebt sich unmittelbar über dem an ihrem Fuße gelegenen Hotel „Aux deux Chateaux“ in der Ortschaft Windstein. Ihr östlich gegenüber, zwischen Steinkopf und Diebskopf, auf dem Günstalsattel (Col de Guensthal), liegen zwei ehemalige Panzerwerke der Maginotlinie. An dieser Stelle durchbrachen Soldaten des Infanterieregiments 380, der deutschen 215. Infanteriedivision, am 19. Juni 1940 den Befestigungsgürtel. Der Beton der Bunker und der Stahl der Panzerkuppeln zeigen noch heute die Spuren des damaligen schweren Beschusses, unter dem die Werke lagen. Die bei den Kämpfen gefallenen deutschen Soldaten liegen auf dem Soldatenfriedhof von Bad Niederbronn begraben.

Neu-Windstein: In unmittelbarer Nähe von Alt-Windstein, auf der gegenüberliegenden Bergkuppe gelegen, wurde die Burg wahrscheinlich 1340 und in zeitlichem Zusammenhang mit dem Wiederaufbau von Alt-Windstein errichtet. Sie befand sich im Besitz der Familie von Dürkheim. Während des 30jährigen Krieges war die Burg, wie auch die nahegelegene Burg Schöneck, ein Zufluchtsort für die bedrängten Bewohner der Umgebung. Die Besatzungen beider Burgen verteidigten sich in dieser Zeit hartnäckig gegen die Angriffe der französischen Okkupationsarmee im Elsaß unter Marschall Vaubrun.
Erst 1680 wurde Neu-Windstein nach heftiger Gegenwehr eingenommen, nachdem die Burg von der überlegenen Artillerie der Truppen Montclars in Brand geschossen war. Noch erhalten sind eine Torbastion, rechts daneben die hoch aufragende Schildmauer, Teile der Umfassungsmauern und der zweistöckige Palas mit Spitzbogenfenstern und tiefen Sitznischen. Von der Ruine hat man einen weiten Blick in die Oberrheinische Tiefebene.
Der Volksmund berichtet, daß von Neu-Windstein aus unterirdische Gänge nach Alt-Windstein und sogar nach Burg Schöneck geführt haben sollen. Wie Alt-Windstein ist auch die 367 m hoch gelegene Ruine von Neu-Windstein von dem im Sattel zwischen den beiden Burgen gelegenen Hotel-Restaurant aus in kurzer Zeit zu erreichen.

Wegebeschreibung: Von der Ortsmitte Nothweiler geht es, in westlicher Richtung, auf einem ansteigenden Fahrweg zu einem Wanderparkplatz am Waldrand. Von dort aus wenden wir uns nach links und folgen, auf einem

Waldpfad ansteigend, der grünen Rechteckmarkierung, zu der später eine rote Markierung hinzukommt. Oben am Langen Fels geht es scharf rechts zwischen den Felsen hindurch und gleich wieder scharf links. Bei der nächsten Weggabelung (rechts mit blauem Rechteck nach Hirschthal) gehen wir links den steilen Zick-Zack-Weg hinauf zur Wegelnburg. Der Weg führt von dort abwärts, an reizvollen Felsformtaionen vorbei, zur pfälzisch-elsässischen Grenze. Sie ist gekennzeichnet durch einige alte Grenzsteine mit der Aufschrift Pfalz / Elsaß und der Jahreszahl 1825 (siehe Seite 37) und durch den Felsklotz des Kaiser-Wilhelm-Steins. Hinter der Grenze beginnt die Markierung des Vogesenclubs, und zwar das rote Rechteck des Sentier de Grande Randonée Nr. 5, kurz GR 5 genannt. Ihm folgen wir weiter, am Maidenbrunnen vorbei, auf dem Hangpfad des Schloßberges zur Hohenburg und dann weiter auf dem Bergrücken nach Süden zum Löwenstein. Von dort geht es, immer dem roten Rechteck folgend, durch den Wald, auf schmalem Pfad den Hang hinab, bis wir, beim Forsthaus Fleckenstein, auf den großen Parkplatz vor dem Fleckenstein stoßen. Das rote Rechteck führt uns von dort, am Fuße des Burgfelsens, hinunter ins Sauertal. Wir überqueren die Straße, und, rechts am Fleckensteiner Weiher vorbei, die Brücke über die Sauer. Der Weg führt jetzt steil hoch in den Wald und mündet dann in einen breiten Forstweg, in den wir nach links einbiegen. Wenn sich der Wald öffnet, sehen wir links voraus die Frönsburg liegen, die wir auf links abzweigendem Hangweg nach kurzer Zeit erreichen. Dann geht es weiter, immer noch mit roten Rechteck, durch schönen und stillen Wald, am hohen Zigeunerfelsen vorbei, bis zur Straße nach Wengelsbach, der wir einige Minuten nach rechts hinab folgen. Bei einer Rechtskurve zweigt geradeaus ein schmaler Weg ab, auf dem wir in kurzer Zeit den Wasigenstein erreiche. Der GR 5 (rotes Rechteck, 1 a der Kar-

te) führt dann vom Wasigenstein abwärts ins Langenbachtal. Dort geht es sofort nach rechts, über den Bach, und dann weiter auf einem Wiesenpfad. Später asphaltiert, führt er auf die Hauptstraße von Obersteinbach. In Obersteinbach kreuzt der Weg die Ortsstraße, bei einem plätschernden Brunnen mit altem Sandsteintrog. Wir überqueren dann den Steinbach bei einem Waschhäuschen. Der Weg führt weiter, am Forsthaus vorbei, über Wiesen und durch einen feuchten Hohlweg. Dann steigt er, den Gabelfels rechts liegen lassend, als schmaler Pfad den Hang hinauf und mündet oben in einen breiten, sandigen Waldweg.
Nach wenigen Metern nach rechts geht es links ab und bequem, in sanfter Steigung, hoch zum Wittschlössel. Dann führt der Weg am Hang des Kleinen Grünbergs aufwärts, bis zum Fuße des Lindenkopfes. Von dort zurückblickend, sieht man in der Ferne die Ruine des Wasigensteins aufragen. Über den Lindenkopf gehen wir weiter auf sanft abfallendem Weg zum Bodenberg, und dann nach rechts, auf schmalem Pfad, in Serpentinen steil abwärts, ins Windsteiner Tal. Bald wird Windstein, das Ziel des Tages, erreicht.

2. Windstein – Bad Niederbronn (Niederbronn-les-Bains) – Wasenburg – Groß Arnsburg – Lichtenberg

Verkehrsmöglichkeiten: Bus nach Windstein
Anfahrt über Obersteinbach (D 3), Wineckertal (D 53)
Nächste Bahnstation: Niederbronn-les-Bains (Bad Niederbronn)
Parken: im Ort
Einkehr- und Übernachtungsmöglichkeiten:
Windstein, Bad Niederbronn, Lichtenberg (siehe Seiten 281, 299, 301)
Tourenlänge: 27 km
Markierungen: rot-weiß-rotes Rechteck (8 der Karte), weißes Dreieck (2 e der Karte), rotes Rechteck (1 a der Karte)
Höhenunterschiede: Geringe Höhenunterschiede bis Niederbronn, dann ca. 250 m Anstieg zur Wasenburg, anschließend Höhenwanderung; ca. 150 m vom Mühltal zur Redoute, ca. 150 m von der Pulverbrücke nach Lichtenberg ansteigend
Wanderzeit: Tagestour
Wanderkarte: Vosges du Nord (Nordvogesen) 1 : 50 000, Niederbronn – Lembach 1 : 25 000

Wissenswertes:
Bad Niederbronn: Bedeutendstes Thermalbad des Elsaß mit 4 500 Einwohnern. Schon die Römer benutzten die heilbringenden Quellen. Der Ort gehörte früher zur Herrschaft Lichtenberg, dann zur Herrschaft Oberbronn, bis kurz vor der Französischen Revolution. Im 18. Jahrhundert führte hier Johann von Dietrich die Eisenindustrie ein. Die Dietrich sind eine alte, später geadelte Straßburger Familie. Dominikus Dietrich (1620–1692) war Ammeister

Windstein
Ochsenkopf
Finsterkopf
Bad Niederbronn
Wasenburg
Kreuztannen
Wasenköpfel
521 m
Bahn
Gr. Arnsburg
Mühltal
Pulverbrücke
Lichtenberg

von Straßburg (Ammeister: bürgerliches Mitglied des Ratsvorstandes, zusammen mit den vier adligen Stettmeistern). Sein Urenkel, Philipp Friedrich von Dietrich (geboren 1748), war, von 1790 – 1792, der erste Maire der nun (seit 1681) französischen ehemaligen Reichsstadt. Er wurde, 1793 in Paris, ein Opfer der Guillotine. Die de Dietrichschen Werke sind heute der größte Industriekomplex Niederbronns. Das hat für den Ort zu einem Zwitterdasein geführt: halb Badeort, halb Industriestadt. In der Nähe Niederbronns liegt ein schön angelegter Friedhof für die im 2. Weltkrieg im Elsaß gefallenen deutschen Soldaten.

Wasenburg: 430 m hoch gelegen, auf dem Platz eines ehemaligen Römerkastells erbaut. Nahe der Ruine erhebt sich der Wachfelsen, mit den wiederaufgestellten Säulen eines kleinen Merkurtempels. Bei der nordöstlichen Ecke der Burgruine, rechts des ersten Tores, ist, durch Zweige verdeckt, folgende lateinische Inschrift in den Felsen eingehauen:
DEO MERCVRIO AT-TEGIAM TEGVLICIAM COMPOSITAM SEVERINIVS SATTVLINVS C F EX VOTO POSVIT L L M.
Ergänzt man die Abkürzungen, dann lautet der Text: Deo Mercurio at tegiam teguliciam compositam Severinius Sattulinus Caii Filius ex voto posuit laetus, libens merito. Zu deutsch: ,,Dem Gott Merkur hat Severinius Sattulinus, Sohn von Caius, dieses mit Ziegeln bedeckte, kleine Gebäude geweiht und geziert nach seinem aufrichtig erfüllten Gelübde."
Goethe, der im Jahre 1770, von Straßburg aus, wo er an der Universität studierte, die Wasenburg besucht hat, erwähnt diese Inschrift in ,,Dichtung und Wahrheit." An den Besuch Goethes erinnert eine Gedenktafel über dem Eingangstor.

Niederhaslach (S. 70): Stiftskirche

Die Burg wurde durch die v. Mietesheim erbaut und im 13. Jahrhundert durch die Edlen von Born umgebaut. Sie kam später durch Kauf an die Herren von Lichtenberg. Zeitweise gehörte sie Jakob Niedheimer, der sich daraufhin Jakob Niedheimer von Wasenburg nannte. 1677 wurde die Burg von französischen Truppen zerstört. Recht gut erhalten ist der Palas mit Friesen, Kaminen und dem einzigartigen, neunteiligen, rosettendurchbrochenen Spitzbogenfenster. Eine ebenfalls gut erhaltene mächtige Schildmauer schützte die Burg zur Bergseite hin. Von der Wasenburg blickt man auf Bad Niederbronn und weit in die Rheinebene hinaus. Man erreicht die Ruine von Niederbronn aus wie beschrieben (Wegebeschreibung) in ca. 3 / 4 Std.

Groß-Arnsburg: Die Ruine thront auf zwei Felsen, 338 m über der nördlichen Zinsel. Der Aufgang erfolgt über eine Eisenleiter, ebenso der Einstieg in den noch gut erhaltenen Bergfried, dessen Eingang auf halber Höhe liegt. Von der Plattform des Bergfrieds aus sieht man in der Ferne Burg Lichtenberg in die Höhe ragen.

Die Arnsburg wurde im 12. / 13. Jahrhundert als staufische Reichsburg erbaut. Nach dem Ende der Hohenstaufen kam sie, 1332, durch Kauf an die Herren von Lichtenberg und später, 1480, im Erbgang an die Grafen von Zweibrücken-Bitsch und die Grafen von Hanau-Lichtenberg. 1680 wurde die Burg durch französische Truppen zerstört. Die Arnsburg liegt schon auf lothringischem Gebiet. In ihrer Nähe, unterhalb des Arnsberges, berührt der Wanderweg die Grenze zwischen dem Elsaß und Lothringen. Hier steht noch ein alter Grenzstein, mit der Jahreszahl 1764. Er trägt, eingehauen auf der einen Seite, die Buchstaben HL, Hanau-Lichtenberg, und auf der anderen Seite die Buchstaben HB, Hohenlohe-Bartenstein. Heute bezeichnet der Stein die Grenze zwischen den Departements

Bas-Rhin und Moselle. Man erreicht die Groß-Arnsburg vom Mühltal aus wie beschrieben (Wegebeschreibung).

Lichtenberg: Der Ort Lichtenberg (1 000 Einwohner) liegt auf einem Höhenrücken und wird von der Burg gleichen Namens überragt. Sie wurde im 13. Jahrhundert erbaut. Der Sage nach hat ein Hirtenjunge dem Erbauer den Weg zu einem „lichten Berg" gewiesen. Die Lichtenberger waren eines der mächtigsten Geschlechter des Elsaß. Kraftvolle Gestalten sind aus der Familie hervorgegangen, darunter drei Bischöfe von Straßburg, und tragische Ereignisse um zwei feindliche Brüder und die Frauengestalten der Liese von Steinbach und der schönen Bärbel von Ottenheim haben sich auf der Burg abgespielt. 1480 erlosch das Haus Lichtenberg. Im Erbgang ging die Burg an die Grafen von Hanau über, die sich daraufhin Hanau-Lichtenberg nannten, und später, 1736, durch Erbgang an die Landgrafen von Hessen-Darmstadt. An der Stärke der 1570/80 umgebauten Anlage scheiterten alle Belagerungen des 30jährigen Krieges. 1678 kapitulierte die Besatzung vor den Truppen des Marschalls Crequy, der mit der Sprengung einer in den Burgfelsen getriebenen Mine gedroht hatte. 1680 erfolgte der Umbau zur Festung durch den französischen Festungsbaumeister Vauban. Aus dieser Zeit stammen die Wälle, Gräben und Kasematten in ihrer heutigen Form. Auf dem Plateau des Burgfelsens sind auch noch zahlreiche Reste des alten Renaissance-Schlosses erhalten, vor allem aber die aus dem 13. Jahrhundert stammenden wuchtigen Doppeltürme des Bergfrieds. Die französische Festung Lichtenberg wurde im Kriege von 1870/71 durch württembergische Truppen, nach heftiger Beschießung, die sämtliche Gebäude in Brand setzte, eingenommen. Die Ruine vermittelt noch heute ein eindrucksvolles Bild von der Mächtigkeit der mittelalterlichen Burg und späteren französischen Fe-

stung. Vom Bergfried aus hat man einen herrlichen Blick über die grünen, welligen Kuppen der Nordvogesen. Noch heute wird das ehemalige Gebiet der Grafen von Hanau-Lichtenberg das Hanauer Land genannt.
Vom Ort Lichtenberg aus ist die auf dem gleichen 415 m hohen Bergrücken liegende Burg in wenigen Minuten zu erreichen. Die aus der Wende des 15. Jahrhunderts stammende spätgotische Burgkapelle wird heute noch benützt.

Wegebeschreibung: Vom oberen Teil des Ortes Windstein führt eine schmale Asphaltstraße abwärts ins Schwarzbachtal. Die Markierung besteht nun nicht mehr aus dem roten Rechteck des GR 5 (1 a der Karte), sondern aus einem rot-weiß-roten Rechteck (8 der Karte). Im Tal geht es ein kurzes Stück nach links auf der Fahrstraße (D 53) und dann nach rechts, auf der Brücke über den Schwarzbach, in den Wald hinein, in Richtung Bad Niederbronn. Über den Baumwipfeln sieht man, rückblickend, noch einmal die Ruine Neu-Windstein von der Bergkuppe aufragen. Der Weg führt, im Einschnitt zwischen Finsterkopf und Ochsenkopf, aus dem Wald heraus und an einem Gehöft vorbei, bis zu einer Weggabelung, mit Hinweisschild „Niederbronn, direct“. Um Niederbronn zu umgehen, biegt man nach rechts ab auf einen Asphaltweg (Markierung weißes Dreieck, 2 e der Karte), dem man an einem Campingplatz vorbei, bis zur Anzeige „Source celtique“ folgt. Wir halten uns an diese Richtungsanzeige, lassen die Quelle aber rechts liegen, überqueren die breite Straße (N 62), die Bahnlinie und den Bach und gehen nach links weiter. Nach ca. 100 m geht der Weg nach rechts in den Wald ab (Markierung rot-weiß-rotes Rechteck, 8 der Karte). Wenig später stoßen wir dann wieder auf das rote Rechteck (1 a der Karte). Auf diesem Weg erreichen wir in etwa 45 Minuten die Wasenburg. Von dort führt der Weg weiter über die Kreuztannen zum Wasenköpfel

(521 m), auf dem ein vom Vogesenclub erbauter Aussichtsturm steht. Die Groß-Arnsburg ist von hier aus noch etwa 1 Stunde entfernt. Wir erreichen sie auf dem mit rotem Rechteck gut gekennzeichneten Weg. Von der Arnsburg aus führt der Weg mit dem roten Rechteck durch den Wald hinab ins Mühltal. Im Tal gehen wir nach rechts auf der Fahrstraße (D 141) bis zum Restaurant Mühltal. Dort führt der Weg nach links von der Straße weg, über die Zinsel, dann nach rechts, parallel zum Bach, erneut nach links in ein Seitental und von dort, als schmaler Pfad, durch den Wald ansteigend, zu dem Punkt „La redoute", der höchsten Erhebung auf dieser Seite des Mühltals. Von hier aus geht es eine größere Strecke eben und auf teilweise breitem Weg weiter. Der Wald öffnet sich und gibt nach rechts einen schönen Blick in das Obere Mühltal frei. Bald darauf senkt sich der Weg in das Rotbachtal ab, das wir bei der Pulverbrücke erreichen. Über die Straße (D 198) führt der Weg den jenseitigen Hang hoch und nach kurzer Zeit (ca. 2 km) ist Lichtenberg erreicht.

Alternative: Von den Kreuztannen aus, statt mit dem Wanderweg 1 a (Markierung rotes Rechteck) über das Wasenköpfel, den Weg 8 (Markierung rot-weiß-rotes Rechteck), entlang des Nordhanges des Wasenköpfels nehmen, der dann wieder auf den von links kommenden 1 a mündet. Später, bei der Wegspinne des Ungertal-Sattels (Col de l'Ungerthal), nicht nach rechts mit 1 a weiter, sondern den direkten Weg geradeaus zum Holderheck-Sattel (Col d'Holderheck) einschlagen, der dort wieder auf den 1-a-Weg stößt.

3. Lichtenberg – Wimmenau – Erckartsweiler (Erckartswiller) – Lützelstein (La Petite Pierre) – Imsthal

Verkehrsmöglichkeiten: Bus nach Lichtenberg
Anfahrt über D 198 von Rothbach
Nächste Bahnstation: Wimmenau
Parken: im Ort
Einkehr- und Übernachtungsmöglichkeiten:
Lichtenberg, Wimmenau, Lützelstein, Imsthal (siehe Seiten 282, 299, 301)
Tourenlänge: 21 km
Markierungen: Rotes Rechteck (1 a der Karte)
Höhenunterschiede: Von Lichtenberg aus ca. 100 m abfallend, von Wimmenau nach Erckartsweiler weitgehend eben, von Erckartsweiler nach Lützelstein ca. 150 m ansteigend, von Lützelstein steiler Abstieg ins Imsthal (ca. 200 m)
Wanderzeit: Tagestour
Wanderkarte: Vosges du Nord (Nordvogesen) 1 : 50 000, Niederbronn – Lembach 1 : 25 000, Saverne – Phalsbourg (Zabern – Pfalzburg) 1 : 25 000

Wissenswertes:
Wimmenau: Das Dorf an der Moder gehörte vor der Französischen Revolution zur Herrschaft Lichtenberg. Im Dreißigjährigen Krieg fand die ganze Bevölkerung den Tod. Von 1637 bis 1655 stand das Dorf leer und wurde erst danach von Schweizer Einwanderern neu besiedelt.

Lützelstein (La Petite Pierre): Der Ort mit 600 Einwohnern ist das Zentrum des Naturparks der Nordvogesen. Er ist eine Gründung der über diese Gegend herrschenden Herren von Lützelstein aus der Zeit um 1200. Der auf dem

Lichtenberg
Bahn
Wimmenau
Ochsenstallfelsen
Erckartsweiler
Imsthal Aub.
Lützelstein
(La Petite Pierre)
Kohlthaler Hof

340 m hohen Felsvorsprung des Altenberges liegende alte Teil der Stadt entwickelte sich im Schutze der gleichnamigen Burg, die die Herren von Lützelstein erbaut hatten und als Lehen des pfälzischen Kurfürsten besaßen. Der letzte Lützelsteiner wurde von diesem wegen angeblichen Hochverrates 1452 hingerichtet, nachdem vorher die Burg erobert und zerstört worden war. In einem der vielen Erbgänge der Wittelsbacher am Rhein kam die Herrschaft dann an die Grafen von Veldenz, die sich daraufhin Veldenz-Lützelstein nannten (Veldenz: Kleiner Ort, Burgruine und ehemalige Grafschaft an der mittleren Mosel). Der bedeutendste dieses Geschlechts war Graf Johann-Georg, von seinen Untertanen aufgrund seiner allgemeinen Beliebtheit der Hans-Järri genannt, unter welchem Namen er heute noch fortlebt. Er baute die Burg 1566 neu und größer wieder auf und gründete 1568, zur Sperrung des Zaberner Passes, die heute lothringische (Departement Moselle) Stadt und ehemalige Festung Pfalzburg, westlich von Zabern, die später, 1680, von dem französischen Festungsbaumeister Vauban ausgebaut wurde. Seine Ideen für eine Reform der Reichsfinanzen und Reichsjustiz eilten seiner Zeit weit voraus und fanden deshalb auch keinen Anklang. In der 1417 erbauten und 1884 / 85 erneuerten Kirche von Lützelstein steht sein Grabmal. Im Dreißigjährigen Krieg wurde die Burg durch schwedische und französische Truppen besetzt und später, 1674, geschleift. Nachdem das Geschlecht der Grafen von Veldenz-Lützelstein 1692 ausgestorben war, wurde die Burg, auf Befehl Ludwigs XIV., 1705 von Vauban zur Festung ausgebaut. Sie verteidigte sich 1814 gegen belagernde russische Truppen. 1870 zogen württembergische Truppen in die unbesetzte Festung ein und rissen sie nieder. In den jetzigen Gebäuden hat die Verwaltung des Naturparks Nordvogesen ihren Sitz. Von der alten Burg auf dem Felsplateau sind nur noch Reste eines fünfeckigen Turmes und einige

Lützelstein (S. 124): Burgfelsen mit überbauten Resten des alten Schlosses

Mauern erhalten. Man kann Burg und alte Stadt auf einem Pfad am Fuße des Felsens umwandern. Ihre Anlage vermittelt noch heute ein eindrucksvolles Bild der ehemaligen wehrhaften Stärke.
Auch bei Burg Lützelstein weiß der Volksmund von einem unterirdischen Gang zu berichten. Durch ihn sollen Teile der Besatzung entkommen sein, als die Burg 1452 erobert wurde.
In der Nähe, ca. 11 km südwestlich von Lützelstein, im Tal der südlichen Zinsel, liegt die kleine Ortschaft Graufthal. Hier befinden sich Ruinen von Felsenwohnungen, die, unter dem Überhang eines mächtigen Felsklotzes, in den Sandstein eingehauen und nach vorne durch Mauerwerk abgeschlossen sind. Einige von ihnen waren noch bis in die jüngste Zeit bewohnt. Hinter der Kirche von Graufthal sind geringe Reste eines ehemaligen Frauenklosters zu sehen, das, um 800 gegründet, im 16. Jahrhundert aufgelöst wurde.
Graufthal erreicht man, von Lützelstein aus, auf der D 178 Richtung Zabern und dann, auf der kreuzenden D 122, nach rechts oder – für den, der wandern will – auf dem mit rotem Rechteck gekennzeichneten Weg.

Imsthal: Hübsches Waldtal, unmittelbar unterhalb Lützelstein, an der Straße nach Zabern (Saverne), mit dem idyllisch und einsam gelegenen Imsthaler Weiher (Etang d'Imsthal). Direkt am Weiher liegt die Auberge d'Imsthal.

Wegebeschreibung: Im Ort Lichtenberg geht der Weg nach rechts, auf der Straße nach Wimmenau, nach wenigen Metern nach links in den Wald und dann als schmaler Pfad am Hang abwärts. Er führt dann, bei einer Müllhalde, nach links, über einen Asphaltweg, erneut in den Wald, bis er wieder die Straße nach Wimmenau (D 257) erreicht. Dieser folgen wir ein Stück (ca. 500 m). Dann

zweigt der Weg links von der Straße ab. Er führt weiter und stößt dann, kurz vor der Ortschaft Wimmenau, erneut auf die Straße. Wir überqueren auf ihr die Bahnlinie und später auf einer Brücke die Moder und haben bald den Ortskern erreicht. Im Ort geht es weiter auf der Straße in Richtung Wingen (N 419). Nach wenigen Metern zweigt von ihr der Wanderweg nach links ab. Auf schönen Waldwegen wird der Ort Erckartsweiler erreicht, wobei wir, auf halber Strecke, den wuchtigen Ochsenstallfelsen mit seinem grottenartig vorspringenden Felsdach passieren.
Die Ortsstraße führt nach links und gabelt sich dann. Wir nehmen die Abzweigung nach links und stoßen nach wenigen Metern wieder auf den Wanderweg, der nach rechts in den Wald führt. In etwas mehr als einer Stunde wird Lützelstein erreicht. Der Weg mündet in die Rue du Kirchberg, die nach unten auf die Hauptstraße führt. Von der Burgruine zurück, biegen wir, nach einem kurzen Wegstück auf der Hauptstraße, gleich hinter dem Mauerwerk einer alten Befestigung (Altenburg) nach rechts ab. Unser bisheriger Wanderweg mit der roten Rechteckmarkierung nimmt uns wieder auf und führt uns steil abwärts ins Imsthal bis zur Fahrstraße (D 187), die nach Lützelstein führt. Dieser folgen wir abwärts bis zum Kohlthaler-Hof und dem Hinweisschild „Auberge Imsthal“. Von dort sind es nach links, auf asphaltierter Straße, noch ca. 500 m bis zum Imsthaler Weiher (Wanderweg im Wald, rechts der Straße).

4. Imsthal – Zaberner Steige – Hohbarr bei Zabern (Saverne)

Verkehrsmöglichkeiten: Bus nach Lützelstein (La Petite Pierre)
Anfahrt: über D 7 von Weiterswiller (Weitersweiler)
Nächste Bahnstation: Neuwiller-les-Saverne (Neuweiler bei Zabern)
Einkehr- und Übernachtungsmöglichkeiten:
Imsthal, Hohbarr, Zabern (siehe Seiten 283, 299, 301)
Tourenlänge: 22 km
Markierungen: gelbes Dreieck (2 c der Karte), rotes Rechteck (1 a der Karte), rotes Schrägkreuz (6 a der Karte), blaues Rechteck (1 b der Karte), rotes Dreieck (2 a der Karte)
Höhenunterschiede: bis zur Zaberner Steige gering, dann ca. 50 m zum Schweizerhof, steiler Abstieg, ca. 200 m, ins Zorntal. Steiler Anstieg nach Hohbarr, ca. 300 m
Wanderzeit: Tagestour
Wanderkarte: Saverne (Zabern) 1 : 50 000, Saverne – Phalsbourg (Zabern – Pfalzburg) 1 : 25 000

Wissenswertes:
Zaberner Steige: Seit ältesten Zeiten benutzte Übergangsstraße vom Elsaß durch die Vogesen nach Lothringen und Frankreich.
Hier erreichen die Vogesen, mit nur 404 m, ihre geringste Höhe und mit nur 4 km auch ihre geringste Breite. Die Zaberner Steige markiert das Ende der Nord- und den Beginn der Mittelvogesen. In „Dichtung und Wahrheit" schreibt Goethe über die Zaberner Steige: „Von der aufgehenden Sonne beschienen, erhob sich vor uns die berühmte Zaberner Steige, ein Werk von unüberdenklicher Arbeit. Schlangenweise über die fürchterlichsten Felsen

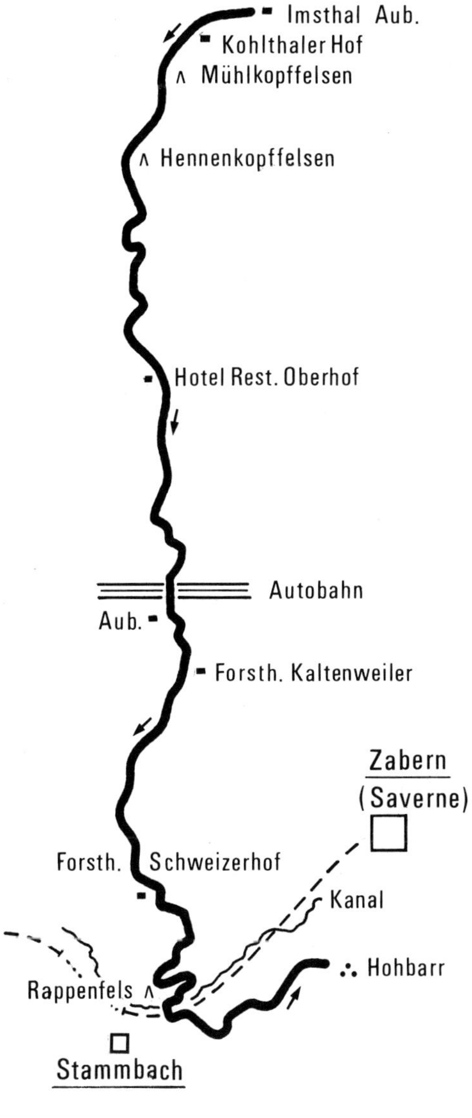
Imsthal Aub.
Kohlthaler Hof
Mühlkopffelsen
Hennenkopffelsen
Hotel Rest. Oberhof
Autobahn
Aub.
Forsth. Kaltenweiler
Zabern
(Saverne)
Forsth. Schweizerhof
Kanal
Hohbarr
Rappenfels
Stammbach

aufgemauert, führt eine Chaussee, für 3 Wagen nebeneinander breit genug, so leise bergauf, daß man es kaum empfindet. Die Härte und Glätte des Wegs, die geplatteten Erhöhungen an beiden Seiten für die Fußgänger, die steinernen Rinnen zum Ableiten der Bergwasser, alles ist so reinlich als künstlich und dauerhaft hergerichtet, daß es einen genügenden Anblick gewährt."
Die Straße, die Goethe beschreibt, wurde 1728 – 1737 erbaut. Er sah sie im Juni 1770, auf einer Reise von Straßburg, wo er studierte, nach Lothringen. Heute führen von Zabern aus drei Wege nach Lothringen und Innerfrankreich: im Norden die neue Autobahn, in der Mitte die alte Straße (N 4) Straßburg – Saarburg (Sarrebourg) und dann, südlich davon, die Straße durch das Zorntal (D 132) über Lützelburg (Lutzelbourg).

Rhein-Marne-Kanal: Von 1838 bis 1853 erbaut, 314 km lang. Ist heute noch in Betrieb.

Stammbach: Kleiner Ort im Zorntal, 5 km südwestlich von Zabern (Saverne).

Hohbarr: Die Ruine Hohbarr, die hochgelegene Barre (Barriere), liegt 480 m hoch auf drei mächtigen, durch Mauerwerk miteinander verbundenen Sandsteinfelsen, 3 km südwestlich der Stadt Zabern (Saverne). Die Burg wurde, wegen ihrer beherrschenden Lage und des weiten Blickes, den man von hier aus über das umliegende Land hat, das Auge des Elsaß genannt. Sie gehörte zu den größten Burgen im Elsaß, und ihre Reste, darunter das fast ganz erhaltene Haupttor und die romanische Kapelle, künden noch heute von wehrhafter Kraft und entschlossenem Verteidigungswillen. Erbaut wurde die Burg im 12. Jahrhundert durch die Bischöfe von Straßburg (auf Befehl Kaiser Barbarossas), in deren Besitz sie verblieb, auch nach

Zabern (S. 134): Gartenseite des Rohan-Schlosses

der Zerstörung durch französische Truppen, im Jahre 1650. Von 1586 bis 1635 war Hohbarr der Treffpunkt der von Bischof Johannes von Manderscheid-Blankenheim gegründeten Hornbruderschaft. Voraussetzung für die Aufnahme war es, ein zwei Maß Wein fassendes Auerochsenhorn zu leeren.
Die lateinische Inschrift über dem Haupttor hat, in deutscher Übersetzung, folgenden Wortlaut: „Johann von Gottes Gnaden, Bischof von Straßburg, Landgraf des Elsaß, aus dem Geschlecht der Grafen von Manderscheid-Blankenheim, hat diese schon lange vernachlässigte und baufällige Burg, seinen Untertanen zum Schutz und niemanden zur Feindschaft, wiederhergestellt, ausgerüstet und verstärkt im Jahre 1583."
Dem Eingangstor gegenüber befindet sich ein Bronzerelief von Richard Stieve, dem Gründer des Vogesenclubs (siehe Seite 47).
Im Volksmund ist die Rede von unterirdischen Gängen, die von Hohbarr nach Zabern führen sollen und von sagenhaften vergrabenen Schätzen. In der Ruine befindet sich eine Auberge. Von Hohbarr blickt man, über das Zorntal hinweg, auf die am gegenüberliegenden Hang liegende Ruine Greifenstein (siehe Seite 261).
Beschreibung des Weges nach Hohbarr siehe Seite 144.
Mit dem Auto erreicht man Hohbarr von Zabern aus auf der D 171 (Parkplatz vor der Ruine).

Zabern (Saverne): Stadt mit 11 000 Einwohnern. Sie war ein wichtiger strategischer Platz am Fuß der Zaberner Steige. Der Name Zabern stammt von Tres Tabernae (3 Wirtshäuser), der ehemaligen römischen Siedlung an dieser Stelle. Im 12. Jahrhundert ging die Stadt aus dem Besitz der Abtei Maursmünster in den des Bischofs von Straßburg über und wurde später, nachdem die Reichsstadt Straßburg protestantisch geworden war, dessen Residenz. Im 18. Jahrhundert erbauten die Fürstbischöfe de Rohan in Zabern ein Schloß, dessen Fassade mit der mächtigen Säulenreihe auf der Gartenseite berühmt ist.

In der aus dem 12. Jahrhundert stammenden Pfarrkirche befinden sich mehrere Bischofsgräber. Sehenswert sind auch die Franziskanerkirche und schöne alte Häuser, hier vor allem das Haus Katz, in der Hauptstraße von Zabern. Die mittelalterlichen Mauern der Stadt wurden 1696 von französischen Truppen geschleift. Vor diesen Mauern waren, 1525, 18 000 aufständische Bauern, die ihre Waffen niedergelegt hatten, von den Söldnern des Herzogs Anton von Lothringen abgeschlachtet worden. (Herzog Anton der Gute von Lothringen, 1508–1544. Selten hat ein Beinamen wohl weniger gepaßt, als in diesem Falle).

Über dieses Massaker berichtete ein Bote nach Straßburg: „Vor der statt Zabern lag es voll erstochener buren und dann in der stat, uf den gassen und in den huser lag es voll erstochener buren und burger und lagen an etlichen enden vast dick uf ein andern und in etlichen husern mit großer anzal und unter den thoren so ful, das wir mit arbeit über sie ritten."

Davor schon war ein Haufen von 4 000 Bauern bei Lupstein, einem kleinen Dorf 9 km östlich von Zabern, von den Landsknechten des lothringischen Herzogs, „einem jener Tiger aus dem Geschlecht der Guisen, die finsterste Bigotterie im Leibe und den Durst nach Blut auf der Zunge" (Zimmermann, W.: Der große deutsche Bauernkrieg), in einem entsetzlichen Blutbad bis auf den letzten Mann vernichtet worden. Ihre Überreste, Knochen und Schädel, füllen das kleine Beinhaus neben der Kirche von Lupstein.

Zwei Affären haben Zabern weithin bekannt gemacht: 1785 / 86 die Halsbandaffäre, in welcher der Kardinal Rohan von der Gräfin de la Motte für ein Diamanthalsband, das angeblich für die französische Königin Marie-

Antoinette bestimmt war, um 1 600 000 Livre (Rechnungseinheit und Silbermünze der damaligen französischen Währung), nach heutigem Geld ca. 10 Millionen DM, geprellt wurde, und die Affäre von 1913, in der ein preußischer Leutnant den verachteten „Wackes“ (abwertender Spitzname für Elsässer) zeigen wollte, wer Herr im Hause ist, wobei der preußische Kronprinz mit der Äußerung „Immer feste druff“ für zusätzliche Erregung bei der einheimischen Bevölkerung sorgte.
Heute ist Zabern als Rosenstadt und Touristenzentrum für die Umgebung bekannt.

Wegebeschreibung: Vom Imsthaler Weiher zur Hauptstraße und dann auf dieser ein kurzes Stück nach links bis zum Kohlthaler Hof. Von dort nach links dem Wanderweg mit der Markierung gelbes Dreieck (2 c der Karte) folgen, der parallel zur Straße, unterhalb des Mühlkopf- und des Hennenkopffelsens, den Hang entlang verläuft und dann später, beim Oberhof, in die Straße nach Dossenheim (D 122) einmündet. Auf der Straße und der Brücke über die nördliche Zinsel gehen wir am Hotel-Restaurant Oberhof vorbei und biegen dann nach rechts ab. Dort nimmt uns wieder unser alter Wanderweg mit der Markierung rotes Rechteck auf. Hier, auf der Höhe der Zaberner Steige, sind die Nordvogesen zu Ende, und die Mittelvogesen beginnen. Der Wanderweg führt weiter, sanft ansteigend, durch schönen Wald und mündet auf einer asphaltierten Straße. Auf dieser geht es auf einer Brücke über die Autobahn und weiter bis zu einer dichtbefahrenen Straße (N 4). Rechts an ihr liegt das Restaurant „Aux quatre vents“, und von links mündet eine kleinere Straße in sie ein. Wir gehen ein kurzes Stück nach rechts entlang der N 4 in Richtung Pfalzburg (Phalsbourg), überqueren diese nach links, kurz vor dem Restaurant „Aux quatre vents“, und stoßen dann am Waldrand wieder auf den Wanderweg mit der

Markierung rotes Rechteck, dem wir in den Wald hinein folgen. Wenig später kommen wir zum Forsthaus Kaltenweiler. Dort verlassen wir den markierten Weg und wandern nach rechts auf einem asphaltierten Forstweg durch schönen Wald weiter bis zum idyllisch gelegenen Forsthaus Schweizerhof, das letzte Wegstück von der Markierung rotes Schrägkreuz (6 a der Karte) geführt. Wir folgen nun weiter den Markierungen rotes Schrägkreuz (6 a der Karte) und, bei der Weggabelung, nach rechts, blaues Rechteck (1 b der Karte). Vom Berghang sieht man auf der anderen Seite des Zorntals die Ruine Hohbarr auf dem Felsen thronen. In steilem Abstieg geht es, am Rappenfels vorbei, ins Zorntal hinunter. An einem Schleusenwärterhaus führt uns eine Schleusenbrücke über den Rhein-Marne-Kanal. Auf dem Weiterweg überqueren wir auf einer Brücke die Zorn und dann die Straße nach Zabern (D 132) und die Bahnlinie Straßburg – Paris. Die wenigen Häuser von Stammbach bleiben rechter Hand zurück, während der Wanderweg mit der Markierung rotes Dreieck (2 a der Karte) nach links in den Wald und steil ansteigend zur Ruine Hohbarr führt. Kurz vor der Ruine kreuzen wir die Zufahrtsstraße und kommen dann an einer rekonstruierten Relaisstation des optischen Telegraphen Straßburg – Paris, aus der ersten Hälfte des 19. Jahrhunderts, vorbei.

Alternative: Statt nach Hohbarr nach Zabern (Saverne), indem man, beim Forsthaus Kaltenweiler, weiter der Markierung rotes Rechteck (1 a der Karte) folgt. Sie führt uns, im Wald, rechts der Straße (N 4), direkt nach Zabern, wobei der Weg von 400 auf 200 m abfällt. Rechts am Bahnhof vorbei führt der Weg, über die Geleise, den Fluß (Zorn) und den Rhein-Marne-Kanal, in die Stadt.

Anmerkung: Die Wanderung über das Forsthaus Schweizerhof, hinunter ins Zorntal und auf der anderen Seite hinauf zur Ruine Hohbarr ist landschaftlich schöner als der alternativ vorgeschlagene Weg nach Zabern (Saverne) hinein, der dann am nächsten Tag zur Ruine Hohbarr und weiter führt. Nachteilig ist jedoch, daß die inmitten der Ruine gelegene Auberge Hohbarr keine Übernachtungsmöglichkeit bietet. Man kann dort also nur essen, das allerdings recht gut. Für denjenigen, der nicht nach Zabern will, bleibt also nur der Weg, auf der Höhe zu zelten, vorausgesetzt, daß er ein Zelt im Rucksack mit sich führt.

5. Hohbarr bei Zabern (Saverne) – Groß- und Klein-Geroldseck – Ochsenstein – Obersteigen

Verkehrsmöglichkeiten: Bus nach Hohbarr
Anfahrt über Autobahn (A 34) nach Zabern (Saverne) dann D 171 nach Hohbarr
Nächste Bahnstation: Saverne (Zabern)
Parken: vor der Ruine
Einkehr- und Übernachtungsmöglichkeiten:
Hohbarr, Zabern (Saverne), Obersteigen (siehe Seiten 283, 299, 301)
Tourenlänge: 18 km
Markierungen: rotes Rechteck (1 a der Karte), blaues Rechteck (1 b der Karte)
Höhenunterschiede: Forsthaus Haberacker zum Ochsenstein ca. 100 m, dann Höhenwanderung mit sanftem Anstieg von ca. 200 m bis zum Valsbergsattel, vom Valsbergsattel kurzer und steiler Abstieg, ca. 200 m, nach Obersteigen
Wanderzeit: Tagestour
Wanderkarte: Saverne (Zabern) 1 : 50 000, Saverne – Phalsbourg (Zabern – Pfalzburg) 1 : 25 000, Dabo – Wangenbourg (Dagsburg – Wangenburg) 1 : 25 000

Wissenswertes:
Groß-Geroldseck: Weitläufige Burgruine, in unmittelbarer Nähe von Hohbarr, auf dem gleichen Bergrücken gelegen. Von der Burg sind noch Teile des mächtigen Bergfrieds, des Palas mit romanischen Fenstern und der doppelten Umwallung erhalten. Sie wurde im 12. Jahrhundert, zum Schutze der Abtei Maursmünster (Marmoutier), von dem Dynastengeschlecht der von Geroldseck, in ihrer Eigenschaft als Vögte des Klosters, erbaut. Nachdem diese Fa-

milie 1390 ausstarb, hausten nur noch Wachmannschaften auf Groß-Geroldseck. Da sie Raubritterei betrieben, wurde die Burg zerstört und blieb von 1486 ab Ruine. Philander von Sittewald (Johann, Michael Moscherosch) berichtet in „Gesichte", Straßburg, 1643, von einer Sage, nach der Siegfried, Armin, Ariovist, Widukind und andere, teils legendäre, teils geschichtliche germanisch-deutsche Raufbolde in Geroldseck verborgen sein sollen, um den Deutschen zu Hilfe zu kommen, wenn diese in Gefahr sind unterzugehen. Man erreicht die wie Hohbarr 480 m hoch gelegene Ruine auf dem Weiterweg von dort aus (siehe Wegebeschreibung).

Klein-Geroldseck: Burgruine nahe Groß-Geroldseck gelegen. Von der Burg sind nur noch geringe Reste des Palas, der Ringmauern und des Bergfrieds erhalten. Sie wurde 1381 auf Anordnung des Bischofs von Metz erbaut und diente der Sicherung eines Erbvertrages, den dieser mit dem letzten Geroldsecker von Groß-Geroldseck geschlossen hatte. Auch Klein-Geroldseck wurde, wie die größere Nachbarburg, 1486 als Raubnest zerstört. Man erreicht sie, von dort aus, in wenigen Minuten (siehe Wegebeschreibung). Mit 489 m liegt sie etwas höher als die Nachbarburg.

Ochsenstein: Die Burgruine liegt auf 3 Felsen, 584 m hoch. Erbaut wurde die Burg im 12. Jahrhundert von der mächtigen gleichnamigen Dynastenfamilie. Nach deren Erlöschen fiel sie im Erbgang an die Grafen von Bitsch-Zweibrücken und später an das Haus Hanau-Lichtenberg. Im Dreißigjährigen Krieg wurde Burg Ochsenstein, 1632, von den Schweden zerstört. Es sind noch einige Baureste, vor allem auf dem vorderen Felsen, erhalten. Man kann mit dem Auto bis zum Forsthaus Haberacker fahren. Von dort aus zur Ruine Ochsenstein wie beschrieben (Wegebeschreibung), in ca. 1/2 Stunde.

Hohbarr
Groß-Geroldseck
Klein-Geroldseck
Brotschberg
Forsth. Schäferplatz
Forsth. Haberacker
Ochsenstein
Schutzhütte Geißfelswasen
Relaisstation
Obersteigen

Dagsburg (Dabo): Starke Burg der Grafen von Dagsburg, auf einem hohen Felsklotz (650 m) erbaut. Die Grafen von Dagsburg sollen von dem Frankenkönig Dagobert I. (622 – 638) abstammen, weshalb der ursprüngliche Name der Burg auch Dagobertusburg gelautet haben soll. Eine andere Version leitet den Namen der Burg von dem keltischen Dages (kleine Behausung) ab. Ende des 10. Jahrhunderts erlosch das Geschlecht der Grafen von Dagsburg im Mannesstamme. Die Tochter des letzten Grafen, Heilwig, heiratete den Graf Hugo von Egisheim, worauf sich diese Adelsfamilie fortan von Dagsburg-Egisheim nannte. Bruno von Dagsburg-Egisheim, Heilwigs Sohn, wurde als Bischof von Toul im Jahre 1048 zum Papst gewählt und nahm als solcher den Namen Leo IX. an. Das Geschlecht der Grafen von Dagsburg-Egisheim erlosch im 13. Jahrhundert. Durch Erbfolge gelangte die Dagsburg in den Besitz der in der Pfalz begüterten Grafen von Leiningen, die sie auch noch zum Zeitpunkt ihrer Zerstörung besaßen. 1677, nach anderen Quellen 1675, wurde die Burg von Turenne und Montclar so vollkommen geschleift, daß der Burgfelsen „wie mit Besenem gekehrt und gefegt" anzusehen war, wie der Chronist berichtet. Die kaum noch nennenswerten Reste kann man, vom gleichnamigen Ort aus (Dabo, 3 000 Einwohner), auf einer auf den Felsen führenden Straße erreichen. Heute krönt eine Kapelle den Gipfel, die Papst Leo IX. geweiht ist.

Obersteigen: Kleiner Ferienort in der sogenannten elsässischen Schweiz (500 m hoch gelegen) mit spätromanischer (1221), durch die Abtei Andlau begründeten Kirche.

Wegebeschreibung:
Von Hohbarr erreicht man in wenigen Minuten die unweit gelegene Ruine Groß-Geroldseck und von dort aus die benachbarte Ruine Klein-Geroldseck. Der Weg mit der Mar-

Burgruine Hohbarr (S. 132): Inneres Tor und Kapelle

kierung rotes Rechteck (1 a der Karte) führt uns nun über den Brotschberg mit seinem 1897 vom Vogesenclub erbauten Aussichtsturm, vorbei an Brotschfelsen und Brotschgrotte, in einer knappen Stunde zum Forsthaus Schäferplatz und dann weiter, in ungefähr 45 Minuten, zu dem idyllisch am Fuße des Schloßberges gelegenen Forsthaus Haberacker. Von dort steigen wir, jetzt der Markierung blaues Rechteck (1 b der Karte) folgend, in ca. einer halben Stunde, zur Ruine Ochsenstein hinauf. Zwei der drei Burgfelsen sind leicht zu ersteigen. Vom vorderen Felsen aus, der die meisten Baureste enthält, erblickt man in der Ferne den Felsklotz von Dagsburg (Dabo) mit seiner Kapelle und sieht weit hinaus ins lothringische Land um Pfalzburg und Lützelburg. Vom Forsthaus Haberacker aus wandern wir weiter, wieder mit der Markierung rotes Rechteck (1 a der Karte), bis zur Schutzhütte Geißfelswasen und dann auf engem Waldpfad den Hang entlang, jetzt der Markierung blaues Rechteck folgend. Der schmale Pfad ist stark verwachsen. Von einer Lichtung aus sehen wir, jetzt ganz nah, den Dagsburger Felsklotz aus dem Wiesengrund aufsteigen. Der Wanderweg führt nun weiter zum Turm der Relaisstation auf dem Valsbergsattel. Ein Stück folgen wir dann der Fahrstraße (D 143) und biegen später nach links ab auf einen Waldweg, der steil nach unten, ins Tal von Obersteigen, abfällt. Nach etwa 20 Minuten mündet der Weg, gegenüber dem Hotel „Goldbrunnen“, in die Ortsstraße von Obersteigen (D 143) ein.

Alternative: Vom Hexentisch aus (Table des Sorcières), statt 1 a über Brotschberg und Brotschgrotte, Wanderweg 6 a (rotes Schrägkreuz), rechts parallel der Forststraße, zum Forsthaus Schäferplatz. Der Weg ist bequemer, da keine Steigung, und auch kürzer.
Beginn der Wanderung von Zabern aus, statt von Hohbarr: in diesem Fall aus der Stadt in südwestlicher Richtung

hinaus, wieder mit der Markierung rotes Rechteck (1 a der Karte). Die D 171 wird gekreuzt und dann geht es, links der Straße, aufwärts nach Hohbarr (Aufstieg ca. 300 m) und weiter wie beschrieben.

6. Obersteigen – Engenthal – Wangenburg – Burg Nideck – Nideck-Wasserfall – Hohenstein (Hotel an der D 218 bei Oberhaslach)

Verkehrsmöglichkeiten: Bus nach Obersteigen
Anfahrt über D 224, D 143 von Wasselone, Romanswiller (Wasselnheim, Romansweiler)
Nächste Bahnstation: Romanswiller (Romansweiler)
Parken: im Ort
Einkehr- und Übernachtungsmöglichkeiten:
Obersteigen, Wangenburg – Engenthal, Oberhaslach (siehe Seiten 283, 299, 301)
Tourenlänge: 23 km
Markierungen: gelbes Rechteck (1 c der Karte), rotes Schrägkreuz (6 a der Karte), blaues Kreuz (4 b der Karte), rotes Rechteck (1 a der Karte); zur Ruine Freudeneck: gelber Punkt (5 c der Karte)
Höhenunterschiede: ca. 200 – 250 m abfallend und ansteigend
Wanderzeit: Tagestour
Wanderkarte: St. Odile, Donon, Hoh-Königsburg 1 : 50 000, Dabo – Wangenbourg (Dagsburg – Wangenburg) 1 : 25 000

Wissenswertes:
Wangenburg-Engenthal: Kleiner Doppelort der Elsässischen Schweiz und beliebter Sommeraufenthalt am Fuße des Schneeberges (400 Einwohner).

Ruine Wangenburg: Auf einem geräumigen, 452 m hoch gelegenen Felsplateau, über dem Ort Wangenburg. Die 2 m dicke Schildmauer, die die ganze Anlage umschließt, ist noch erhalten, wie auch der in sie einbezogene fünfeckige

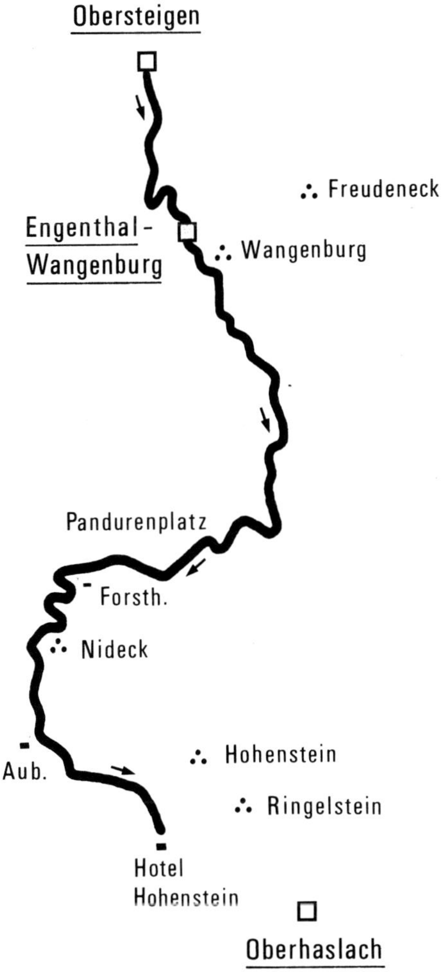
Obersteigen
Freudeneck
Engenthal-
Wangenburg
Wangenburg
Pandurenplatz
Forsth.
Nideck
Aub.
Hohenstein
Ringelstein
Hotel
Hohenstein
Oberhaslach

Bergfried und Teile des Palas. Die im 13. Jahrhundert erbaute Burg befand sich, als Lehen des Klosters Andlau, zuerst im Besitz der Familie von der Dycke. Nach deren Aussterben, 1386, gingen Dorf und Burg Wangenburg in den Besitz der von Wangen über. Im Dreißigjährigen Krieg zerstört, ist die Burg seitdem Ruine. Von ihrem Bergfried aus hat man einen herrlichen Rundblick. Der Weg zur Ruine führt vom Ort aus wie beschrieben (Wegebeschreibung).

Freudeneck: In der Nähe der Wangenburg, in nordöstlicher Richtung, auf dem Schloßberg, liegt in 390 m Höhe die Ruine Freudeneck, ein ehemaliges Vorwerk der Wangenburg. 1360 erbaut und an Lehensleute vergeben, wurde die Burg in einer Auseinandersetzung mit der Freien Reichsstadt Straßburg 1408 durch deren Söldner zerstört und ist seitdem Ruine. Erhalten sind noch Reste des runden Bergfrieds und der Umfassungsmauern. Von der Wangenburg aus gelangt man wie beschrieben (Wegebeschreibung) zur Ruine Freudeneck.

Pandurenplatz oder auch Pandurenkreuzweg (Carrefour des Pandours): Auf dem Weg zur Burgruine Nideck – von der Wangenburg aus – berührt man vor der Erreichung des Forsthauses Nideck, diesen Platz. Als im Österreichischen Erbfolgekrieg österreichische Truppen unter Prinz Karl von Lothringen 1744 im Elsaß eingedrungen waren, soll hier eine Abteilung Panduren (irreguläre Truppen aus dem damaligen Südungarn) von einheimischen Bauern überfallen und niedergemacht worden sein.

Burg Nideck: Die Ruine liegt 600 m hoch und besteht aus einer tiefer gelegenen Vorburg und der Hauptburg. Von den Gebäuden der Vorburg steht nur noch ein etwa 20 m hoher Teil des ehemaligen Bergfrieds. Über seinem Eingang ist ein Bronze-Relief des Dichters Adelbert von Cha-

Murbach (S. 90): Ostteil der Abteikirche

misso angebracht, der Burg Nideck durch sein Gedicht „Das Riesenspielzeug“ bekannt gemacht hat:

„Burg Nideck ist im Elsaß
der Sage wohl bekannt,
die Höhe wo vor Zeiten
die Burg der Riesen stand;
sie selbst ist nun zerfallen,
die Stätte wüst und leer,
du fragst mich nach den Riesen,
du findest sie nicht mehr.“

Der deutsche Lyriker Adelbert von Chamisso, eigentlich Louis, Charles, Adelaide de Chamisso de Boncourt, wurde 1781 auf Schloß Boncourt in der Champagne geboren und wanderte mit seinen Eltern 1790, vertrieben durch die Französische Revolution, nach Deutschland (Berlin) aus. Er war also von Geburt her Franzose. Wie sehr er aber im geistigen Leben seiner neuen Heimat aufgegangen ist, zeigen seine Gedichte, von denen das über Burg Nideck am volkstümlichsten geworden ist.
Von der höher gelegenen Hauptburg sind Reste des Palas und der Ringmauer erhalten. Die Burg, im 13. Jahrhundert erbaut, gehörte zunächst den Grafen von Dagsburg-Egisheim und ging dann, durch Kauf, in den Besitz des Bischofs von Straßburg über, der sie als Lehen an eine Familie vergab, die sich, nach der Burg, von Nydeke nannte, im 14. Jahrhundert aber ausstarb. Als Jagdgast hielt sich Kaiser Sigismund, der Sohn Kaiser Karls IV. und letzte Luxemburger, 1418 längere Zeit auf Burg Nideck auf. Nicht ohne Grund, denn in dem Naturschutzgebiet um Burg Nideck sind heute noch Hirsch, Wildkatze und Auerhahn heimisch. 1454 wurde die Burg, im Laufe einer Auseinandersetzung zwischen dem Burgherren Andreas Wirich und dem Grafen von Lichtenberg, durch letzteren belagert und erobert, aber nicht zerstört. Das geschah erst

1636, als Burg Nideck durch eine Feuersbrunst verheert und nicht mehr aufgebaut wurde.
Burg Nideck, wie auch den nahe gelegenen Wasserfall, erreicht man wie beschrieben vom Forsthaus Nideck aus (Wegebeschreibung) in ca. 20 Minuten.

Nideck-Wasserfall: Malerischer Wasserfall, abwärts der Burgruine Nideck. Aus einer Höhe von 25 m stürzt das Wasser über Porphyrfelsen senkrecht hinab.

Hohenstein: 640 m hoch gelegene Burgruine auf dem Massiv des Großen Ringelberges. Im 12. Jahrhundert erbaut und Stammschloß der gleichnamigen Familie. In einer Auseinandersetzung mit dem Bischof von Straßburg Ende des 13. Jahrhunderts zerstört. Nur noch geringe Reste, aber schöne Aussicht ins Haseltal. Wanderweg zur Ruine siehe Wegebeschreibung.

Ringelstein: 644 m hoch gelegene Burgruine südöstlich der Ruine Hohenstein auf dem gleichen Bergmassiv des Großen Ringelberges. Die Burg wurde im 12. Jahrhundert erbaut. Die Besitzer, die sich nach der Burg benannten, waren Schutzherren des Stiftes Niederhaslach. 1470 wurde die Burg durch den Pfalzgrafen Friedrich I., „dem Siegreichen" zerstört. Unweit davon, auf dem Kleinen Ringelberg, 640 m hoch, liegt der Kleine Ringelstein, das „Schlössel", ein ehemaliges Vorwerk der Burg, ursprünglich aber eine vorgeschichtliche Anlage, mit Graben und Ringmauern. Beide Bauten mit geringen Resten. Wanderweg zur Ruine siehe Wegebeschreibung.

Oberhaslach: Ort am Ausgang des Haseltales, der seinen Ursprung dem heiligen Florentinus verdankt, der hier im 7. Jahrhundert als Einsiedler lebte und die Abtei Niederhaslach gegründet haben soll.

Wegebeschreibung: Gleich hinter dem Hotel „Goldbrunnen“ biegen wir von der Ortsstraße nach rechts ab (gegenüber dem Weg zur Kirche, Markierung gelbes Rechteck, 1 c der Karte), überqueren wenig später im Ort Engenthal, links einer Tankstelle, erneut die Straße (D 218/224) und wandern weiter, am Forsthaus Engenthal vorbei, jetzt mit Markierung rotes Schrägkreuz, 6 a der Karte, bis zum Monument der Toten der beiden Weltkriege im Ort Wangenburg. Von dort führt der Weg nach links, in wenigen Minuten zur Ruine Wangenburg. Von hier aus ist die Ruine Freudeneck mit der Markierung gelber Punkt (5 c der Karte und bei der Gabelung des Weges geradeaus weiter) zu erreichen.

Um Burg Nideck zu erreichen, wählen wir erneut den Weg mit der Markierung rotes Schrägkreuz (6 a der Karte). Er führt uns hinunter auf eine im Tal verlaufende Asphaltstraße, die wir, kurz vor ihrer Einmündung in eine andere Straße, überqueren. Am Hang entlang verläuft der Weg ein Stück parallel zu dieser Straße, überquert sie später und zieht sich am Gegenhang bergaufwärts, um schließlich in einen asphaltierten Forstweg zu münden. Wir gehen nach rechts auf diesem weiter, der Markierung blaues Kreuz (4 b der Karte) folgend, bis zur Straße Wangenburg – Forsthaus Nideck (D 218), und dann nach links, auf dieser Straße, bis zum Pandurenplatz oder -kreuzweg (Carrefour des Pandours).

Der Weg führt nun von der Straße weg nach rechts (gelbes Rechteck, 1 c der Karte) und, gleichlaufend mit ihr, am Hang entlang, steigt aber allmählich an, während sie abwärts verläuft. Unser Weg führt später ebenfalls nach unten, bis wir wieder die Straße und direkt an ihr das Forsthaus Nideck erreichen. Vom Forsthaus gehen wir über die Straße in den Wald und stoßen dort erneut auf das Wegzeichen gelbes Rechteck (1 c der Karte). In ein Waldbachtal abfallend und dann wieder ansteigend, führt uns dieser Weg zur Ruine Nideck. Unser nächstes Ziel ist der nahegelegene Nideck-Wasserfall. Der Weg dorthin führt, jetzt mit Markierung rotes Rechteck (1 a der Karte), an einer Felskanzel mit herrlichem Talblick vorbei und geht dann in einen schmalen, geröllbedeckten Pfad über. Nach wenigen Schritten, entlang steiler, hochaufragender Felswände, wird rechts der Wasserfall sichtbar. Halsbrecherisch steil windet sich der Pfad links des Wasserfalls in Kehren abwärts und läuft dann in einem engen Bachtal weiter. Bald erreichen wir die Auberge Moosberg, die an der Straße nach Oberhaslach liegt (D 218). Auf der Straße gehen wir ca. 3 km nach links in Richtung Oberhaslach, bis zum Hotel Hohenstein (ca. 5 km nordwestlich Oberhaslach). Von hier aus können die Ruinen Hohenstein und Ringelstein erwandert werden (Wegstrecke hin und zurück ca. 8 km, Markierungen: rotes Rechteck bis Forsthaus Hohensteinwald, dann blaues Dreieck, weißer Punkt, weißes Rechteck; Höhenunterschiede: von 300 m auf 600 m ansteigend).

7. Hohenstein (Hotel an der D 218 bei Oberhaslach) – Donon

Verkehrsmöglichkeiten: Bus nach Oberhaslach
Anfahrt: über D 218 von Oberhaslach
Nächste Bahnstation: Urmatt
Parken: am Hotel Hohenstein
Einkehr- und Übernachtungsmöglichkeiten:
Oberhaslach, Donon (siehe Seiten 299, 300, 301)
Tourenlänge: 21 km
Markierungen: rotes Rechteck (1 a der Karte), gelbes Dreieck (2 c der Karte), blauer Punkt (5 b der Karte), rot-weiß-rotes Rechteck (8 der Karte)
Höhenunterschiede: 600 m ansteigend zum Großmann-Sattel (Schutzhütte), dann Höhenwanderung; 200 m abfallend (Baraque carrée), 300 m zum Donon ansteigend
Wanderzeit: Tagestour
Wanderkarte: St. Odile, Donon, Hoh-Königsburg 1 : 50 000, Dabo – Wangenbourg (Dagsburg – Wangenburg) 1 : 25 000

Wissenswertes:
Fürstentum Salm-Salm: Im Sattel zwischen dem Kleinen und dem Großen Donon befindet sich ein Grenzstein (Original im Museum in Schirmeck), der auf der einen Seite mit dem Salmen und Kreuzchen, dem Wappen des Fürstentums Salm-Salm, und auf der anderen Seite mit den Adlern des Herzogtums Lothringen gekennzeichnet ist. Er weist auf ein geschichtliches Kuriosum hin. Die ehemaligen Grafen und späteren Fürsten Salm hatten Besitz im Rheinland, aber auch im Elsaß und in Lothringen. Unweit des Donons liegt der kleine Ort Salm mit der Ruine einer Burg der Grafen von Salm (809 m hoch gelegen, 1190 erbaut, 1675 von den Franzosen zerstört), und in Lothringen

Hotel Hohenstein
Aub. Moosberg
Gensburger Hof
Forsth. Eichelberg
Großmannsattel
935 m
Schutzhütte
Donon
1008 m
Sold. friedhof
Hotel du Donon

gehörte zu ihrer Herrschaft, neben Raon sur Plaine und Badonviller (auf dieses Badenweiler und nicht auf das in Südbaden gelegene bezieht sich der Name des Badenweiler Marsches), vor allem das Städtchen Senones. Als erkennbar wurde, daß Lothringen binnen kurzem an Frankreich fallen würde, schloß der Fürst von Salm-Salm, 1751, mit Stanislaus Leszczynski, dem Herzog von Lothringen und Schwiegersohn Ludwigs XV., einen Vertrag, der die Grenzen des Fürstentums genau festlegte. Diese Grenze verlief über den Donon und entlang der beiden Flüsse Plaine und Breusch und wurde mit Grenzsteinen jetzt neu gekennzeichnet. Sie bestand jedoch nur 41 Jahre, bis 1793. Im Dezember 1792 beschloß der französische Nationalkonvent eine Lebensmittelblockade gegen das Fürstentum, und im März 1793 baten die von Hungersnot bedrohten Gemeinden um den Anschluß an Frankreich. Der größere und überwiegend französisch-sprachige Teil des ehemaligen Fürstentums Salm-Salm verblieb, nachdem 1871 wieder neue Grenzen, diesmal zwischen Deutschland und Frankreich, gezogen wurden, bei Frankreich.

Donon (Name vermutlich aus dem keltischen Dun, d. i. Berg, frühere deutsche Bezeichnung: Hohe Donne): Der Donon ist, mit 1008 m, der beherrschende Sandsteingipfel der Mittelvogesen. Er ist das Symbol der vorgermanischen, gallisch-römischen Vergangenheit des Elsaß, und an Symbolen dieser Art entzündeten sich schon immer nationale Emotionen. Dies war, neben seiner beherrschenden Stellung, sicher mit ein Grund für die schweren Kämpfe, die 1870 und 1914 um seinen Besitz geführt wurden. Schon in gallischer Zeit ist ein Heiligtum auf dem Donon nachgewiesen, dem später, unter den Römern, ein Merkurtempel folgte. Die reichen Funde aus jenen Epochen – Altäre, Götterbilder, Reliefs, Inschriften – befin-

Türckheim (S. 83): Rathausplatz (Place Turenne)

den sich in den Museen von Epinal und Straßburg. Am Ort selbst sind nur Kopien vorhanden. Auch der Tempel, der auf dem massiven Felsklotz des Gipfels steht, ist die Nachbildung eines römischen Tempels und wurde 1869 errichtet. Die mächtigen Sandsteinplatten, unterhalb des Tempels, sind mit den eingeritzten Namen der Besucher übersät. Der Blick von der Höhe des Tempels ist großartig. Von Schirmeck führt die Straße über Grandfontaine zur Dononplattform und weiter zum Sattel zwischen dem Großen und dem Kleinen Donon. Von dort aus erfolgt dann der Aufstieg zum Donongipfel, wie in der Wegebeschreibung geschildert, in ca. 30 Minuten.

Wegebeschreibung: Hinter dem Hotel Hohenstein überqueren wir auf der Brücke die Hasel und befinden uns nun wieder auf dem Wanderweg mit dem roten Rechteck (1 a der Karte). Er läuft im Wald am Hang entlang, parallel zu Bach und Straße, und mündet bald in die letztere ein. Wir bleiben nun auf der Straße und folgen ihr, vorbei an der Auberge Moosberg und dem Gensburger Hof, bis sie in einer scharfen Rechtskurve über die Hasel führt. Wir gehen weiter geradeaus, überqueren die Hasel auf einer Brücke und befinden uns nun auf dem Wanderweg mit der Markierung gelbes Dreieck (2 c der Karte). Auf geschottertem Forstweg geht es weiter, am Forsthaus Eichelberg vorbei. Linker Hand rauscht die Hasel, die uns nun bis zu ihrer Quelle begleiten wird. Kurz vor einer Spitzkehre verläßt der Wanderweg die Schotterstraße nach rechts und führt den Hang entlang aufwärts, immer dem Lauf der Hasel folgend, bis er nach einem kurzen Stück die Forststraße erneut erreicht. Wir gehen nach links auf dieser weiter, nun mit der Markierung blauer Punkt (5 b der Karte), während der Weg 2 c scharf nach rechts abbiegt. Die Schotterstraße führt, in zahlreichen Windungen und mehrmals die Hasel überquerend, ununterbrochen aufwärts. Kurz vor der Höhe, in einer Rechtskurve, verlassen wir die Schotterstraße und steigen, auf einem schmalen, kaum erkennbaren und nicht gekennzeichneten Pfad, links des Baches steil hinauf. Nach wenigen Metern stoßen wir auf die Markierung blaues Kreuz (4 b der Karte), die nach links zum Forsthaus Großmann führt. Wir aber folgen dem blauen Punkt und erreichen in kurzer Zeit die Hasel-Quelle, deren Wasser in kräftigem Strahl, aus einem in den Fels eingelassenen Rohr, in das steingefaßte Becken darunter schießt. Wir folgen der Markierung blauer Punkt (5 b der Karte), weiter aus dem Wald und auf die Höhe. Nach wenigen Metern erreichen wir die Schutzhütte des Vogesenclubs, die auf dem 935 m hohen Sattel des Großmann liegt. Später geht es weiter über die kahle Hochfläche, dem rot-weiß-roten Rechteck (8 der Karte) und der Richtungsanzeige Donon folgend, der wir hier zum erstenmal begegnen. Bei der Einmündung des Weges in den Wald stoßen wir nach wenigen Metern wieder auf die Markierung rotes Rechteck (1 a der Karte), die uns bis zum Donon nicht mehr verlassen wird. Der Weg führt nun sehr steil und über Geröll, und später sich zu einem schmalen Pfad verengend, den Hang hinab bis zu einer Schutzhütte (Baraque carrée), an der zahlreiche Wege abzweigen. Wir wandern weiter, auf dem mit rotem Rechteck markierten Weg (1 a der Karte), mit der Richtungsanzeige „Cote de l'Engin, Col entre les deux Donons", bis wir die von Aberschweiler (Abreschviller) kommende Fahrstraße (D 44) erreichen. Ein Gedenkstein erinnert dort an 10 französische Krieger (Wortlaut der deutschen Inschrift), die 1870 hier gefallen sind und begraben wurden. Wir gehen weiter im Wald links der Fahrstraße, und mit dieser gleichlaufend, bis zu einer Schutzhütte, die im Sattel zwischen den beiden Donon, dem Kleinen und dem Großen, liegt. Hier befinden sich zahlreiche Gedenksteine, die an die Kämpfe von 1870 und 1914 und an die dabei

gefallenen Soldaten beider Seiten erinnern, und hier steht auch der Grenzstein, der die ehemalige Grenze zwischen Lothringen und dem Fürstentum Salm-Salm bezeichnet. Von der Hütte aus führt der Weg steil aufwärts zu der kahlen, nur von niederem Gestrüpp und einzelnen sturmzerzausten Bäumen bewachsenen Höhe des Donon. Später geht es dann wieder abwärts, weiter auf dem Wanderweg mit dem roten Rechteck und hinunter zu dem breit ausgebauten Straßenkreuz und Parkplatz der Dononplattform, an dem, dem Hotel du Donon gegenüber, ein großer französischer Soldatenfriedhof mit den Gefallenen der Kämpfe vom August 1914 liegt.
Die Burgruine Salm liegt abseits unseres Wanderweges. Man erreicht sie von dem kleinen Dörfchen des gleichen Namens aus, das südlich von Grandfontaine gelegen ist (Tour 8, Seite 161). Von der 809 m hoch liegenden Burg sind noch Mauerreste, Torbögen und der Rest eines außen runden, im Inneren viereckigen Turmes in glatt bearbeiteten roten Sandsteinquadern erhalten (Karten St. Odile, Donon, Hoh-Königsburg 1 : 50 000, Obernai — Mont Sainte Odile 1 : 25 000).

8. Donon – Schirmeck – Klingenthal

Verkehrsmöglichkeiten: Bus zum Donon
Anfahrt über N 392 von Schirmeck
Nächste Bahnstation: Schirmeck
Parken: auf der Dononplattform
Einkehr- und Übernachtungsmöglichkeiten:
Dononplattform, Schirmeck, Klingenthal (siehe Seiten 287, 300, 301)
Tourenlänge: 31 km
Markierungen: rotes Rechteck (1 a der Karte), gelbes Kreuz (4 c der Karte), rotes Schrägkreuz (6 a der Karte), rotes Kreuz (4 a der Karte)
Höhenunterschiede: ca. 500 m abwärts nach Schirmeck, von dort ca. 450 m langsam ansteigend, nach Klingenthal ca. 500 m langsam abfallend
Wanderzeit: Tagestour
Wanderkarte: St. Odile, Donon, Hoh-Königsburg 1 : 50 000, Obernai – Mont Ste. Odile (Oberehnheim – Odilienberg) 1 : 25 000

Wissenswertes:
Grandfontaine: Kleiner Ort am Fuße des Donon, westlich von Schirmeck, der sich, 18 km lang, in dem engen Tal des Framontbaches bis nach Schirmeck hinzieht. Seine frühere Bedeutung verdankt Grandfontaine den hier seit dem Mittelalter geförderten eisenhaltigen Mineralien, deren Ausbeutung erst im 19. Jahrhundert eingestellt wurde. Die ehemaligen Minenstollen sind zum Teil noch begehbar und können besichtigt werden.
Hier, bei Schirmeck, begegnet sich deutsches und französisches Sprachgebiet. So heißt der in Richtung Schirmeck östlichste Ortsteil von Grandfontaine Wackenbach, der westlich anschließende aber Vacquenoux.

Schirmeck: Ort im Breuschtal (Vallée de la Bruche) mit 2000 Einwohnern. Gehörte zum Bistum Straßburg und

dann, bis zur Französischen Revolution, zum Fürstentum Salm-Salm. Südwestlich davon liegt das ehemalige Konzentrationslager Struthof.
Auf dem 505 m hohen Schloßberg oberhalb Schirmecks befinden sich die Reste einer Burg, die dem Ort zu ihren Füßen den Namen gegeben hat. Sie war bischöflich-straßburgischer Amtssitz und wurde, 1547 neu erbaut, 1633 von den Schweden zerstört. Erhalten sind geringe Mauerreste und ein viereckiger Turm.

Klingenthal: Kleiner Vogesenort im Ehntal, nördlich des Hohenburg-Berges (St. Odilien). Der Name stammt von der Säbelklingenherstellung, die dort im 18. und 19. Jahrhundert mit angeworbenen Fachkräften aus Solingen und einheimischen Arbeitern betrieben wurde. Die staatliche Manufaktur fertigte Degen, Säbel und Bajonette sowie die stählernen Kürasse für die Kavallerie, kriegerisches Gerät, für das, vor allem in der napoleonischen Zeit, großer Bedarf bestand. Damals war das stille Waldtal der Ehn erfüllt von dem Pochen der Schmiedehämmer, dem schnaufenden Fall der schweren Pressen und dem Schwirren der Transmissionsriemen und die Nächte erhellt von dem wabernden Feuerschein aus den Öfen und Essen. Die für die Fertigung benötigte Kohle wurde in Meilern aus dem Holz der umliegenden Vogesenwälder gewonnen, die notwendige Wasserkraft lieferte die aufgestaute Ehn, und das Rohmaterial kam mit Fuhrwerken aus den Erzhütten und Gruben Lothringens. Streifende Husaren des russischen Korps Wittgenstein, das Straßburg eingeschlossen hatte, zerstörten 1814 die Anlagen und beendeten damit diese industrielle Epoche Klingenthals für immer.
Leicht verfremdet zu „Degenhall“, hat der deutschbaltische Schriftsteller Edzard Schaper in einem Roman dieses Titels dem Ort und jener Zeit ein literarisches Denkmal gesetzt.

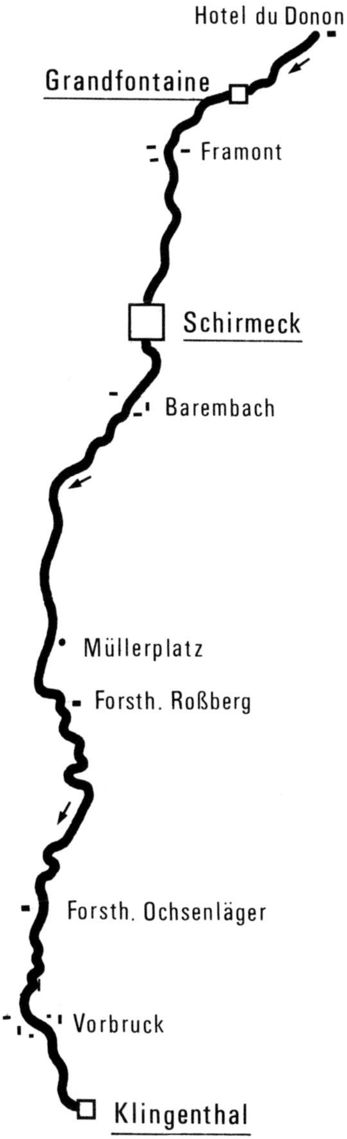
Hotel du Donon
Grandfontaine
Framont
Schirmeck
Barembach
Müllerplatz
Forsth. Roßberg
Forsth. Ochsenläger
Vorbruck
Klingenthal

Wegebeschreibung: Wir gehen ein kurzes Stück mit der Markierung rotes Rechteck (1 a der Karte) auf der Straße in Richtung Grandfontaine (N 392). Nach wenigen hundert Metern zweigt der Wanderweg mit der Markierung gelbes Kreuz (4 c der Karte) rechts von der Straße ab und zieht hangabwärts hinunter ins Tal nach Grandfontaine und mündet dort in den von rechts kommenden Weg mit der Markierung rotes Schrägkreuz (6 a der Karte), der, bis zum Ortsteil Framont, auf der Ortsstraße verläuft. Dort zweigt er von dieser nach rechts ab und geht rechts der Straße (N 392) und des Framont-Baches, in Richtung Schirmeck weiter.

Auf ihm wandern wir bis nach Schirmeck. In Schirmeck überqueren wir die N 392, die Bahnlinie und den Fluß (Bruche = Breusch) und gehen dann links und später im Rechtsbogen an einem Friedhof vorbei bis zu dem östlich gelegenen Ortsteil Barembach. An der Kirche von Barembach vorbei biegen wir dann nach rechts in die Rue Principale ein. Am Ortsende mündet diese Straße in den Wanderweg mit Markierung gelbes Kreuz (4 c der Karte), der das Barembachtal aufwärts führt. Die Orientierung wird jetzt schwierig, da die Wegzeichen stark verwittert sind und nur vereinzelt auftreten. Auch der Bach, der seitlich des Weges talabwärts rauscht, ist kein ausreichendes Orientierungsmittel, denn von Seitentälern einmündende Bachläufe und dort hinein abzweigende Wege erschweren die Übersicht. Auf der später erreichten Höhe des Müllerplatzes laufen mehrere Wanderwege zusammen. Wir bleiben auf dem Weg mit dem gelben Kreuz (4 c der Karte), der, über eine weitere Wegkreuzung (Franz Luhr), zum Forsthaus Roßberg führt. Von dort aus geht es, auf schmalem Pfad und durch dichten Wald, abwärts in das Magelbachtal. Wir überqueren den Bach und die von Grendelbruch kommende Straße (D 66) und steigen den gegenüberliegenden Hang aufwärts zum Jägertännel. Dann wan-

Ammerschweier (S. 82): Schelmenturm

dern wir weiter in Richtung Forsthaus Ochsenläger, das einsam und rings von Wald umgeben daliegt. Vom Forsthaus aus gehen wir nach links bis zur nächsten Wegkreuzung und dann, auf dem mit rotem Kreuz (4 a der Karte) markierten Wanderweg, weiter hangabwärts ins Tal, bis wir die von Klingenthal kommende Straße (D 214) erreichen. Ihr folgen wir ein kurzes Stück nach links bis zur Einmündung in die Autostraße, die zum Odilienberg hinaufführt (N 426). Auf ihr nach links gehend, erreichen wir nach ca. 2 km Klingenthal.

Alternative: statt, mit Markierung rotes Kreuz (4 a der Karte), südlich des Aukopfes nach Vorbruck und dann auf der N 426 nach Klingenthal: mit blauem Schrägkreuz (6 b der Karte), nördlich des Aukopfes und später links parallel zur N 426, direkt nach Klingenthal.

9. Klingenthal – Hagelschloß (oder Lützelburg – Rathsamhausen) – Odilienberg – Dreistein – Birkenfels – Odilienberg

Verkehrsmöglichkeiten: Bus nach Klingenthal
Anfahrt: über N 426 Obernai (Oberehnheim), Ottrott
Nächste Bahnstation: Ottrott (Train folklorique, Juni – September, sonst Obernai)
Parken: im Ort
Einkehr- und Übernachtungsmöglichkeiten:
Klingenthal, Odilienberg (siehe Seiten 287, 301)
Tourenlänge: 22 km
Markierungen: rotes Kreuz (4 a der Karte), rot-weiß-rotes Rechteck (8 der Karte), gelber Punkt (5 c der Karte), rotes Schrägkreuz (6 a der Karte), gelbes Kreuz (4 c der Karte), blaues Kreuz (4 b der Karte)
Höhenunterschiede: ca. 450 m zum Odilienberg, für die Rundwanderung von diesem Ausgangspunkt und zurück ca. 200 m abfallend und wieder ansteigend
Wanderzeit: Tagestour
Wanderkarte: St. Odile, Donon, Hoh-Königsburg 1 : 50 000, Obernai – Mont Ste. Odile (Oberehnheim – Odilienberg) 1 : 25 000

Wissenswertes:
Hagelschloß: Die 588 m hoch gelegene Burg, ursprünglicher Name Waldesberg, wurde im 13. Jahrhundert erbaut und war zunächst im Besitz der Herren von Rathsamhausen-Ehenweyer. Ein späterer Burgherr, Walter Erb, setzte hier Abgesandte der Stadt Straßburg gefangen. Die freie Reichsstadt ließ deshalb im Jahre 1406 durch ihre Söldner das Felsennest so gründlich zerstören, daß heute nur noch wenige Mauerreste und ein zwei Felsen überspannender

Mauerbogen erhalten sind. Die Ruine Hagelschloß erreicht man von Vorbruck aus wie beschrieben (Wegebeschreibung).

Heidenmauer: Auf dem Odilienberg im 2. und 3. Jahrhundert vor Christus errichtete keltische Fluchtburg. Caesar berichtet im „Gallischen Krieg“ von solchen Befestigungen wie Alesia und Bibracte, die der Heidenmauer zweifellos ähnlich waren. Die über 10 km langen Wälle umschließen eine Fläche von ca. 100 ha. Die großen Sandsteinblöcke der Umwallung sind, in einer Breite von fast 2 m und einer Höhe bis zu teilweise 4 m, ohne Mörtel aufeinandergeschichtet. Sie waren durch Holzkeile miteinander verbunden, die, ca. 25 cm lang, schwalbenschwanzartig zurechtgehauen wurden. An der Südwestecke der Heidenmauer befindet sich der Wachstein, ein mächtiger Felsblock, der wohl als Auslugposten gedient hat. Die Heidenmauer passiert man auf dem Wege zum Odilienkloster (siehe Wegebeschreibung).

Odilienberg: Ein gegen die Rheinebene vorspringendes, 700–800 m hohes, langes und schmales Felsplateau (4 km lang, 200–1000 m breit), das von jeher die Menschen angezogen hat. Den Kelten der Jahrhunderte vor Christus (siehe Heidenmauer) folgten die Römer, die auf dem Odilienberg das Kastell Altitona errichteten, das später der fränkisch-merowingischen Hohenburg Platz machte. Aus deren Mauern und sie mit einbeziehend, entstand dann, zum Ende des 7. Jahrhunderts, ein Kloster, gegründet von Odilia, der Tochter des Herzogs Eticho der Merowingerkönige, das später nach ihr benannt wurde. Im Laufe der Jahrhunderte wurden, auf den Höhen um das Kloster, zahlreiche Burgen errichtet: Hagelschloß, Landsberg, Birkenfels, Kagenfels, Dreistein, Lützelburg, Rathsamhausen, Spesburg und Hohandlau. Die größte Blütezeit des

Mit dem Auto kann der Odilienberg von folgenden Orten aus erreicht werden: von Klingenthal auf der N 426, von Ottrott ebenso bzw. über St. Nabor auf der D 109, von Barr, Mittelbergheim und Andlau auf der D 854, von Hohwald auf der N 426.

Odilienquelle: Im Wald unterhalb des Klosterfelsens. Ihr Wasser ergießt sich, aus einer vergitterten Felsgrotte, in mehrere tieferliegende Brunnentröge aus Sandstein. Um einen verschmachtenden Pilger zu laben, hat hier, der Sage nach, die hl. Odilia an den Felsen geschlagen, worauf die Quelle hervorbrach. Ihr Wasser soll in der Lage sein, von Augenleiden zu befreien. Diese Annahme beruht auf der Legende über die Anfänge des Klosters und seine erste Äbtissin, die hl. Odilia. Der Sage nach wurde sie, weil sie blind war, von ihrem Vater verstoßen. Die Mutter brachte sie in ein Frauenkloster, wo sie im Alter von 12 Jahren getauft wurde und bei der Taufe, durch ein Wunder, das Augenlicht wieder erhielt. Davon zeugt der Name Odilia = Tochter des Lichts. Ihr Vater nahm sie daraufhin wieder auf und beschloß, sie zu verheiraten. Sie aber widersetzte sich, denn sie hatte sich vorgenommen, ihr Leben Gott zu weihen, um Verzeihung für die Sünde ihres Vaters zu erlangen. So kam es zu der Gründung des Klosters, dessen erste Äbtissin Odilia wurde. Viele Arme und Kranke erhielten durch Odilia und ihre Mitschwestern Hilfe in ihrer Not. Ihre Zahl wuchs so stark an, daß es zur Gründung eines weiteren Klosters am Fuße des Berges, deshalb Niedermünster genannt, kam. Niedermünster war das erste Spital im Elsaß. Um 700 gegründet, wurde dieses Kloster 1540 zerstört. Heute sind nur noch Reste zu sehen. Odilia starb am 13. Dezember 720. Sie wurde in der Grabkapelle von St. Odilien beigesetzt (siehe unter Rubrik Odilienberg: Grabkapelle). In „Dichtung und Wahrheit" berichtet Goethe über seinen Besuch des Odilienberges

(Juli 1770, zur Feier der Erhebung der Reliquien der hl. Odilia). Über Odilia schreibt er: „Das Bild, das ich mir von ihr machte und ihr Name, prägte sich tief bei mir ein." Dieses Bild schwebte dem Dichter bei der Charakteristik der Ottilie seiner „Wahlverwandtschaften" vor. Auch Iphigenie hat einige Züge der Heiligen erhalten.

Lützelburg: 500 m hoch gelegene Burg, 1150 von den gleichnamigen Herren erbaut. 1365 durch Söldnerscharen aus dem englisch-französischen Krieg zerstört, wurde die Burg später, nach dem Wiederaufbau, zusammen mit der Nachbarburg Rathsamhausen, den Herren von Rathsamhausen-Ehenweyer als Reichslehen verliehen. Die seit 1570 nicht mehr bewohnte Burg wurde im Dreißigjährigen Krieg endgültig zerstört und ist seitdem Ruine. Sie und die benachbarte Ruine Rathsamhausen werden gemeinsam die Ottrotter Schlösser genannt, nach der nahegelegenen Ortschaft Ottrott in der Ebene. Bedeutende Baureste, vor allem von Burg Rathsamhausen, sind erhalten. Die beiden Ottrotter Schlösser erreicht man von Klingenthal aus wie beschrieben (Wegebeschreibung).

Rathsamhausen: Um 1250, nur 40 m von der Lützelburg entfernt, erbaut, war die Burg nacheinander im Besitz der von Hohenstein, von Müllenheim und schließlich der Rathsamhausen, von denen sie den Namen behalten hat. Sie teilte das Schicksal der Zerstörung von 1365 mit der Nachbarburg und wurde, 1521 neu erbaut, zusammen mit der Lützelburg 1633 erneut zerstört. Gut erhalten Bergfried, Rittersaal, Fenster und Kamine.

Köpfel: Westlich der Burgruinen Rathsamhausen und Lützelburg, über dem Ehntal, liegt auf einem 530 m hohen nordwestlichen Bergvorsprung des Odilienbergmassivs, einem Ausläufer des Elsberges, das sogenannte Köpfel, ei-

ne vielleicht römische, im Ursprung aber wahrscheinlich vorgeschichtliche Wallanlage, möglicherweise ein Vorwerk der Heidenmauer. Die etwa 50 m lange, rechteckige Befestigung, die auch Heidenschanze genannt wird, ist auf drei Seiten mit einer aus Quadern primitiv aufgeschichteten, 2,50 m breiten Wallmauer umgeben. Die Ostseite ist unbefestigt, da an dieser Stelle der Steilabfall eine Verschanzung überflüssig macht. Auf der nördlichen Seite erhob sich ehemals ein Wachturm.
Zum Köpfel schlägt man, vom Forsthaus Rathsamhausen aus, den Weg mit der Kennzeichnung blaues Schrägkreuz ein. Er führt dann weiter zum Hagelschloß und von dort, wie beschrieben, zum Odilienbergkloster (Wegebeschreibung).

Dreistein und Kagenfels: Die Ruine Dreistein liegt auf drei Felsen (daher der Name), 628 m hoch, und besteht aus einer durch Mauern getrennten Doppelburg, die zwei Felsen überbrückt, und einer östlich auf einem isolierten Felsen gelegenen, kleineren Burg. Es sind noch umfangreiche Mauerreste und Reste von Fensterbögen, Pforten und Toren erhalten. Die ältesten Teile stammen aus dem 13. und 14. Jahrhundert. Die Burg war Reichslehen der Herren von Rathsamhausen-Ehenweyer und wurde im Dreißigjährigen Krieg zerstört, wie auch die benachbarte, westlich, jenseits des Taleinschnittes gelegene, 1262 erbaute Burg Kagenfels, die den Namen ihrer ersten Besitzer, von Kage, trägt. Diese hatten sie als bischöflich-straßburgisches Lehen erhalten. Den von Kage folgten mehrfach wechselnde Besitzer. Es sind nur noch geringe Reste vorhanden, darunter ein Turm und ein großer aus Bruchsteinen gemauerter Bogen, der zwei Felsen miteinander verbindet. Dreistein erreicht man vom Odilienkloster aus wie beschrieben (Wegebeschreibung). Um die in 666 m Höhe gelegene Ruine Kagenfels zu erreichen, fährt man die Straße zum Odilienberg (N 426) bis zum Parkplatz östlich des Forsthauses Willerhof. Von dort aus dann mit dem Wanderweg der Markierung rotes Schrägkeuz und später gelbes Kreuz nach Kagenfels.

Birkenfels: Um 1250/60 im Einverständnis mit dem Bischof von Straßburg durch dessen Ministerialen Burkhart Beger auf einem Felsen in 650 m Höhe erbaute Burg (daher vielleicht der Name Birkenfels, abgewandelt aus Begerfels). Nach dem Erlöschen des Geschlechts ging die Burg 1537 durch Kauf an die Joham von Mundolsheim über, den Fuggern und Welsern vergleichbare elsässische Großkaufleute, die 1506 geadelt worden waren. Sie besaßen Birkenfels bis zur Französischen Revolution. Seitdem ist die Burg zerfallen. Von ihr sind noch sehenswerte Teile erhalten: z. B. der fünfeckige, dem Palas vorgelagerte Bergfried und reich verzierte Fenster. Man kann die Ruine vom Odilien-Kloster aus über Dreistein und Forsthaus Willerhof erwandern (siehe Wegebeschreibung) oder auf dem direkten und kürzesten Weg vom Parkplatz an der N 426, östlich des Forsthauses mit Wanderzeichen gelber Ring in ca. 20 Minuten (siehe Seite 177).

Wegebeschreibung: Von Klingenthal auf der Straße (N 426) nach Vorbruck, dem westlich gelegenen Ortsteil von Klingenthal, bis zur Einmündung der Straße D 214 von rechts. Dann noch ein kurzes Stück weiter auf der N 426 in Richtung Odilienberg, bis nach links der Wanderweg, mit der Markierung rotes Kreuz (4 a der Karte), den Hang hinaufführt. Wir gelangen auf ihm zunächst zur Ruine Hagelschloß und dann weiter, die Heidenmauer passierend, jetzt mit der Markierung rot-weiß-rotes Rechteck (8 der Karte), über eine freie, grasbestandene Fläche, zum Kloster Odilienberg. Der alternative Weg, über die Ottrotter Schlösser, führt uns von Klingenthal ein kurzes Stück, gleichfalls auf der N 426, in Richtung Odilienberg, bis zu einem Parkplatz, kurz hinter dem Ortsende. Von hier aus führt links ein Fußweg, mit der Markierung gelber Punkt (5 c der Karte), in den Wald. Er mündet in ein kaum markiertes Sträßchen, dem man lange aufwärts über drei Kehren folgt. In weitem Linksbogen gelangt man zum Forsthaus Rathsamhausen. Hier liegen die beiden Ottrotter Schlösser. Später und hinter den Ruinen geht der Weg nach rechts ab (Markierung rot-weiß-rotes Rechteck, 8 der Karte) und bringt uns in vielen Kehren nach oben und dann am Hang hin, bis zu einem Felsen. Hier zweigt scharf links ein Pfad ab, der uns bald zum Elsberg und, über einen Höhenweg, nach St. Odilien führt (Weg 8 der Karte). Zur Burgruine Dreistein führt der Weg (rot-weiß-rotes Rechteck, 8 der Karte) vom Eingang des Klosters über Treppen abwärts. Es ist der gleiche Weg, den wir auf dem Herweg von der Heidenmauer benutzt haben. Bei der Wegkreuzung, von der aus es zum Hagelschloß weitergeht, biegen wir nach links ab (Markierung rotes Schrägkreuz, 6 a der Karte). Der Pfad führt abwärts, und etwa nach einer Viertelstunde ist die Ruine Dreistein erreicht. Der Weg geht nun weiter zu dem inmitten einer Waldlichtung liegenden Forsthaus Willerhof und von dort zur Ruine Birkenfels (Wegmarkierung gelbes Kreuz, 4 c der Karte). Der Rückweg nach St. Odilien (Markierung blaues Kreuz, 4 b der Karte) verläuft zwischen den beiden Teilstücken der N 426, die von Klingenthal und von Hohwald nach St. Odilien führen.

Alternative: Zur Ruine Birkenfels von der Ruine Dreistein aus: statt über Forsthaus Willerhof, mit Markierung rotes Schrägkreuz (6 a der Karte), nur bis zur Straße (N 426), von dort aus dann nicht nach rechts zum Forsthaus, sondern direkt nach Birkenfels (ca. 20 Minuten) mit Markierung gelber Ring (9 c der Karte). Zurück nimmt man bis zur Straße denselben Weg und wandert dann von dort aus nach rechts, mit der Markierung blaues Dreieck (2 b der Karte) nach St. Odilien.

10. Odilienberg – Landsberg – Spesburg – Hohandlau – Andlau – Reichsfeld

Verkehrsmöglichkeiten: Bus nach St. Odilien
Anfahrt: über D 103, D 109, D 33, Ottrott, St. Nabor
Nächste Bahnstation: St. Nabor (Train folklorique, Juni – September, sonst Gertwiller oder Obernai)
Einkehr- und Übernachtungsmöglichkeiten:
St. Odilien, Andlau, Reichsfeld (siehe Seiten 288, 300, 301)
Tourenlänge: 22 km
Markierungen: weißes Rechteck (1 e der Karte), rotes Dreieck (2 a der Karte), blauer Punkt (5 b der Karte), weißes Kreuz (4 e der Karte), rotes Schrägkreuz (6 a der Karte), blaues Dreieck (2 b der Karte), roter Punkt (5 a der Karte), rotes Rechteck (1 a der Karte)
Höhenunterschiede: von St. Odilien ins Kirnecktal ca. 400 m abfallend, dann ca. 200 m ansteigend und nach Andlau ca. 250 m abfallend. Zum Forsthaus Gruckert ca. 300 m ansteigend und ca. 250 m nach Reichsfeld abfallend. Keine beschwerlichen, sondern langsame An- und Abstiege
Wanderzeit: Tagestour
Wanderkarte: St. Odile, Donon, Hoh-Königsburg 1 : 50 000, Obernai – Mont Ste. Odile (Oberehnheim – Odilienberg) 1 : 25 000

Wissenswertes:
Landsberg: 580 m hoch gelegene Burg. 1146 erbaut und Sitz der gleichnamigen Adelsfamilie, deren Geschlecht die bekannteste Äbtissin des Odilienklosters und Verfasserin des Hortus deliciarum, Herrad von Landsberg, entstammt. Zerstörung im Dreißigjährigen Krieg durch die Schweden. Bedeutende Reste teils romanischen, teils gotischen Baustils sind noch erhalten. Besonders erwähnens-

St. Odilien
Landsberg
Forsth.
Hungerplatz
Hotzplatz
Hohandlau
Spesburg
St. Richardis Felsen
Kastelberg
Andlau
Forsth. Gruckert
Reichsfeld

wert sind ein romanischer Kapellenerker, ähnlich dem der Ruine Trifels bei Annweiler in der Pfalz, und eine Folge tiefer romanischer Fenster. Man erreicht die Ruine vom Hotzplatz aus (siehe Wegebeschreibung) oder kürzer vom Parkplatz an der D 109, St. Nabor – Niedermünster – Odilienberg.

Spesburg: 460 m hoch gelegen, 1246 – 1250 aus Granitquadern von Alexander von der Dycke erbaut. Der letzte Baron von der Dycke fiel 1386 auf der Seite der Habsburger, in der Schlacht von Sempach gegen die Schweizer, wie zahlreiche andere Söhne des elsässischen Adels. Die Burg ging dann in den Besitz der Herren von Andlau über, Eigentümer der benachbarten Burg Hohandlau. 1525 wurde die Spesburg von den aufständischen Bauern verschiedentlich verwüstet. Endgültig zerstört wurde sie jedoch wahrscheinlich erst im Dreißigjährigen Krieg. Aus dem geschlossenen Baukörper der Burg, mit ihrer hohen Schildmauer und dem geborstenen Bergfried, blickt man hinunter auf das malerische Städtchen Andlau. Die Spesburg und später Hohandlau erreicht man vom Hotzplatz aus über das Forsthaus Hungerplatz wie beschrieben (Wegebeschreibung).

Hohandlau: Die Burg wird im Volksmund wegen ihrer beiden Ecktürme der Andlauer Kübel (elsässisch: Kiwele) genannt. Sie liegt über dem Kirnecktal, auf dem 451 m hohen Vorsprung des Silberberges, und wurde im 13. Jahrhundert erbaut. Wie bei der Spesburg so wurden auch beim Bau von Hohandlau Granitquadern verwendet. Nur für die Formsteine der Fenster und Türen benutzte man den leichter zu bearbeitenden Sandstein. Von den Schweden 1633 besetzt und von den Franzosen unter Marschall Crequy 1678 verwüstet, überstand Hohandlau dennoch alle Wirren der Zeitläufe und war Stammsitz der Familie

Burgruine Landsberg (S. 178): Innere Palaswand

von Andlau bis zur Französischen Revolution. Durch dieses Ereignis in andere Hände gelangt und von ihren angestammten Bewohnern verlassen, verfiel die Burg nun rasch. 1822 wurde die Ruine von den Grafen von Andlau zurückerworben und befindet sich seitdem wieder im Besitz der Familie. Sehenswert sind die Reste des Palas, mit gekuppelten gotischen Fenstern, und die hochaufragenden beiden Ecktürme.

Krax: Nördlich von Andlau liegt eine 431 m hohe Erhebung, die den seltsamen Namen Krax trägt. Auf ihrem Gipfel befinden sich geringe Reste einer ehemaligen Burg, die, im Besitz der von Andlau, schon 1295 durch den Straßburger Bischof Konrad von Lichtenberg erobert und zerstört wurde. Krax erreicht man von Andlau aus auf dem Wanderweg der Markierung roter Punkt oder, von Hohandlau kommend, mit dem Kennzeichen blaues Dreieck (siehe Wegebeschreibung) bis zu der Wegspinne im Sattel zwischen Silberberg und Krax. Von dort aus dann links abzweigend nach Krax.

Andlau: Malerisches Städtchen (1 700 Einwohner) am Ausgang des Andlautales, mit vielen Fachwerkhäusern. Der Weinort entstand um das im Jahr 887 von Richardis, der verstoßenen Gemahlin des Kaisers Karl der Dicke, gestiftete Frauenkloster, das 1288 Reichsabtei wurde. 1499 bis 1790 war es Damenstift. Die romanische Stiftskirche (12. Jahrhundert, barock erneuert, Krypta 11. Jahrhundert) ist erhalten. Ein Reliquienschrein im Chor der Kirche enthält die Gebeine der hl. Richardis. An sie erinnert ein gotischer Ziehbrunnen aus dem Jahre 1504 in der Nähe des Abteigebäudes, der mit einer Skulptur geschmückt ist, die sie zusammen mit ihrer zahmen Bärin zeigt. Die gleiche Abbildung schmückt den aus dem 19. Jahrhundert stammenden Richardisbrunnen auf dem Platz vor dem Rathaus von Andlau. Der Sage nach soll es diese Bärin gewesen sein, die Richardis den Platz für den Bau der Abtei gewiesen hat.

Reichsfeld: Kleines fachwerkgeschmücktes Weindorf, versteckt in den östlichen Vorbergen der Vogesen, zu Füßen des Ungersberges gelegen (südöstlich Andlau). Auf diesem Berg hatten sich 1492 die unterdrückten Bauern, unter der Führung des Schlettstädters Jacob Uhlmann, getroffen und sich im Zeichen des Bundschuhs verschworen, für ihr Recht zu kämpfen. Hier wurde zum erstenmal der Bundschuh zum Wahrzeichen bäuerlichen Aufbegehrens gewählt. Jacob Uhlmann wurde später in Basel als Rebell geköpft.

Wegebeschreibung: Der Weg führt von St. Odilien, mit Markierung weißes Rechteck (1 e der Karte), abwärts zum Fuße des Felsens und weiter hinunter durch den Wald. Bald erreichen wir das unterhalb der Ruine Landsberg gelegene, verlassene Forsthaus Landsberg. Von dort aus sind es nur noch ein paar Schritte bis zur Burg. Von ihr führt der Weg hinunter ins Kirnecktal. Wir wandern zunächst mit der Markierung rotes Dreieck (2 a der Karte). Später nehmen wir den kreuzenden Weg nach rechts, mit der Markierung blauer Punkt (5 b der Karte). Er führt uns weiter, dann nach links abzweigend, über eine Forststraße unterhalb von Landsberg und später zu einer Wegkreuzung, kurz vor dem Hotzplatz. Hier nehmen wir die Abzweigung nach links, die uns, jetzt mit der Markierung weißes Kreuz (4 e der Karte), zum Hotzplatz bringt. Von dort aus führt der Weg über die Straße (D 854), jetzt wieder mit dem Zeichen blauer Punkt (5 b der Karte), teilweise recht steil zum Forsthaus Hungerplatz und, mit neuer Markierung (rotes Schrägkreuz = 6 a der Karte), zur Ruine Spesburg. Zurück nehmen wir denselben Weg und wandern dann, vom Forsthaus aus, mit gleichem Zeichen zur Ruine Hohandlau. Von Hohandlau aus führt der Weg in den Ort Andlau, mit der Markierung blaues Dreieck (2 b der Karte), abwärts, am St. Richardis-Felsen vorbei und dann, nach rechts abbiegend, weiter, jetzt mit dem Zeichen roter Punkt (5 a der Karte). Er stößt dann, den Wald verlassend, auf ein in der Karte nicht verzeichnetes asphaltiertes Sträßchen. Wir wandern auf diesem ein kurzes Stück nach rechts und wenig später, von ihm weg, wieder nach rechts, an einem Rebhang entlang, hinunter auf die unten sichtbare Straße, die in der Karte, nördlich des Kastelberges, eingezeichnet ist (vom Wald bis hierher keine Markierung). Wir wenden uns von dieser, nach einem kurzen Stück, nach links und gehen um den Kastelberg herum (altes Wasserhaus und Pavillon), weiter abwärts, nach Andlau. Auf der D 62, auf die wir stoßen, wandern wir nach rechts und dann, in der Ortsmitte, wieder nach rechts, auf der N 425, in Richtung Hohwald. Bei der Gabelung der Hauptstraße nehmen wir die Abzweigung nach links (N 425 nach rechts) und biegen von dort in die zweite Seitenstraße nach links, den Chemin Gruckert, ein. Die Straße setzt sich als Fußweg fort, der zum Wald hinaufführt. Später durchläuft er einen Hohlweg und senkt sich, als breiter Waldweg, westlich ins Weiermattental hinab. Der Weg führt talaufwärts, entlang des Weiermattenbaches, zuerst als breiter, geschotterter Forstweg, dann aber, von diesem links geradeaus abzweigend, als schmaler, lehmschlüpfriger Pfad, bis zu dem auf der Höhe gelegenen ehemaligen Forsthaus Gruckert, jetzt im Besitz der Naturfreunde, Sektion Straßburg. Von hier aus schlägt der Weg mit dem roten Rechteck (1 a der Karte) einen weiten Bogen über den westlichen Hang des Ungersberges, um den im Tal gelegenen Ort Reichsfeld herum. Auf der Sehne dieses Bogens steigen wir, auf guten Forstwegen, nach Reichsfeld hinab.

Alternative: Statt mit dem Zeichen weißes Rechteck (1 e der Karte), zur Ruine Landsberg, kürzer, von St. Odilien, entlang der Heidenmauer und dann die D 109 überquerend (Markierung blaues Dreieck, 2 b der Karte).

Anmerkung: Um Verwechslungen mit der Parzellenkennzeichnung der Forstbehörden zu vermeiden, läßt der Vogesenclub die Markierung weißes Rechteck (1 e der Karten), da, wo sie vorhanden oder noch vorhanden ist, durch andere Markierungen ersetzen. Diese Arbeiten sind aber erst zum Teil durchgeführt, so daß der Wanderer auf manchen Wegen immer noch dem weißen Rechteck als Kennzeichen begegnet.

11. Reichsfeld – Bernstein – Ortenburg – Ramstein – Weilertal (Val de Villé) – Hohkönigsburg

Verkehrsmöglichkeiten: Bus nach Reichsfeld
Anfahrt: über D 253, D 202 von Epfig, Itterswiller (Ittersweiler)
Nächste Bahnstation: Epfig
Parken: im Ort
Einkehr- und Übernachtungsmöglichkeiten:
Reichsfeld, Hohkönigsburg (unterhalb) (siehe Seite 301)
Tourenlänge: 24 km
Markierungen: rotes Rechteck (1 a der Karte), roter Punkt (5 a der Karte), rot-weiß-rotes Rechteck (8 der Karte)
Höhenunterschiede: Reichsfeld bis Bernstein ca. 300 m langsam ansteigend, ins Weilertal (Val de Villé) ca. 450 m abfallend (steil von Ortenburg – Ramstein aus), dann ca. 500 m zur Hohkönigsburg ansteigend
Wanderzeit: Tagestour
Wanderkarte: St. Odile, Donon, Hoh-Königsburg 1 : 50 000, Obernai – Mont Sainte Odile (Oberehnheim – Odilienberg) 1 : 25 000, Dambach – Tännchel 1 : 25 000

Wissenswertes:
Bernstein: Die ausgedehnte Burgenanlage erhebt sich auf einem 562 m hohen Granitmassiv, über den in der Ebene liegenden Ortschaften Dambach und Diefenthal. Burg Bernstein oder Bärenstein wurde im 11. Jahrhundert aus dem zu Buckelquadern verarbeiteten Granit des Felsrückens, aus dem sie emporwächst, erbaut. Besitzer waren zunächst die Grafen von Dagsburg-Egisheim. Nach ihrem Aussterben erwarb der Bischof von Straßburg die Burg und erhob sie zum Amtssitz. Nachdem dieser 1580

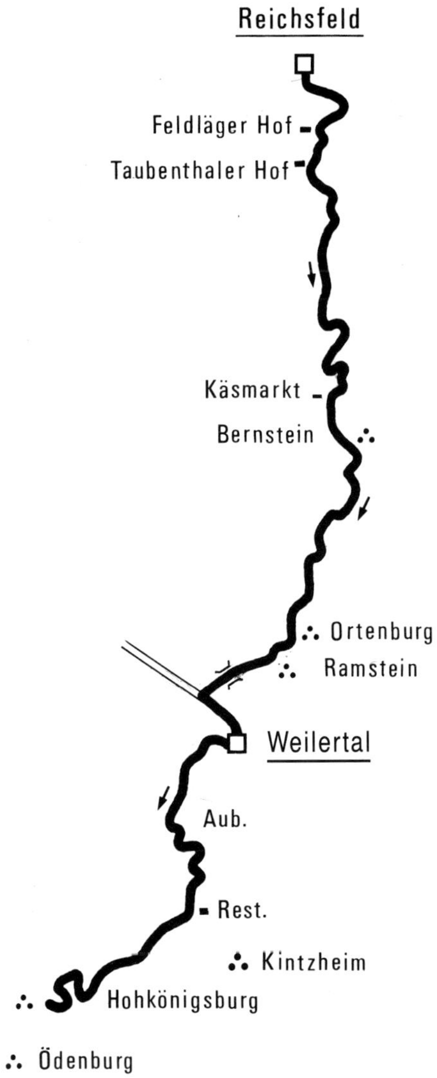
Reichsfeld
Feldläger Hof
Taubenthaler Hof
Käsmarkt
Bernstein
Ortenburg
Ramstein
Weilertal
Aub.
Rest.
Kintzheim
Hohkönigsburg
Ödenburg

nach Marckolsheim verlegt worden war, zerfiel die Burg mehr und mehr und wurde im Dreißigjährigen Krieg endgültig zerstört. Die mächtige Ruine besteht aus der Hauptburg, in welcher der 30 m lange Palas mit seinen romanisch gekuppelten Fenstern und der 19 m hohe Bergfried liegt, und einer 40 m breiten Vorburg, die sich an den Hauptbau anschließt.

Von der Vorburg aus führte ein unterirdischer Gang zu einem in den Felsen gegrabenen Brunnen. Die 4 m dicken Mauern lassen noch heute Ausmaß und Umfang der einstigen Anlage deutlich werden. Am einfachsten erreicht man die Burgruine Bernstein von dem unterhalb in der Ebene liegenden Ort Dambach aus, mit dem Wanderzeichen weißer Punkt. Der Weg führt an der Kapelle des hl. Sebastian vorbei, der früheren Pfarrkirche von Dambach. Das von außen einsehbare Beinhaus der romanischen kleinen Kirche enthält vielleicht auch Gebeine der 1525 bei Scherweiler gefallenen Bauern (siehe Ortenburg). Von hier noch ca. 50 Minuten zur Ruine Bernstein.

Ortenburg: Sie wurde im 11. Jahrhundert durch Graf Werner von Ortenberg in weißgrauem Granit erbaut und liegt, dem Bergmassiv zur Ebene hin vorgelagert – in 490 m Höhe – auf einem einzeln stehenden Granitfelsen. Die wuchtige Geschlossenheit ihrer 17 m hohen Mauern wird überragt von dem mächtigen, fünfeckigen Bergfried, der zur Bergseite hin, unmittelbar hinter der gebuckelten Schildmauer, 32 m hoch emporsteigt. 1258 gelangte die Burg durch Heirat an Rudolf von Habsburg, der nun hier residierte. Durch seine 1273 erfolgte Wahl zum Deutschen Kaiser rückte die Ortenburg in die Reichsgeschichte ein. Nach dem Tode Rudolfs von Habsburg ging sie, als habsburgisches Reichslehen, an verschiedene Geschlechter, darunter die von Müllenheim, denen sie 1471 Peter von Hagenbach, der im Elsaß berüchtigte Scherge Karls des

Burgruine Ortenburg (S. 188): Schildmauer und Bergfried

Kühnen von Burgund, entriß. 1633 wurde die Burg, die zuletzt den Herren von Fugger gehört hatte, von den Schweden zerstört. Die heutigen Reste stammen überwiegend aus der Bauperiode des 13. und 14. Jahrhunderts. Von den Mauern der Burg blickt man hinüber auf die benachbarte Burg Ramstein, auf die westlich von ihr in der Ferne, jenseits des Weilertales, aufragende Ruine Frankenburg und hinunter auf den in der Rheinebene liegenden Ort Scherweiler, bei dem im Mai 1525 die aufständischen Bauern von den Landsknechten des Herzogs Anton von Lothringen in einem mörderischen Kampf abgeschlachtet worden waren. Im Beinhaus der Kirche von Scherweiler sind die Gebeine der Gefallenen jenes Gemetzels aufgeschichtet. Im Süden, über dem Weilertal, sieht man in der dunstigen Ferne die Hohkönigsburg aus dem Kranz der sie umgebenden Berge aufsteigen. Zur Ortenburg gelangt man am besten von der Hühnelmühl aus (Wirtschaft westlich von Scherweiler, unterhalb – südlich – von Ramstein), und zwar mit der Markierung rotes Rechteck, über Ramstein, in etwa 1 Stunde.

Ramstein: Zu der nahegelegenen Ruine Ramstein sind es, von der Ortenburg aus, nur wenige Schritte talwärts. Sie war Ende des 13. Jahrhunderts erbaut worden, um als fester Stützpunkt bei der Belagerung der Ortenburg, durch den Landvogt Otto von Ochsenstein, zu dienen, daher auch der Name, von rammen, berennen. Adolf von Nassau, der Nachfolger Rudolfs von Habsburg, hatte die habsburgische Ortenburg dem Ochsensteiner als Lehen übertragen. Da sie diesem den Zutritt verwehrte, wurde sie nach langwieriger Belagerung schließlich erobert, später aber den Habsburgern wieder zurückgegeben. Burg Ramstein teilte das Schicksal der Ortenburg und wurde wie diese 1633 von den Schweden zerstört. Von der kleinen Burg sind Reste der Mauern und ein Turm erhalten.

Weiler- oder Gießental (Val de Villé): Dieses Tal – und in seiner Fortsetzung das Tal der Leber (Lièpvrette) – markiert das Ende der Mittel- und den Beginn der Südvogesen. Es trägt seinen Namen von dem nordwestlich des Talausgangs gelegenen Ort Weiler (Villé) bzw. von dem das Tal durchfließenden Gießenbach. Der Gießen vereinigt sich, kurz vor Talausgang mit der Leber (Lièpvrette), die das Tal von Markirch (Ste.-Marie-aux-Mines) durchzieht. Beide fließen dann nach Osten, der Ill zu. Am Talende erheben sich im Osten die Ortenburg und die Ruine Ramstein, gegenüber, im Westen die hochgelegene (703 m) Frankenburg (siehe Seite 264).

Hohkönigsburg: Die 757 m hoch gelegene Hohkönigsburg ist, zusammen mit Donon und Odilienberg, ein Wahrzeichen des Landes – oder richtiger, in den letzten Jahrzehnten zu einem solchen geworden. In dieser Eigenschaft dürfte sie fast jedem deutschen Elsaßbesucher bekannt sein. Sie ist die einzige Burg des Elsaß, die sich dem Besucher in ihrer einstigen Gestalt zeigt bzw. in dem Äußeren, von dem der mit ihrem Wiederaufbau beauftragte Berliner Architekt, Bodo Ebhard, annahm, daß es der einstigen Gestalt entsprechen würde. Alle anderen elsässischen Burgen liegen in Trümmern, wie das auch bei der Hohkönigsburg, vor ihrem Wiederaufbau, der Fall war. Sie ist mit ihrer Länge von 270 m, den hohen Mauern, wuchtigen Türmen, zahlreichen Toren und dem großen Saalbau im Hochschloß unbestritten die stattlichste und weiträumigste aller Wehranlagen, die, von Norden bis Süden, die nach der Rheinebene vorgelagerten Bergrücken und Kuppen der Vogesen krönen. Im 12. Jahrhundert als staufische Reichsburg erbaut, war der Burg nach dem Niedergang der staufischen Macht ein wechselvolles Schicksal beschieden. 1454 wurde sie durch Friedrich den Siegreichen, Kurfürst von der Pfalz, im Verlauf seiner

Auseinandersetzung mit dem Grafen von Lützelstein, belagert und erobert, und 1462 zerstörten die vereinigten Städte Straßburg, Colmar und Basel die Burg wegen Wegelagerei der damaligen Besitzer. Im Jahre 1479 erhielten die Grafen von Thierstein die Hohkönigsburg als kaiserlich-habsburgisches Lehen und bauten sie zu einer der stärksten Festungen unter den Vogesenburgen aus. Nach dem Aussterben der Thierstein wurde die Burg von verschiedenen habsburgischen Burgvögten, darunter auch den von Sickingen, verwaltet und 1633, nach mehrmonatiger Belagerung durch die Schweden, von der halbverhungerten Besatzung übergeben und von den Belagerern in Brand gesteckt. Durch den Westfälischen Frieden kam die Hohkönigsburg 1648 in den Besitz der französischen Krone. In der Revolution zum Nationaleigentum erklärt, gelangte sie über verschiedene Zwischenbesitzer schließlich in das Eigentum der Stadt Schlettstadt, die sie 1899 Kaiser Wilhelm II. zum Geschenk machte. Der befohlene Wiederaufbau der Burg war 1908 abgeschlossen. Wer sich von „deutscher Ritterherrlichkeit aus längst vergangenen Zeiten" (Wilhelm II. im „Allerhöchsten Erlaß" vom 8. Mai 1899 an die Stadt Schlettstadt) ein Bild machen will, erhält durch die Besichtigung der Hohkönigsburg (Eintrittsgeld) dazu Gelegenheit.

Wem diese stark wilhelminisch geprägte „Ritterherrlichkeit" nicht zusagt, der kann, vom Bergfried oder dem Südturm des Großen Bollwerks aus, die herrliche Aussicht auf die Rheinebene mit dem unterhalb gelegenen Weindorf Rodern und auf die umliegenden Berge, Wälder und Ortschaften genießen. Auch einer Weißen Frau, die vor dem Wiederaufbau in den Trümmern der Burg manchmal gesehen worden sein soll, scheint dieser Wiederaufbau ihr Gespensterdasein verdorben zu haben; jedenfalls wurde sie seither nicht mehr gesichtet.

In jüngerer Zeit diente die Hohkönigsburg einige Male als Filmkulisse, so für den 1937 gedrehten Renoir-Film „La

Grande Illusion", mit Jean Gabin, Erik von Stroheim und Pierre Fresnay, einem gebürtigen Elsässer mit Namen Laudenbach, in den Hauptrollen.

Die Besichtigung der Burg beginnt mit dem Durchschreiten des äußeren Eingangstores mit dem Thiersteiner Wappen von 1479. Auf den Thiersteiner Ausbau der Burg geht die Rekonstruktion von Bodo Ebhard zurück. Das Tor ist von zwei Ecktürmen seitlich gedeckt, neben denen die wuchtigen Umfassungsmauern bis zu 25 m in die Höhe ragen. Das zweite Tor, das Haupttor mit dem Wappen der Habsburger, führt in den Vorhof. Linker Hand befindet sich das „porthuslin", das Torhäuschen, und rechts geradeaus ein Fachwerkhaus in elsässischem Stil mit einer Gaststätte. Ihm gegenüber liegt, vor der Schmiede, ein Rundturm mit dem ersten der fünf Tore, die man passieren muß, um zur Hochburg zu gelangen. Das vierte dieser Tore ist das sogenannte Löwentor, mit dem Hohenstaufenwappen aus dem 12. Jahrhundert im Türsturz. Rechts und links von ihm befinden sich die beiden heraldischen Löwen, von denen das Tor seinen Namen hat. Das fünfte Tor trägt die Wappen der Herren von Bollweiler und der von Sickingen. Der Innenhof, den man nun betritt, wird durch das Hochschloß mit dem Palas flankiert. Wendeltreppen führen vier Etagen hoch durch den Wohnbau. Besonders eindrucksvoll ist der zwei Stockwerke umfassende Saalbau mit seinen nach innen gerichteten, durch wuchtige Konsolen unterbrochenen Strebepfeilern. Im Südbau liegen die Wohnräume und die Kapelle, deren Raum durch ein einziges Kreuzgewölbe überspannt wird. Vom Hochschloß führt eine Zugbrücke über einen sieben Meter tief in den Felsen gehauenen Graben, den sogenannten Bärengraben, in den Schloßgarten und das westlich gelegene Große Bollwerk, das, gleichfalls durch eine Zugbrücke, von dem übrigen Teil der Burg getrennt ist. Das Eingangstor trägt das Wappen der von Sickingen und eine Inschrift,

die auf den Bau des Bollwerks und seine Erneuerung hinweist. Dieses Bollwerk diente zum Schutz der schwächsten, dem Berge zugewandten Burgseite. Auf der Plattform, zwischen den beiden wuchtigen Rundtürmen, sind einige Geschütze aufgestellt. Sie zeigen, daß das Befestigungswerk als Artilleriestellung benutzt werden konnte. Von hier aus tritt der mächtige viereckige Bergfried, der alle übrigen Bauten der Burg um vier Stockwerke überragt, besonders eindrucksvoll ins Blickfeld.
Wer nicht wandern will, kann die Hohkönigsburg über die von Schlettstadt – Kintzheim kommende Straße erreichen.

Ödenburg: 200 m westlich der Hohkönigsburg, auf demselben Felsrücken gelegen. Die Ödenburg, d. h. also die verlassene Burg (öd, wüst, leer), wie die Hohkönigsburg 1174 erstmals urkundlich erwähnt, teilte die Geschicke der größeren Nachbarburg. Im 13. Jahrhundert war sie im Lehensbesitz der Rathsamhausen.
Anläßlich der Neubelehnung dieser Adelsfamilie, durch Kaiser Sigismund im Jahre 1417, erscheint zum erstenmal der Name Ödenburg als Bezeichnung der westlichen Burg; sie war also nicht mehr bewohnt. Die Ruine ist nur kleineren Umfangs. Vom Hauptgebäude sind noch drei von spitzbogigen Fenstern durchbrochene Mauerreste erhalten. Die vorhandenen Reste lassen auf eine etwas spätere Bauperiode als die der Hohkönigsburg schließen.

Kintzheim: Die Burgruine Kintzheim liegt, 320 m hoch, über der Ortschaft Kintzheim, am östlichen Vogesenrand, von der Hohkönigsburg etwa 4 km abwärts, in Richtung Osten, entfernt. Sie ist mit mächtigen Mauern umgürtet und mit dem wuchtigen Bergfried, der Burgkapelle und dem Rittersaal mit seinen gotischen Fenstern und einem großen Kamin wohl die am besten erhaltene Burgruine der Vogesen.

Die Burg wurde im 13. Jahrhundert erbaut. Sie befand sich von 1492 an im Besitz der Stadt Schlettstadt, bis sie, im Dreißjährigen Krieg, von den Schweden niedergebrannt wurde. Heute befindet sich in ihren Mauern, als vielbesuchte Sehenswürdigkeit, ein Raubvogelgehege.
Wegebeschreibung Ödenburg und Kintzheim Seite 196.
Der kürzeste Weg geht von der Ortschaft Kintzheim aus, mit Markierung rot-weiß-rotes Rechteck.

Wegebeschreibung: Wir steigen, vom Ort Reichsfeld aus uns rechts haltend, in die Weinberge hoch, vorbei an einer auf der Höhe gelegenen kleinen Kapelle und einem mächtigen Kastanienbaum und gehen dann weiter, auf dem nach kurzer Zeit abwärts führenden Feldweg, zu einem hinter hohen Bäumen versteckten Haus, dem Feldlägerthof. An ihm rechts vorbei folgen wir der Anzeige des dort angebrachten Wegweisers in Richtung Taubenthal, bis zum Taubenthaler Hof. Wir wandern weiter auf einer schmalen Asphaltstraße, die kurz vorher begonnen hat, am Taubenthaler Hof vorbei aufwärts, bis zur Straße nach Alb, bei der wir den Wanderweg mit der Markierung rotes Rechteck (1 a der Karte) wieder erreichen, der nun ein kurzes Stück auf der Straße geradeaus führt, bis zu ihrer Einmündung in die Straße nach Blienschweiler – St. Petersholz (Ste. Pièrre-Bois). Diese überqueren wir und folgen dann einem schmalen Pfad, der nach wenigen Metern in den Wald eintaucht. Die Wegmarkierungen (rotes Rechteck, 1 a der Karte) werden nun häufiger und führen weiter durch den Wald, über die Kartenpunkte Schulwaldplatz und Käsmarkt, zur Ruine Bernstein. Von Bernstein aus erreichen wir, auf dem Bergkamm und dem bisherigen Weg weiterwandernd, in einer knappen Stunde die Ruine Ortenburg. Vorbei an der Nachbarruine Ramstein führt der Wanderweg talabwärts und gabelt sich später. Wir folgen nun dem Wegzeichen roter Punkt (5 a der Karte), nach rechts, das uns steil abwärts ins Weilertal (Val de Villé) hinunterführt. Der Weg mündet auf eine geschotterte Forststraße. Auf dieser geht es ein kurzes Stück nach rechts und dann weiter abwärts nach links, auf schmalem Pfad zum Gießenbach, den wir auf einem Wehr überqueren. Weiter führt der Weg, nun eher ein Trampelpfad und kaum mehr gekennzeichnet, durch Auwiesen und auf schmalem Holzsteg nochmals über einen Bacharm, bis zu der von Schlettstadt kommenden stark befahrenen Straße (N 424). Wir gehen auf der Straße nun nach links bis zur Gabelung in der Ortschaft Weilertal (Val de Villé) und dann nach rechts, auf der Straße nach Leberau (Lièpvre). Kurz nach der linker Hand gelegenen Auberge „De la Fôret" zweigt ein Wanderweg mit Richtungsanzeige Hohkönigsburg nach links von der Straße ab. Er ist mit rot-weiß-rotem Rechteck (8 der Karte) gekennzeichnet und führt durch den Wald, am Westhang des Rothenbergs entlang. Auf ihm erreichen wir, nach etwa einer Stunde, den Wanderweg mit der Markierung rotes Rechteck (1 a der Karte) wieder. Er bringt uns zu dem mitten im Wald gelegenen ehemaligen Forsthaus Wick, jetzt Restaurant, am Rande eines Affengeheges. Wir wandern weiter und kommen bald zu der Fahrstraße (D 159), die zur Hohkönigsburg hinaufführt. Rechts von ihr läuft der Wanderweg im Wald weiter. Zweimal, kurz vorher, die Straße überquerend, erreichen wir auf ihm die Hohkönigsburg. Von ihr aus führt der Weg, dem Eingang gegenüber, im Wald beginnend, zur Ruine Ödenburg. Zur Ruine Kintzheim wandern wir den Weg mit dem Zeichen rotes Rechteck (1 a der Karte) von der Hohkönigsburg aus zurück, in Richtung Forsthaus Wick, bis nach rechts und die D 159 überquerend der Weg mit der Markierung rot-weiß-rotes Rechteck (8 der Karte) abzweigt. Er führt uns zur Ruine Kintzheim.

12. Hohkönigsburg – Thannenkirch – Hohrappoltstein – Ulrichsburg – (St. Ulrich) – Girsberg – Rappoltsweiler (Ribeauvillé) – Bilstein – Altweier (Aubure)

Verkehrsmöglichkeiten: Bus zur Hohkönigsburg
Anfahrt über D 159 von Kintzheim
Nächste Bahnstation: Séléstat – St. Hippolyte (Schlettstadt – St. Pilt)
Parken: bei der Hohkönigsburg
Einkehr- und Übernachtungsmöglichkeiten:
Hohkönigsburg (unterhalb), Thannenkirch, Rappoltsweiler (Ribeauvillé), Altweier (Aubure), (siehe Seiten 290, 300, 301, 302)
Tourenlänge: 27 km
Markierungen: rotes Rechteck (1 a der Karte), gelbes Kreuz (4 c der Karte)
Höhenunterschiede: ca. 300 m abwärts nach Thannenkirch, dann ca. 200 m ansteigend und 400 m nach Rappoltsweiler steil abfallend. Von dort langsamer Anstieg, ca. 550 m
Wanderzeit: Tagestour
Wanderkarte: Colmar, Münster, Gérardmer, St. Dié 1 : 50 000, Dambach – Tännchel 1 : 25 000

Wissenswertes:
Schäntzel: Kleine Kuppe zwischen dem Schloßberg und dem ihn überragenden Tännchel. Den Gipfel umschließt ein Erdwall, von dem aus die Schweden die Beschießung der Hohkönigsburg seinerzeit begonnen hatten. Einige Tage später wurden die Geschütze nach den Ruinen der Ödenburg vorgeschoben. Das Schäntzel erreicht man auf direktem Wege von der Hohkönigsburg aus (siehe Wegebeschreibung).

Thannenkirch: Die kleine Ortschaft ist ein beliebter Ferienaufenthalt. Sie liegt 5 km von der Hohkönigsburg entfernt. Der Ortsname wurde, als ,,Sankt Annen Kirch", 1308 erstmals urkundlich erwähnt. Vor der Französischen Revolution war der Ort Besitz der Herren von Rathsamhausen und später der von Rappoltstein.

Hohrappoltstein: Auf der Spitze eines 642 m hohen Bergkegels erhebt sich die Burg Hohrappoltstein, erbaut Anfang des 13. Jahrhunderts durch die Herren von Rappoltstein, dem mächtigsten Adelsgeschlecht des Oberelsaß nach den Habsburgern, und später an Lehensleute übergeben. Seit dem Bauernkrieg nicht mehr bewohnt, verfiel die Burg allmählich. Von dem runden Bergfried der Ruine aus hat man eine prachtvolle Aussicht. Hohrappoltstein liegt etwa 100 m über den beiden Nachbarburgen St. Ulrich und Girsberg. Die drei Rappoltsweiler Burgen sind auf direktem Wege vom Ort aus zu erreichen, und zwar mit dem Wegkennzeichen rotes Rechteck (siehe Wegebeschreibung), in ca. 45 Minuten.

St. Ulrich: Das Stammschloß der Herren von Rappoltstein war die Ulrichsburg (St. Ulrich), die, in 528 m Höhe, auf einem Felsen gegenüber der Burg Girsberg liegt, von dieser durch eine Schlucht getrennt. Sie wurde im 11. Jahrhundert durch die Herren von Rappoltstein erbaut. Die Burgkapelle war St. Ulrich geweiht, daher rührt der Name der Burg. Zu Beginn des 16. Jahrhunderts zogen die Herren von Rappoltstein in ihr neuerbautes Stadtschloß in Rappoltsweiler. Die Burg war seitdem nur noch von Wachmannschaften bewohnt, verfiel allmählich und wurde im Dreißigjährigen Krieg und der Französischen Revolution stark beschädigt. Die weitläufige Ruine wird von dem mächtigen viereckigen Bergfried überragt. Erhalten sind die Mauern des Palas mit den sieben romanischen Arka-

Hohkönigsburg
Schäntzel
Thannenkirch
Girsburg
Rappolts-
weiler
Hohrappoltstein
Ulrichsburg
Höhe
Bilsteiner Tal
Bilstein
Forsth. Bärenhütte
Aubure

denfenstern des großen Rittersaales und sonstige Reste von Umwallung, Türmen und Gebäuden. In den Ruinen der Ulrichsburg spukt, wie die Sage berichtet, eine Weiße Frau, die sich allerdings sehr rar macht, weil sie nur am Weihnachtsabend erscheint.

Girsberg: Girsberg, die kleinste, aber festeste der drei Rappoltsteiner Burgen, sitzt gegenüber der Ulrichsburg wie ein Geierhorst (Girsberg = Geiersberg) auf einem steilen Felskegel von nur etwa 60 m Länge. Sie wurde wahrscheinlich im 13. Jahrhundert von den Herren von Rappoltstein erbaut und an Lehensleute übergeben, darunter, von 1304 bis 1422, die Girsberg aus dem Münstertal. Von diesen hat die Burg den Namen. Ab 1515 unbewohnt, verfiel sie allmählich. Nur noch geringe Reste sind erhalten, aber ein Besuch wird durch den Blick auf die gegenüberliegende Ulrichsburg belohnt.

Rappoltsweiler (Ribeauvillé): „Drey Schlösser auf einem Berge, drey Kirchen auf einem Kirchhoff, drey Stätt in einem Thal, drey Öfen in einem Saal, ist das gantz Elsass überall" (alter Reimspruch von Crusius in Balthasar Hans „Seel-zagendes Elsass", 1676). Die drei Schlösser, die hier erwähnt werden, beziehen sich auf die heutigen Ruinen Hohrappoltstein, Girsberg und Ulrichsburg und die drei Öfen auf den Rittersaal im Stadtschloß der Herren von Rappoltstein, das heute als Gymnasium dient. Weiter sind gemeint Reichenweier (drei Kirchen auf einem Kirchhof) und die Städte Kaysersberg, Kientzheim und Ammerschweier.
Der mittelalterliche Ort Rappoltsweiler (4 600 Einwohner) wird überragt von den drei Burgen der Herren von Rappoltstein, zu deren Herrschaft Rappoltsweiler gehörte. Viele geschichtliche Baudenkmäler sind erhalten, zum Beispiel Renaissancebrunnen (1536), Metzgerturm (13. und 16. Jahr-

Hohkönigsburg (S. 191): Mauer mit Ecktürmen und Bergfried

hundert), gotische Pfarrkirche (13.–17. Jahrhundert), Pfifferhüs und andere Häuser des 15.–17. Jahrhunderts und das Rathaus von 1773.

Um 1400 erhob ein Reichslehen die Herren von Rappoltstein zu erblichen Pfeiferkönigen im oberrheinischen Gebiet. Sie hatten in dieser Eigenschaft alles Unrecht, das den „fahrenden Leuten" widerfuhr, von Reichs wegen zu ahnden. Der Pfeifertag ist heute noch Volksfest. Der letzte Herr von Rappoltstein legte sich 1660 den Grafentitel zu. Mit seinem Tode, 1673, starb die männliche Linie der Familie aus. Durch die Heirat seiner Tochter kam der Rappoltsteiner Besitz mit Titel, Wappen und auch dem Pfeiferkönigtum an die Wittelsbachischen Grafen von Birkenfels-Bischweiler (von 1686–1789 wurde der Pfeifertag in Bischweiler im Elsaß begangen) und dann an die Kurfürsten von der Pfalz. Der letzte „Graf von Rappoltstein", Prinz Max, wurde 1806 König von Bayern.

Bilstein: Die Ruine liegt 757 m hoch. Im 12. Jahrhundert erbaut, gehörte die Burg zunächst den Grafen von Dagsburg-Egisheim und dann, ab Anfang des 13. Jahrhunderts, den Grafen von Horburg und später deren Erben, den Grafen von Württemberg. Im Dreißigjährigen Krieg wurde die Burg, 1636, zerstört. Es sind nur noch geringe Reste erhalten. Am einfachsten ist die Ruine vom Strengbachtal, westlich von Rappoltsweiler, aus zu erreichen. Zuerst auf der D 416 in Richtung Aubure und dann auf dem Wanderweg nach links mit dem Kennzeichen blauer Punkt.

Altweier (Aubure): Kleiner, 800 m hoch gelegener Luftkurort, westlich Rappoltsweiler, das am höchsten gelegene Dorf im Elsaß. Etwa von hier aus westlich und nach Südwesten bis zum Lac Blanc (Weißer See) überwiegend französisch-sprachiges Gebiet.

Wegebeschreibung: Von der Hohkönigsburg aus gehen wir, mit der Markierung rotes Rechteck (1 a der Karte), den Waldweg abwärts parallel zur Zufahrtsstraße. Diese Straße überqueren wir zweimal. Wir kommen an einem rechter Hand gelegenen, verlassenen Gasthaus vorbei und erreichen dann die Gabelung der Straßen nach Leberau (Lièpvre) und Thannenkirch. Nach einem kurzen Stück auf der Straße nach Thannenkirch geht halbrechts ein schmaler Waldweg aufwärts. Am Südosthang des Schäntzel entlang, führt er uns, parallel zur Straße, nach Thannenkirch. Wir gehen nun auf der Ortsstraße (D 42) in Richtung Bergheim weiter und nehmen bei jeder Straßengabelung die Abzweigung nach links. Der Weg führt an der Klinik und der Kirche vorbei. Kurz nach Ortsende schlagen wir den nach rechts führenden Feldweg ein, der dann im Wald weitergeht und sich später gabelt. Wir nehmen die linke Abzweigung. Von ihr führt wenig später ein schmaler Pfad nach rechts den Hang hinauf. Bald mündet dieser wieder auf den breiteren Weg, den wir vorher verlassen hatten. Nun folgen wir diesem am oberen Hang eines tiefeingeschnittenen Tales nach Südwesten, geleitet von der Anzeige ,,Trois chateaux" und dem roten Rechteck (1 a der Karte), bis wir, hinter einem Bach und in einem Linksbogen, bergauf die Kreuzung ,,Les 4 Chênes" erreichen. Etwas südwestlich wandern wir weiter am Hang entlang und sind bald, allmählich nach links schwenkend, bei der Ruine Hohrappoltstein angelangt. Von dort aus gehen wir ein kurzes Stück zurück, bis bei der Anzeige ,,St. Ulrich" ein Weg nach links abgeht und abwärts zur Ulrichsburg führt. Von der Ulrichsburg wandern wir mit gelbem Kreuz (4 c der Karte) zu der nur 5 Minuten entfernten Ruine der Girsburg. Von dort geht es zurück zur Ulrichsburg und mit dem roten Rechteck (1 a der Karte) abwärts nach Rappoltsweiler. Im Ort wenden wir uns auf der Hauptstraße nach Westen, bis diese, dem

Ortsende zu, auf die D 416 stößt. In gerader Richtung ist hier ,,Aubure", nach links ,,Toutes directions", angezeigt. Wir wenden uns nach links. Nach ca. 100 m geht ein Weg rechts von der Straße ab und führt uns dann in den Wald. Von diesem Weg zweigt später ein schmaler Pfad ab, auf dem wir weiter wandern. Er steigt in Spitzkehren an und erreicht dann einen breiten Waldweg, der sich an dieser Stelle gabelt. Wir nehmen die linke Abzweigung. Nach wenigen Metern geht nach links ein schmaler Pfad den Hang hinauf. Wir wandern auf ihm ständig ansteigend weiter. Auf der Höhe Bilsteiner Tal, nachdem kurz vorher ein Weg nach rechts in dieses Tal abgegangen ist, verbreitert sich der Weg und mündet rechtwinklig auf einen anderen. Dieser geht, laut der dortigen Anzeige, nach links in Richtung Hunawihr und nach rechts in Richtung Aubure, Bärenhütte. Wir wandern also nach rechts weiter, bis wir nach ca. 500 m zu einer Wegspinne kommen. Nach links ist hier mit blauem Kreuz die Richtung Kaysersberg angezeigt, nach rechts Bilstein, Bärenhütte, Aubure. Dorthin wenden wir uns und wandern bis zu einer erneuten Wegspinne weiter, bei der 5 Wege auseinanderlaufen. Wir wenden uns nach rechts auf einen Weg, der spitzwinklig zu dem verläuft, auf dem wir hergekommen sind. Von diesem Weg geht dann ein Pfad nach links mit Anzeige ,,Bilstein" ab, der uns, nach ca. 300 m, zur Ruine Bilstein führt. Wir nehmen denselben Weg wieder zurück und gehen dann weiter, auf dem breiten Weg, bis nach ca. 50 m ein schmaler Pfad nach rechts in ca. 10 Minuten abwärts zu dem verlassenen Forsthaus Bärenhütte führt. Von dort aus folgen wir einem verwitterten Wegweiser mit der Aufschrift Königsstuhl, Ursprung, Aubure, Wasserfels, Kaysersberg nach links, einen breiten Weg entlang. Bei der Einmündung dieses Weges auf einen schräg kreuzenden Weg gehen wir nicht geradeaus, sondern nach links. Hier stoßen wir wieder auf die Markierung rotes Rechteck (1 a der Karte). Ihr folgen wir, bis wir uns wieder auf Höhe der Bärenhütte befinden. Dann verlassen wir das geradeaus führende rote Rechteck und steigen nach rechts aufwärts, bis wir zu einer Wegspinne mit einer großen Tanne kommen. Wir gehen weiter geradeaus und folgen einem Wegweiser mit Anzeige „Aubure direct". Auf dem angezeigten Weg gehen wir nun immer weiter, ohne uns um irgendwelche Abzweigungen zu kümmern, bis wir auf die Fahrstraße nach Aubure (D 11) stoßen. Dieser folgen wir nach links und erreichen nach ca. 2 km Aubure.

13. Aubure (Altweier) – Fréland (Urbach) – Lapoutroie (Schnierlach) – Lac Blanc (Weißer See)

Verkehrsmöglichkeiten: Bus nach Aubure
Anfahrt über D 416, D 11 von Ribeauvillé (Rappoltsweiler)
Nächste Bahnstation: Ribeauvillé
Parken: im Ort
Einkehr- und Übernachtungsmöglichkeiten:
Aubure, Fréland, Lapoutroie, Lac Blanc (siehe Seiten 290, 298, 300, 302)
Tourenlänge: 25 km
Markierungen: gelber Punkt (5 c der Karte), rot-weiß-rotes Rechteck (8 der Karte), gelbes Schrägkreuz (6 c der Karte)
Höhenunterschiede: nach Fréland ca. 400 m stark abfallend, dann Anstieg ca. 200 m; nach Lapoutroie ca. 200 m langsam abfallend; von dort zum Lac Blanc ca. 600 m ziemlich steiler Anstieg (ab Surcenord über Gazon l'Hôte Höhenweg mit nur noch geringen Steigungen)
Wanderzeit: Tagestour
Wanderkarte: Colmar, Münster, Gérardmer, St. Dié 1 : 50 000, Dambach – Tännchel 1 : 25 000, Hohneck – Vallée Munster (Hohneck – Münstertal) 1 : 25 000

Wissenswertes:
Fréland (Urbach): 6 km westlich von Kaysersberg gelegenes Dorf, das sich am linken Ufer eines Bergbaches hinzieht. Es soll im 14. Jahrhundert von Köhlern gegründet worden sein, die eine romanische Splittersprache sprachen. Die Ortskirche stammt aus dem 18. Jahrhundert.

Lapoutroie (Schnierlach): Ort (2 000 Einwohner) im hinteren Kaysersberger Tal. Die Ortschaft gehörte mit der ganzen Gegend vor der Französischen Revolution zur Herrschaft der Herren von Rappoltstein.

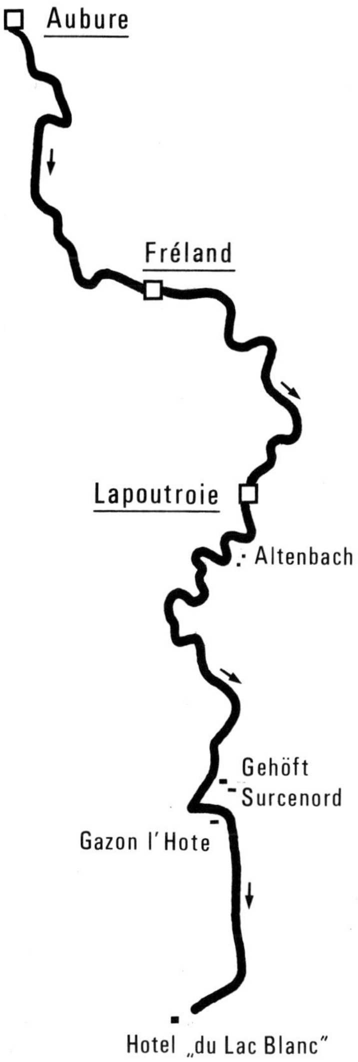
Aubure
Fréland
Lapoutroie
Altenbach
Gehöft
Surcenord
Gazon l'Hote
Hotel „du Lac Blanc"

Weißer See (Lac Blanc): Liegt 1 055 m hoch, inmitten steil zerklüfteter Felsen, unterhalb des Vogesenkamms, der sich hier auf 1 300 m erhebt. Der See ist 29 ha groß und bis 65 m tief. An seinem Südufer erhebt sich der sagenumwobene Hans-Schloß-Felsen (Rocher Château Hans), auf dem sich einstmals ein Schloß befunden haben soll. Es wurde, wegen der Untaten seines Besitzers, Hans von Felsenstein, von der Erde verschlungen, wie die Sage berichtet, und nur der Felsen blieb übrig. Etwas weiter südöstlich davon liegt der Felsen der Seekanzel, auch Observatoire Belmont genannt. Hier befand sich im 1. Weltkrieg ein französischer Beobachtungsposten, und hier fiel, wie die am Felsen angebrachte Gedenktafel berichtet, im Dezember 1915 der Capitain Belmont, der Alpenjäger, „sur ce sol d'Alsace" (auf dieser elsässischen Erde).
Von Orbey aus führt eine Fahrstraße (D 48) zum Lac Blanc.

Orbey (Urbeis): Der Ort mit 3 500 Einwohnern liegt in der Nähe des Lac Blanc und wird deshalb hier erwähnt. Er ist ein bedeutendes Ferienzentrum in den Vogesen. Orbey wurde 1049 erstmals urkundlich genannt und gehörte vor der Französischen Revolution zur Herrschaft Hohnack. Die Einwohner sprechen einen französischen Dialekt, das „Patois vosgien". 3 km südwestlich von Orbey liegen die Trümmer der 1138 gestifteten, einst berühmten, 1789 zerstörten und aufgelösten Zisterzienserabtei Pairis. Die Äbte von Pairis wurden durch die Adelsgeschlechter vor allem des Oberelsaß gestellt. Vielen dieser Familien diente die Abtei auch als Grablege. Von den Baulichkeiten sind nur noch die Umfassungsmauern, die Hauptpforte und einige Skulpturreste erhalten.

Wegebeschreibung: Wir wandern von Aubure auf der nach Fréland führenden Straße (D 11), über die Abzweigungen der Wanderwege rot-weiß-rotes Rechteck (8 der

Croix Marchal (S. 218): Gedenkstein

Karte) und rotes Rechteck (1 a der Karte), die nach rechts führen, hinaus (ab hier keine Markierungen, Weg nur nach Karte) und gehen dann, auf der zweiten Abzweigung danach in einer Rechtskurve nach rechts. Diesem Waldweg folgen wir ca. 50 m weit und stoßen dann, bei einem alten Steinkreuz, das rechts am Wege steht, auf einen Asphaltweg, den wir nach rechts einschlagen. Nach wenigen 100 m zweigt dieser nach rechts ab, in Richtung La Halle. Der Weg ist mit einer gelben Raute gekennzeichnet, einer Markierung, die in der Karte nicht aufgeführt ist. Wir wandern auf diesem Weg bis zu der zweiten, nach links führenden Abzweigung. (Die erste ist eine Hauszufahrt, die nicht weiter führt.) Sie ist mit dem Hinweis „Voie privée“ versehen. Wir wenden uns hier nach links. Der Weg führt abwärts, an einem Haus vorbei, ins Tal und stößt auf einen von rechts kommenden, asphaltierten Weg. Auf ihm, begleitet von dem rechter Hand fließenden Bach, wandern wir weiter abwärts, bis wir wieder die Straße nach Fréland (D 11) erreichen, die hier eine Spitzkehre macht. Wir überqueren sie und gehen, in der Mitte des spitzen Dreiecks der Straße, weiter, mit Weg und Bach, zu Tal. Bald erreichen wir die ersten Häuser von Fréland und gehen auf der Hauptstraße nach links. Kurz vor der Kirche des Ortes geht nach rechts eine Seitenstraße ab, die wir einschlagen. Sie führt, an der Kirche vorbei, aufwärts, in Richtung Knolpre. Bei der ersten und zweiten Abzweigung (beide nach rechts führend) halten wir uns links, bei der dritten rechts, bei der vierten links und bei der fünften, kurz vor der Höhe, wieder rechts. Auf der Höhe stoßen wir auf den Wanderweg 5 c der Karte (Markierung gelber Punkt), dem wir nach links folgen. Er führt, hinter einem Gehöft vorbei, in den Wald und stößt später auf eine asphaltierte Forststraße. Auf ihr gehen wir nach links weiter, bis zu einem Forsthaus. Dort verlassen wir die Forststraße, die hier eine Spitzkehre macht, nach rechts in den Wald und wandern abwärts, nach Lapoutroie, das wir bald erreichen. Eine Brücke, über die N 415, führt uns in die Ortsmitte. Wir gehen nun, rechts an der Kirche vorbei, aufwärts, auf der Straße in Richtung des Ortsteils Altenbach. Bei der zweiten Gabelung wenden wir uns nach rechts und befinden uns nun auf dem Weg 8 der Karte. Die Kennzeichnung (rot-weiß-rotes Rechteck) ist jedoch sehr mangelhaft und tritt nur selten auf. Der asphaltierte Weg führt ziemlich steil aufwärts, in Richtung der Ferme-Auberge Kebespre (teilweise angezeigt). Dem Asphaltweg dorthin folgen wir bis zu einem Gehöft, bei dem die Hinweisschilder Kebespre nach rechts und St. Hubertus und gelbes Posthorn nach links weisen. Wir folgen dem letztgenannten Hinweisschild und biegen nach ca. 100 m von diesem Weg nach rechts ab. Der Asphaltweg geht bei einem Gehöft in einen Feldweg über. Wir wandern darauf weiter bis zur Einmündung in einen von rechts kommenden Asphaltweg. Der an dieser Stelle auf der Karte eingezeichnete Weg nach links existiert nicht. Wir folgen nun dem asphaltierten Weg, der zunächst im Bogen nach rechts führt, dann wenig später spitzwinklig nach links und dabei ständig ansteigt. Er ist kaum markiert, nur selten taucht das rot-weiß-rote Rechteck (8 der Karte) auf. Wir erreichen nun eine Wegspinne und folgen von dort der Anzeige Lac Blanc und gelbes Schrägkreuz (6 c der Karte). Nach einem kurzen Stück abwärts auf dem angezeigten Weg biegt dieser rechtwinklig nach links ab. Wir verlassen ihn hier und gehen nach rechts, auf einem Feldweg, mit dem gelben Schrägkreuz, weiter. Später mündet der Weg in einen von links kommenden Asphaltweg. Diesem folgen wir nach rechts bis zu der Gehöftgruppe Surcenord. Beim dritten Haus biegen wir nach links ab und wandern weiter, auf einem erneut mit Markierung gelbes Schrägkreuz (6 c der Karte) und Hinweisschild ,,Lac Blanc“ gekennzeichneten Weg. Nach ca. 50 m gabelt sich der Weg. Wir gehen nach links, später vorbei an einer Quelle und dann weiter, spitzwinklig in Gegenrichtung, bis Gazon l'Hôte. Dem von dort nach rechts fortführenden Weg folgen wir nun ununterbrochen, bis er auf einen von links kommenden breiten Weg stößt. Dieser führt uns, nach wenigen hundert Metern, zum Hotel „du Lac Blanc", das unweit des Sees liegt.

14. Weißer See (Lac Blanc) – Schlucht (Col de la Schlucht) – Hohneck – Kastelberg – Rainkopf – Wildenstein

Verkehrsmöglichkeiten: Bus zum Lac Blanc
Anfahrt: über Kaysersberg, Orbey (N 415, D 48)
Nächste Bahnstation: Türckheim
Parken: am Lac Blanc
Einkehr- und Übernachtungsmöglichkeiten:
Orbey, Lac Blanc, Schlucht (Col de la Schlucht), Hohneck, Wildenstein und Fermes-Auberges unterwegs (siehe Seiten 291, 292, 298, 302)
Tourenlänge: 31 km
Markierungen: rotes Rechteck (1 a der Karte), rot-weiß-rotes Rechteck (8 der Karte), blaues Rechteck (1 b der Karte)
Höhenunterschiede: Höhenwanderung auf einer Höhe von ca. 1 300 m mit geringen Unterschieden bis Rainkopf. Zur Schlucht (Col de la Schlucht) ca. 300 m abfallend und zum Hohneck wieder ansteigend. Vom Rainkopf nach Wildenstein ca. 800 m teilweise steil abfallend
Wanderzeit: Tagestour
Wanderkarte: Colmar, Münster, Gérardmer, St. Dié 1 : 50 000, Hohneck – Vallée Munster (Hohneck – Münstertal) 1 : 25 000

Wissenswertes:
Elsässische Grenze: Geographisch sind die Grenzen des Elsaß nur im Süden und Osten, durch Burgundische Pforte, Jura und Rhein, markiert; im Westen und Norden ist eine landschaftliche Zäsur dagegen nicht vorhanden, vielmehr erfolgt hier ein nicht abgegrenzter Übergang in den westlichen Teil der Vogesen und den Pfälzer Wald bzw. die Pfalz. In der Zeit der erneuten deutschen Herrschaft im Elsaß, von 1871 bis 1918, verlief die Grenze im Westen, zu

Frankreich, auf dem Süd-Nord-Hauptkamm der Vogesen und folgte, von wenigen Ausnahmen abgesehen, damit der Sprachgrenze. Dadurch kommt es, daß die Erhebungen auf der Strecke vom Weißen See bis zum Rainkopf häufig sowohl einen französischen als auch einen deutschen Namen haben. Aufgrund der politischen Gegebenheiten wird auf den Karten allerdings meistens nur noch der französische Name aufgeführt, so daß die deutschen Bezeichnungen (z. B. Sulzerner Eck, Ringbühlkopf, Tanneck, Hochofen, Lundenbühl) mehr und mehr in Vergessenheit geraten. Vereinzelt stehende Grenzsteine aus Granit mit eingehauenem F und D auf den sich gegenüberliegenden Seiten weisen noch auf die ehemalige Grenze hin. An ihr entlang verläuft der Wanderweg vom Weißen See bis zum Rainkopf. Den granitenen Grenzsteinen dieser Höhe galt das Gedicht eines Elsässers (E. Diebold) aus der Zeit jener Grenze:

Du stummer Grenzstein,
schwarz im Heidekraut,
der preisgegebenen Moos
und Winterwettern,
der hier nach Deutschland,
dort nach Frankreich schaut
und Welten abschließt, wie mit Brettern:

Du trägst gemeißelt tief ein F, ein D,
zweiseitig auf poliertem Schnitte;
du trägst es kalt,
es schaffen Wohl noch Weh
die Zeichen deinem steinernen Granite.

Du trägst die Lettern friedlich, im Verein,
die uns ein Merkmal bangen
Zwist's gewesen;
den Frieden neid ich dir, du stummer Stein
am höchsten Scheitel der Vogesen.

Hotel
Weißer See
Sulzerner Eck
1303 m
Taubenklangfelsen
Ringbühlkopf
1301 m
Tanneckfels
Spitzenfels
Col Schlucht
Hohneck
Rainkopf
1304 m
Wildenstein

Auch unser E liegt zwischen F und D,
und zwischen D und F war's oft zerrissen;
und bei den Landesfarben Blut und Schnee,
mußt es bald Himmel und
bald Sonne missen.

Dieses Gedicht wird hier zitiert nicht nur, weil es die Situation des Grenzlandes Elsaß schildert, sondern auch wegen seines starken Symbolgehaltes. Die Landesfarben, roter Querbalken in weißem Wappenschild, sind „Blut und Schnee“, und je nach politischer Zugehörigkeit des Elsaß mußten seine Bewohner „bald Himmel und bald Sonne missen“. Die Sonne steht für den Verstand, für Frankreich, für die schmetternden Klänge der Marseillaise, für französischen Esprit und gedankliche Klarheit. Der Himmel steht für das deutsch empfindende Gemüt, für Waldesweben, Heimat und Muttersprache, für deutsche Volkslieder und Gebräuche, wie den geschmückten Tannenbaum zur Weihnachtszeit und die Klänge von „Stille Nacht“. Le partage du sang (Die Teilung des Blutes) nennt der elsässische Autor Jean Egen in seinem gleichnamigen Roman diesen Zwiespalt. Heute markiert die ehemalige Staatsgrenze zwischen Frankreich und Deutschland auf dem Vogesenkamm die Grenze zwischen dem im Westen gelegenen Departement Vosges und dem Oberelsaß, das heißt dem Departement Haut-Rhin.

Die Schlucht (Col de la Schlucht, Col = Sattel): Über die 1 139 m hohe Schlucht, zwischen dem Lundenbühl (Trois-Fours) und dem Spitzenfelskopf, verläuft die Paßstraße nach Lothringen. Sie führt westlich nach Gérardmer und Epinal und nach Osten ins Elsaß, ins Münstertal, hinab. Ehemals befand sich hier ein Grenzübergang zwischen Deutschland und Frankreich. Die deutsch-französische Grenze von 1871 bis 1918 kreuzte die Straße, und den Eindruck des Grenzüberganges vermitteln die daran gelege-

Thann (S. 232): Theobaldusmünster

nen Gebäude noch heute, auch wenn der Schlagbaum nicht mehr vorhanden ist. Die Straße durch den Schluchtpaß wurde von 1842 – 1869 gebaut. Davor bestand ein Paßweg vom Meurthetal (Departement Vosges) ins Münstertal, der am Nordfuß des Tanneckfels verlief und die Orte Le Valtin und Sulzern miteinander verband.

Route des Crêtes: Von französischen Truppen im 1. Weltkrieg angelegte Höhenstraße, Crête = Höhenkamm, Grat.

Croix Marchal: Wenige Schritte rechts des Wanderweges vom Lac Blanc zur Schlucht, am Nordfuß des Tanneckfels, steht ein Gedenkstein, das sogenannte Croix Marchal. Es trägt folgende Inschrift: Marie Catherine Marchal, J. Bpte. Marchal, décédés le 11. Mars 1844. Der Stein bezeichnet die Stelle, an der das Geschwisterpaar Marchal aus Le Valtin, das sich auf dem Heimweg von Sulzern im Schnee und bei anbrechender Dunkelheit verirrt hatte, erschöpft liegen blieb und erfroren ist. Noch im Tode hielten sich die Geschwister eng umschlungen. Vergeblich hatte die ältere Schwester versucht, den jüngeren Bruder mit ihrem Körper vor der Kälte zu schützen. Außer ihnen haben noch andere Unglückliche, die im Schnee oder Nebel vom Wege abgekommen waren, in den Jahren davor und danach, als die Straße durch den Schluchtpaß noch nicht bestand, auf diesen Hochwiesen den Tod gefunden.

Hohneck: Auf der 120 km langen Gipfelreihe der Vogesen, zwischen der Burgundischen Pforte und der Zaberner Senke, wird die Höhe des Hohneck, 1 362 m, nur noch vom Großen Belchen (Grand Ballon) wesentlich übertroffen. Die grüne Majestät des Berges hat noch etwas Urtümliches. Bewaldung und menschliche Ansiedlungen liegen tiefer unten, und statt eines Luxushotels befindet sich, der

Wanderer begrüßt es, nur eine baudenartige Gaststätte auf der Höhe. Der Hohneck gehört mit den starrenden Felswänden der granitenen Abstürze in seiner Nähe und seinem großartigen Panorama zu den schönsten Bergpartien der Vogesen. Der ganze Bereich ist Naturschutzgebiet. Hohneck und Rainkopf sind auf dem beschriebenen Wanderweg von der Schlucht aus zu erreichen (Wegebeschreibung). Mit dem Wagen kann man auf der Route des Crêtes bis zum Hohneck hinauf bzw. bis in unmittelbare Nähe des Rainkopfs fahren.

Rainkopf: 1 304 m hoch, südwestlich Hohneck und Kastelberg gelegen. Im Sattel zwischen Rainkopf und Rothenbachkopf befindet sich ein Berghaus des Vogesenclubs, das von der Sektion Mülhausen (Mulhouse) betreut wird.

Wildenstein: 580 m hoch gelegene Ortschaft im oberen Thurtal am Fuß des Col du Bramont (Bramontsattel). Der Ort ist aus einer alten Glasbläsersiedlung hervorgegangen, die hier von den Murbacher Mönchen gegründet worden war.

Wegebeschreibung: Wir gehen auf der Straße (D 48) bis zur Straßengabelung auf der Höhe (1 145 m) nördlich des Lac Blanc. Von dort wenden wir uns nach links und kommen auf einen Waldweg mit der Markierung rotes Rechteck (1 a der Karte). Der Weg ist von starkem Wurzelwerk durchzogen und mit Felstrümmern übersät. Er steigt langsam an. Der Baumwuchs, große, wetterbemooste Tannen, tritt allmählich zurück, und die Landschaft nimmt hochflächenartigen Charakter an, mit Heidekraut, niederem Gestrüpp und einzeln stehenden, windzerzausten Kiefern. Der Weg führt weiter, immer auf dem Vogesenkamm entlang. Vereinzelte Grenzsteine aus Granit mit eingehauenem F und D, auf den sich gegenüberliegenden Seiten, weisen auf die ehemalige Grenze hin. Auf ihnen ist auch häufig das Wegkennzeichen des roten Rechtecks (1 a der Karte) angebracht. Wir wandern über kahle, nur mit Gras und Heidekraut bewachsene Höhen, die ab und zu durch schüttere Waldstücke unterbrochen werden. Sie werden im Französischen Les Hautes Chaumes genannt (deutsch: die Hohen Wasen, Wasen = kahler Berg). Beim Sulzerner Eck (Gazon du Faing, 1303 m) führt der Weg, der bislang von Nord nach Süd verlief, ein kurzes Stück rechtwinklig nach Westen. Linker Hand sehen wir, unterhalb der steilen Schroffen des Taubenklangfelsens, den Forlenweiher (von Föhre = Forle, französischer Name: Lac du Forlet, aber auch, wohl aus einer Mißdeutung des deutschen Wortes „Forle" entstanden, Lac des Truites = Forellenweiher) liegen. Wir gehen, vom Sulzerner Eck aus, oberhalb des steilen Absturzes, den Taubenklangfelsen (1 302 m) entlang, überqueren dann den Ringbühlkopf (Gazon de Faite, 1 301 m) und folgen weiter dem Wanderzeichen rotes Rechteck und den Hinweisschildern „Sentier des trois pays" (Dreiländerweg zwischen Frankreich, der Schweiz und Deutschland) abwärts auf eine Straßenkreuzung (D 61, Route des Crêtes). Nun steigt der Weg wieder an und führt hinauf zum Tanneckfels (Rocher du Tanet).

Auf dem Weiterweg vom Tanneckfels zum Spitzenfels kommen wir an den wilden Felsen des Hochofens (Haut Fourneau) mit den beiden Wurzelsteinen (1 266 m) vorbei.

Vom Spitzenfels aus steigen wir hinab zum Schluchtpaß (Col de la Schlucht) und dann, auf der gegenüberliegenden Seite, teilweise steil, oberhalb des schroffen Absturzes der Martinswand, zum Hohneck hinauf. Dort biegt der Weg mit dem roten Rechteck (1 a der Karte) nach Osten ab. Wir wandern nun mit dem Zeichen rot-weiß-rotes Rechteck (8 der Karte) weiter. Bei der Gabelung des Weges nehmen wir die rechte Abzweigung, gehen also am Westhang des Kastelbergs entlang, an der Schutzhütte des

Vogesenclubs auf dem Rainkopfsattel vorbei, bis zur Straße (D 430). Hier, bei der Weggabelung, wenden wir uns nach halbrechts und folgen, parallel zur Straße, weiter der Markierung rot-weiß-rotes Rechteck (8 der Karte), während das Wegzeichen blaues Rechteck (1 b der Karte) nach halblinks führt. Erst wenn die beiden Wege erneut zusammenstoßen, halten wir uns nun an die Markierung blaues Rechteck (1 b der Karte). Sie führt uns über die Straße (D 430) und dann steil abwärts, bis wir wieder eine Straße (D 34) überqueren. Von hier ab folgen wir wieder der Kennzeichnung rot-weiß-rotes Rechteck (8 der Karte). Der damit markierte Pfad geht im Wald steil und in Serpentinen abwärts. Er ist stark verwachsen, also wohl wenig begangen, aber gut markiert. Weil er jedoch so wenig ausgeprägt ist, ist es wichtig, die Markierung ständig im Auge zu behalten. Ein weiteres Orientierungsmittel ist der talwärts fließende Bach. In wechselnden Richtungen und auf Stegen mehrmals den Bach überquerend führt uns der Wanderpfad zur Straße (D 13). Nach ca. 10 m auf dieser geht es nach rechts ab auf einen parallel verlaufenden Wanderweg, bis die Straße erneut erreicht wird, die uns dann nach Wildenstein hineinführt. Von der Höhe und unterwegs ergeben sich mehrfach schöne Ausblicke auf den Krüt-Wildensteiner See.

Alternative: Statt mit dem Weg 1 a über die Hochfläche der Hautes Chaumes: oberhalb des östlichen Steilabfalles zum Lac Blanc entlang, mit ständiger Sicht auf den See, bis zu der Quelle, die in der Südwestecke des Steilhanges entspringt. Dann von dort scharf rechts, mit Markierung rot-weiß-rotes Rechteck (8 der Karte), wieder auf den Weg 1 a und mit diesem nach links weiter, wie beschrieben, zum Sulzerner Eck (Gazon du Faing).

15. Wildenstein – Krüt – Gommkopf – Markstein – Storkenkopf – Großer Belchen (Grand Ballon)

Verkehrsmöglichkeiten: mit der Bahn nach Krüt (Kruth) – Wildenstein
Anfahrt: über N 66, D 13 von Thann, St. Amarin
Parken: im Ort
Einkehr- und Übernachtungsmöglichkeiten:
Wildenstein, Krüt, Markstein, Großer Belchen (Grand Ballon) und Fermes-Auberges unterwegs (siehe Seiten 295, 297, 299, 300, 302)
Tourenlänge: 28 km
Markierungen: rotes Dreieck (2 a der Karte), rot-weiß-rotes Rechteck (8 der Karte), rotes Rechteck (1 a der Karte)
Höhenunterschiede: leichter Anstieg zum Schloßberg Wildenstein, steiler Anstieg, ca 350 m, von Krüt zum Gommkopf; zum Trehkopf ca. 400 m. Dann Höhenwanderung bis Hundskopf. Zum Storkenkopf 100 m, zum Großen Belchen gleichfalls 100 m ansteigend
Wanderzeit: Tagestour
Wanderkarte: Thann, Guebwiller (Thann, Gebweiler) 1 : 50 000; Grand Ballon – Thann (Großer Belchen – Thann) 1 : 25 000

Wissenswertes:
Burg Wildenstein: Die Ruine (nur geringe Reste) liegt auf dem 666 m hohen Schloßberg von Wildenstein. Im 14. Jahrhundert erbaut, gehörte die Burg verschiedenen Herren. Im 15. Jahrhundert ruinös, wurde sie von dem Abt von Murbach erworben und 1536 neu erbaut. Im Dreißigjährigen Krieg erfolgte dann die endgültige Zerstörung. Heute erstreckt sich hinter dem Schloßberg ein großer 1963 – 1964 angelegter Stausee, mit 2 km Länge und

Wildenstein
Wildenstein
Krüt
Gommkopf
Aub.
Trehkopf
Jungfrauenkopf
Markstein
Hundskopf
Storkenkopf
Aub.
Großer Belchen
1424 m

400 m Breite der größte See der elsässischen Vogesen. Weg zur Ruine siehe Wegebeschreibung.

Krüt: An der Südspitze des Wildensteiner Sees gelegene Ortschaft. Wildenstein liegt an der Nordspitze. Beide Orte nehmen deshalb an der Namensgebung des Sees teil, der exakt Kruth-Wildensteiner See genannt wird (Krüt-Wildensteiner See). Der Name Krüt hat sich aus Gereuth (von gerodetes Land) über Greut, Grüt entwickelt.

Markstein: Der 1266 m hohe Markstein ist eines der hauptsächlichsten Skigebiete der Hochvogesen. In seiner Umgebung befindet sich ein 3500 ha großes Jagdreservat, in dem auch Gemsen leben.
Markstein und Großer Belchen können auf der Route des Crêtes mit dem Wagen erreicht werden.

Großer Belchen (Grand Ballon): Der Große Belchen, auch Sulzer oder Gebweiler Belchen genannt, ist mit einer Höhe von 1424 m der höchste Berg der Vogesen. Wie er werden, wegen ihrer kuppelartigen Gestalt, mehrere Gipfel der Hochvogesen genannt, so der Elsässer Belchen (Ballon d'Alsace) und der nördlich des Großen Belchen gelegene Kleine Belchen (Kahler Wasen). Auch der nach dem Feldberg zweithöchste Berg des Schwarzwaldes heißt Belchen. Die Bezeichnung soll von Bel (Belenus), dem Sonnengott der Kelten, kommen, der auf Berggipfeln verehrt wurde. Auf dem Großen Belchen befindet sich ein Hotel des Vogesenclubs und auf dem Gipfel ein etwas pathetisches Denkmal der Chasseurs Alpins, die im 1. Weltkrieg an der Vogesenfront eingesetzt waren.

Wegebeschreibung: Von Wildenstein aus wandern wir weiter auf der Straße (D 13) in Richtung Krüt, am Ostufer des Sees entlang, bis zum Schloßberg. Bei der dort gele-

Elsässer Belchen (S. 238): Reiterstandbild der Jungfrau v. Orleans

genen Gaststätte geht nach rechts eine asphaltierte Straße von der Hauptstraße ab. Ihr und der Markierung rotes Dreieck (2 a der Karte) folgen wir, bis, nach ca. 100 m, ein Weg nach links in den Wald hineinführt, der uns, deutlich und häufig gekennzeichnet, zur Ruine Wildenstein bringt. Von der Ruine zurück, wandern wir dann auf der Straße (D 13) weiter bis nach Krüt (Kruth). Im Ort Krüt biegen wir von der Hauptstraße in die aus Richtung Wildenstein zweite Seitenstraße nach links, die Rue de la Croix, ein. An ihrer Ecke steht ein Kreuz, deshalb der Name. Die Straße führt, ansteigend, schnell aus Krüt hinaus und verläuft parallel zu einem Bach, der rechter Hand abwärts rauscht. Sie ist mit rotem Dreieck (2 a der Karte) und der Anzeige ,,Treh par Gomme" gekennzeichnet. Wir überqueren auf einer Brücke nach rechts, von der Straße fort, den Bach und wandern in den Wald hinein. Der Weg wird zum schmalen Pfad, der in Serpentinen zur Höhe steigt und dabei Forstwege überquert oder ihnen kurze Stücke folgt. Die Markierung ist ausgezeichnet, so daß sich eine weitere Beschreibung erübrigt. Es ist aber wichtig, die Kennzeichnung stets im Auge zu behalten. Während bis zur Erreichung des Gommkopfes die Serpentinen eng sind, werden sie zum Trehkopf hin weiter. Schließlich mündet der schmale Pfad auf einen breiten Waldweg, der steil nach oben führt. Einen Forstweg überquerend, führt er aus dem Wald heraus und setzt sich, links am Hang, über eine freie Höhe hinaus fort, bis zu einer Weggabelung. Der Weg nach rechts, mit Markierung rot-weiß-rotes Rechteck (8 der Karte), führt uns zur Ferme-Auberge du Treh und weiter, am linker Hand gelegenen Haus des Skiclubs Thann vorbei. Danach gabelt er sich in einen linken und rechten Zweig. Wir nehmen die rechte Abzweigung, die uns als schmaler Pfad, am nach rechts abfallenden Hang entlang, am Jungfrauenkopf vorbei, zum Markstein führt. Ein kurz davor gelegenes Chalet

(Les amis des Vosges) läßt man rechts liegen und erreicht, nach wenigen Metern, eine Straße (D 430). Ihr folgt man bis zu einem Straßenkreuz (D 430, D 431). Hier gehen wir ein kurzes Stück auf der Straße in Richtung Großer Belchen (D 431) und dann, nach wenigen Metern, auf einem links von der Straße abgehenden, schmalen Pfad weiter, jetzt wieder mit der Markierung rotes Rechteck (1 a der Karte). Der Weg verläuft parallel zur Straße, die man rechts unten ständig sieht, weiter zum Hundskopf. Dann schneidet der Weg die Straße und gabelt sich wenig später: rechts Markierung rotes Rechteck (1 a der Karte), links rot-weiß-rotes Rechteck (8 der Karte) und Anzeige Sommet du Storkenkopf (Storkenkopfgipfel). Wir nehmen den Weg zum Storkenkopfgipfel. Er führt, als schmaler Pfad, ansteigend und nach Erreichung des Gipfels (1 364 m) wieder abfallend, zu der an der Straße (D 431) gelegenen Ferme-Auberge Haag. Von dort erreichen wir, ca. 1/2 Stunde ansteigend und jetzt wieder geführt von der Markierung rotes Rechteck (1 a der Karte), den Großen Belchen.

Alternative: Statt über den Storkenkopfgipfel (Markierung rot-weiß-rotes Rechteck) zur Ferme-Auberge Haag: bei der Weggabelung nach dem Hundskopf den rechten Weg, mit der Kennzeichnung rotes Rechteck nehmen, das sogenannte Kapitänsstreßla. Es führt ebenfalls zur Ferme-Auberge Haag, ist aber bei etwa gleichem Zeitaufwand (trotz größerer Wegstrecke) bequemer zu gehen, da die Steigung geringer ist.

16. Großer Belchen (Grand Ballon) – Freundstein – Ostein – Engelsburg – Thann – Bitschweiler

Verkehrsmöglichkeiten: Bus zum Großen Belchen (Grand Ballon)
Anfahrt über D 430, D 431 (Route des Crêtes) von Guebwiller (Gebweiler) oder über D 431 von Cernay (Sennheim)
Nächste Bahnstation: Guebwiller (Gebweiler)
Parken: Parkplatz beim Großen Belchen (Grand Ballon)
Einkehr- und Übernachtungsmöglichkeiten:
Großer Belchen (Grand Ballon), Thann, Bitschweiler und Fermes-Auberges unterwegs (siehe Seiten 299, 300, 302)
Tourenlänge: 23 km
Markierungen: rotes Rechteck (1 a der Karte), rot-weiß-rotes Rechteck (8 der Karte)
Höhenunterschiede: Vom Großen Belchen (Grand Ballon) ca. 600 m langsam abfallend, zum Freundstein ca. 100 m ansteigend und abfallend, dann ca. 100 m ansteigend und über Ostein nach Thann ca. 600 m abfallend
Wanderkarte: Thann, Guebwiller (Thann, Gebweiler) 1 : 50 000, Grand Ballon – Thann (Großer Belchen – Thann) 1 : 25 000

Wissenswertes:
Freundstein: Mit 928 m die am höchsten gelegene Burg des Elsaß. Seit der 2. Hälfte des 13. Jahrhunderts gehört sie der Familie der Waldner von Freundstein. Zweimal zerstört, zuletzt 1525 im Bauernkrieg, und dann wieder aufgebaut, brannte die Burg 1562 durch Blitzschlag aus. Seitdem ist sie Ruine, die nach wie vor der heute noch existierenden Familie der Waldner von Freundstein gehört. Sie wurde im 1. Weltkrieg, als französischer Beobach-

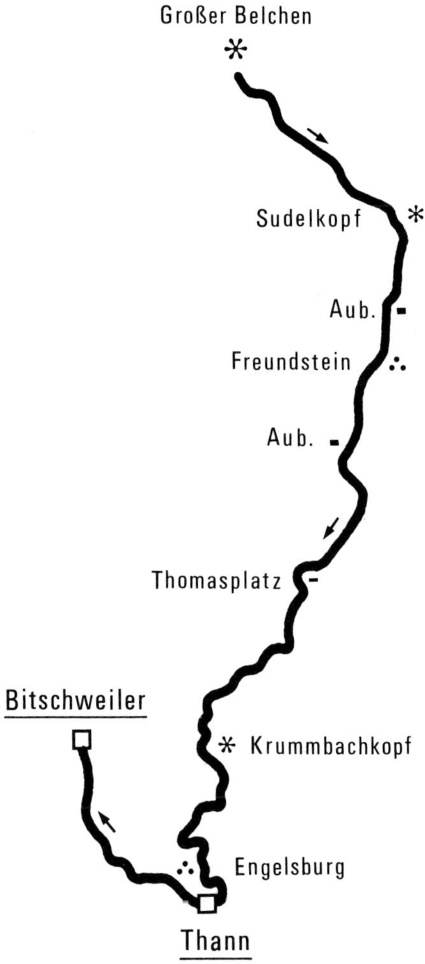
Großer Belchen
Sudelkopf
Aub.
Freundstein
Aub.
Thomasplatz
Bitschweiler
Krummbachkopf
Engelsburg
Thann

tungsposten, durch Beschuß so schwer beschädigt, daß nur noch geringe Reste vorhanden sind. Von der unterhalb vorbeiführenden Straße (D 431, Route des Crêtes) kann man die Ruine in wenigen Minuten erreichen (siehe Wegebeschreibung).

Hartfelsenschloß: Unweit östlich der Burgruine Freundstein befinden sich auf dem 738 m hoch gelegenen Hartfelsen Reste einer ehemaligen Burg, des sogenannten Hartfelsenschlosses. Sie war bischöflich-straßburgisches Lehen, zuletzt, 1455, im Besitz der von Mörsberg und wurde wahrscheinlich 1525, im Bauernkrieg, zerstört. Es sind nur noch geringe Mauerreste vorhanden. Zum Hartfelsenschloß geht, kurz vor der Ruine Freundstein, ein Weg mit Markierung gelbes Dreieck nach links ab.

Ostein, Camp Turenne (Thomasplatz): Bei einer Felsgruppe mit schöner Aussicht, dem Ostein, liegt der Camp Turenne oder Thomasplatz. Er war im 1. Weltkrieg ein wichtiger Versorgungspunkt der französischen Truppen zwischen Thanner Tal und Hartmannsweiler Kopf. Ein Proviantlager, ein Verbandsplatz und ein Stab befanden sich dort. Der Platz ist auf dem Wanderweg von der Ruine Freundstein aus zu erreichen (siehe Wegebeschreibung).

Engelsburg: Die Ruine liegt 445 m hoch, oberhalb von Thann. Zwischen 1224 und 1230 erbaut, war die dem Erzengel Michael geweihte Burg zunächst im Besitz der Grafen von Dagsburg-Egisheim und dann der Grafen von Pfirt. Während des Dreißigjährigen Krieges erlitt sie sieben Belagerungen. Ihr Ende kam dann 1674, als der französische Intendant Petro de Poncet durch, wie die Chronik berichtet, ,,Ertzknappen und Minierer von Geromanien, bey Belfort" (Giromagny bei Belfort) die Feste sprengen ließ. Seitdem ist sie Ruine. Ein Teil des umgestürzten

Weißenburg (S. 248): Renaissance-Bürgerhaus a. d. Lauter

Bergfrieds, dessen Rundung nicht zerstört wurde, wird das Hexenauge genannt. Für den Bergfried, dessen Mauerstärke einen größeren Durchmesser besaß als der innere freie Raum (wie man am „Hexenauge“ sehen kann), waren drei Sprengungen erforderlich. Man erreicht die Engelsburg von Thann aus wie beschrieben (Wegebeschreibung).

Thann: Die Stadt (8500 Einwohner), am Eingang des Thurtales (Tal von St. Amarin) gelegen, verdankt ihre Entwicklung einem legendären Wunder des heiligen Theobaldus, eines im 12. Jahrhundert verstorbenen italienischen Bischofs. Thann gehörte zur Grafschaft Pfirt und kam mit dieser an die Habsburger, die den Ort zur Stadt erhoben. Er hatte in den Kriegen des 17. Jahrhunderts viel zu leiden, kam im Westfälischen Frieden 1648 an Frankreich und bildete einen Teil des von Ludwig XIV. dem Kardinal Mazarin geschenkten Herzogtums Mazarin. Das gotische Münster St. Theobald, dem heiligen Theobaldus geweiht, erbaut von 1320 bis 1516, ist der bedeutendste gotische Bau im Elsaß, nach dem Straßburger Münster. Als Remigius Fläsch berufen wurde, den schlanken, durchbrochenen Turm zu bauen, mag der Spruch schon seine Runde gemacht haben, der heute noch lebendig ist: „'s Stroßburger Münster isch's höchscht, 's Friburger 's dickscht, awer 's Thanner 's fienscht (das feinste).“ Weitere sehenswerte Baulichkeiten sind der Hexenturm an der Thur, die Fruchthalle, heute Museum, und das vom späteren General Kleber erbaute Rathaus. Der bei Thann wachsende Wein, der Thanner Rangen, gehört – mit dem Reichenweierer Sporen und dem Ammerschweierer Käferkopf – zu den besten Weinen des Elsaß (siehe Seite 57).

Wegebeschreibung: Vom Hotel des Vogesenclubs aus gehen wir ein kurzes Stück auf der Straße (D 431) und dann links ab, der Anzeige rotes Rechteck (1 a der Karte) folgend. Beim Chalet du Ballon wird die Straße (D 431) zweimal überquert. Hier ist es wichtig, den Pfad nach rechts und nicht den ausgetretenen nach links zu nehmen, da sonst die Gefahr besteht, nach der Straße den Anschlußweg zu verfehlen. Wir wandern weiter bis zum Sudelkopf, wobei die Straße rechts parallel des Weges verläuft. Vom Sudelkopf aus gehen wir, immer noch mit dem roten Rechteck als Markierung, bis zur Auberge Kohlschlag, wobei die Straße (D 431) immer rechts bleibt. Jetzt überqueren wir die Straße, so daß sie nun links verläuft, dann überqueren wir sie später erneut und wandern nun ca. 100 m steil aufwärts, indem wir der Anzeige „Ruine Freundstein" folgen. Wenn wir auf die Ruine gelangen wollen, müssen wir eine kleine Kletterpartie unternehmen, da der Aufgang zerstört ist. Die Anstrengung wird jedoch durch eine herrliche Aussicht belohnt. Abwärts folgen wir weiter der Markierung rotes Rechteck (1 a der Karte). Kurz vor der Straße biegt die Markierung, mit Anzeige Silberloch, nach links ab. Wir folgen nun der Anzeige rot-weiß-rotes Rechteck (8 der Karte) und gehen auf der Straße (D 431) ein kurzes Stück weiter, bis von ihr der Weg zur Auberge Freundstein nach rechts abzweigt, den wir nach dorthin aufwärts wandern. Hinter der Auberge verzweigt sich der Wanderweg mit der Markierung rot-weiß-rotes Rechteck (8 der Karte) in drei Äste. Wir folgen dem Weg in der Mitte bis zum Camp Turenne, Thomasplatz. Dort stoßen wir wieder auf die Markierung rotes Rechteck (1 a der Karte), nach der wir uns jetzt orientieren. Es geht zunächst einen Waldweg hinunter, bis dieser spitzwinklig in Gegenrichtung abdreht. Wir folgen nun einem schmalen Pfad abwärts bis zu einem Platz (Krummbachsattel), an dem zwei Wege ausgewiesen werden: nach rechts über Rosenburg, Engelsburg, nach links: Thann direct. Wir wandern nach rechts zur Engelsburg.

Von ihr aus gehen wir ein kurzes Stück zurück und nehmen dann den nach rechts hinunterführenden Weg. Diesen verlassen wir wenig später und steigen, nach rechts abzweigend (keine Anzeige), über einige Stufen nach Thann hinab. In Thann wandern wir, rechts des Flusses (Thur), aufwärts nach Bitschweiler.

17. Bitschweiler – Thanner Hübel – Vogelsteine – Belacker – Rimbachkopf – Sternsee (Lac des Perches) – Elsässer Belchen (Ballon d'Alsace)

Verkehrsmöglichkeiten: mit der Bahn nach Bitschweiler (Bitschweiler-les-Thann)
Anfahrt über N 66
Parken: im Ort
Einkehr- und Übernachtungsmöglichkeiten: Bitschweiler, Elsässer Belchen (Ballon d'Alsace) und Fermes-Auberges unterwegs (siehe Seiten 299, 300, 302)
Tourenlänge: 30 km
Markierungen: gelbes Kreuz (4 c der Karte), blaues Dreieck (2 b der Karte), rot-weiß-rotes Rechteck (8 der Karte), rotes Rechteck (1 a der Karte)
Höhenunterschiede: steiler Anstieg, ca. 700 m, zum Thanner Hübel, dann abfallend und ansteigend, mit geringen Höhenunterschieden (ca. 100 m), zum Rimbachkopf; von dort Höhenwanderung bis zum Rundkopf; dann steiler Anstieg, ca. 150 m, zum Elsässer Belchen
Wanderzeit: Tagestour
Wanderkarte: Thann, Guebwiller (Thann, Gebweiler) 1:50 000, Grand Ballon – Thann (Großer Belchen – Thann) 1:25 000

Wissenswertes:
Thanner Hübel: Der Thanner Hübel ist ein Gipfel (1182 m) des Roßbergmassivs, der sich durch eine herrliche Aussicht auszeichnet. An ihm liegt ein Berghaus des Vogesenclubs Thann (Ferme-Auberge Thanner Hübel). Zum Thanner Hübel gelangt man auf dem beschriebenen Wanderweg von Bitschweiler aus (Wegebeschreibung).

Vogelsteine: Steil abstürzende Felsgruppe mit großartigem Rundblick. Die Vogelsteine sind entweder vom Thanner Hübel aus (siehe Wegebeschreibung) oder von der südwestlich liegenden Ortschaft Wegscheid-Kirchberg aus, aufwärts durch das Sulzbachtal, mit der Markierung gelber Punkt zu erreichen.

Belacker: 979 m hoch gelegene Ferme-Auberge. Zur Ferme-Auberge Belacker wie auch zum Sternsee gelangt man, auf direktem Wege, von der zwischen diesen beiden Zielen südlich gelegenen Ortschaft Rimbach aus, und zwar mit dem Wanderzeichen rot-weiß-rotes Rechteck bzw. blaues Dreieck (jeweils ca. 1 1/2 Std.).
Der Rimbachkopf kann dann sowohl von Belacker als auch vom Sternsee aus erwandert werden, wobei der Weg aus Richtung Sternsee kürzer ist (siehe Wegebeschreibung).

Rimbachkopf: Nach dem südöstlich gelegenen Ort Rimbach genannter 1195 m hoher Vogesengipfel in der Nähe (östlich) des Sternsees.

Sternsee (Lac des Perches): 984 m hoch gelegener ehemaliger Gletschersee, einer der schönsten der Vogesen. Der poetische deutsche Name bezieht sich auf die zahlreichen Märchen und Sagen, die sich um den See ranken. An sie mag vielleicht der elsässische Dichter Paul Schneider in seinem Gedicht „Vogesemarle“ (Vogesenmärchen) gedacht haben:

„In re stille Krache,
schloft e tiefer See.
Dert tüet z'Nacht als wache,
bleich e blundi Fee.
Hehrsch's im Felsspalt rüsche,
machtig, wunderscheen,
Wasserfall tien brüsche,
lüeg wie d'Walle gehn.

Bitschweiler
Thanner-Hübel
Aub.
Roßberg
Vogelsteine
Aub.
Stiftkopf
Johanneskopf
Mittelrainkopf
Rimbachkopf
Sternsee
Sternseekopf
Rundkopf
Elsässer Belchen

S'hat emol vor Johre,
dort e Jager z'Nacht,
Wag und Stag verlore,
gsieht die Fee in Pracht!
Zitter sin verschwunde
Fee und Jagersmann.
Tief im Felsspalt unde
hehrsch's nur dann und wann."

Elsässer Belchen (Ballon d'Alsace): Der Elsässer Belchen (Ballon d'Alsace), auch Welscher Belchen und Ballon de Giromagny genannt, ist mit 1247 m der bedeutendste, der beherrschendste und der südlichste Gipfel der Vogesen. Man hat von hier einen herrlichen Rundblick. Auf ihm befinden sich mehrere Gedenkstätten, und zwar eine Marienstatue, das nach dem 2. Weltkrieg errichtete Denkmal der „Démineurs" (Minensucher) und eine Reiterstatue der Jungfrau von Orléans. Entlang des Wanderweges der Markierung rotes Rechteck (1 a der Karte) über den Elsässer Belchen verlief früher, von 1871 – 1918, die deutsch-französische Grenze. Heute stoßen auf dem Elsässer Belchen vier französische Departements zusammen, und zwar Vosges, Haute-Saône, Territoire de Belfort und Haut-Rhin (Hoch-Rhein = Oberelsaß). Auf den Elsässer Belchen führen mehrere Straßen: aus nördlicher Richtung von St. Maurice sur Moselle, aus südlicher von Giromagny und aus östlicher von Sewen aus.

Wegebeschreibung: In Bitschweiler über die Bahnlinie, in Richtung Burbach. Kurz vor der nach links abgehenden Rue de la Tulerie beginnt rechts der Wanderweg mit Markierung gelbes Kreuz (4 c der Karte). Angezeigt ist außerdem, auf einem Wegweiser, Place Louis Zündel, Pameau d'orientation, Thanner Hübel, Roßberg. Der Weg steigt steil an bis zur Ferme-Auberge und dem Chalet des Voge-

Burgruine Waldeck (S. 257): Bergfried

senclubs, Thanner Hübel. Von dort führt er, im spitzen Winkel, mit der Markierung blaues Dreieck (2 b der Karte) weiter, über die waldlose Höhe, bis nach links die Markierung rot-weiß-rotes Rechteck (8 der Karte) abgeht. Ihr folgen wir bis zu einem rechter Hand liegenden Chalet. Hier biegen wir nach rechts ab, nun wieder von der Markierung rotes Rechteck (1 a der Karte) geleitet. Dieser Markierung folgen wir jetzt ununterbrochen, über Roßberg und Vogelsteine, abwärts zur Ferme-Auberge Belacker. Dann taucht der Weg wieder in den Wald und führt, als schmaler Pfad, ansteigend und abfallend, am Steilhang vom Stiftkopf, Johanneskopf, Mittelrainkopf und Rimbachkopf entlang weiter, bis wir, unter uns liegend, den Sternsee erblicken. Die Markierung ist nach wie vor das rote Rechteck (1 a der Karte), das uns bis zum Elsässer Belchen nicht mehr verlassen wird. Nun geht es weiter, auf einem schmalen Felsweg, am Südhang des Sternseekopfs (Tête des Perches) entlang über steil zum See hin abfallende Basaltgeröllhalden (Vorsicht, wer hier den Halt verliert, findet sich im See wieder). Der Weg besteht zum größten Teil aus einem durch Wald und über Felstrümmer führenden beschwerlichen Hangpfad von nur geringer Breite. Er bringt uns zum Rundkopf, bei dem die restliche Strecke mit einer halben Stunde bis zum Elsässer Belchen angezeigt ist. An seinem Fuße, dem Rundkopfsattel (Col de Ronde Tête), angelangt, folgt ein steiler und beschwerlicher Aufstieg, links am Gipfel und der Marienstatue vorbei, bis zur Straße (D 465) und den an ihr gelegenen Gebäuden.

18. Elsässer Belchen (Ballon d'Alsace) – Ferme Wissgrüt (Wisskritt) – Giromagny – Lachapelle-sous-Chaux – Bas Evette – Belfort

Verkehrsmöglichkeiten: Bus zum Elsässer Belchen (Ballon d'Alsace)
Anfahrt: über D 466 von Masevaux (Masmünster), Sewen; D 465 von Giromagny
Nächste Bahnstation: Giromagny
Parken: beim Elsässer Belchen (Ballon d'Alsace)
Einkehr- und Übernachtungsmöglichkeiten:
Elsässer Belchen (Ballon d'Alsace), Giromagny, Belfort (siehe Seiten 300, 302)
Tourenlänge: 36 km
Markierungen: rotes Rechteck (1 a der Karte), roter und weißer Farbstrich (Europäischer Fernwanderweg E 2)
Höhenunterschiede: ca. 850 m abfallend, teils langsam, teils steil, dazwischen kleinere Anstiege (bis Giromagny)
Wanderzeit: Tagestour
Wanderkarte: Thann, Guebwiller (Thann, Gebweiler) 1 : 50 000, Grand Ballon – Thann (Großer Belchen – Thann) 1 : 25 000, Giromagny 7 - 8, 1 : 25 000, Lure 3 - 4, 1 : 25 000, Belfort 1 - 2, 1 : 25 000

Wissenswertes:
Elsässische Grenze: Vom Elsässer Belchen bis zur Ferme Wissgrüt führt der Wanderweg entlang der ehemaligen deutsch-französischen Grenze von 1871 bis 1918 und jetzigen Grenze des Departements Haut-Rhin zum Territoire de Belfort. Auch hier erinnern, wie auf dem Weg vom Lac Blanc zum Rainkopf, einzelne Grenzsteine mit der Markierung F und D auf den sich gegenüberliegenden Seiten an die geschichtliche Vergangenheit. Die Departements-

grenze entspricht, hinsichtlich der Flur- und Ortsbezeichnungen der Karte, der Sprachgrenze.

Wissgrüt (Wisskritt): 1043 m hoch gelegener Kartenpunkt und Ferme südöstlich des Elsässer Belchens. Wissgrüt steht für ,,im weißen Gereuth", also ein gerodetes Land.

Giromagny: Kleine (3 300 Einwohner) und hübsche Industriestadt im Savoureuse-Tal, 460 m hoch, noch inmitten der Berge gelegen. 3 km nordöstlich von Giromagny, am Hügelhang der Straße (D 14), liegen die Ruinen eines alten Grafenschlosses, des Château de Rosemont oder auch Rougemont (Rosenberg bzw. Rothenberg). Es war Besitz der Grafen von Pfirt und wurde im Dreißigjährigen Krieg zerstört. Seitdem ist es Ruine und nächtlicher Aufenthalt einer spukenden Weißen Dame.

Bas Evette: Kleiner Ort in unmittelbarer Nähe von Belfort (ca. 7 km), hübsch am Etang de Malsaucy gelegen.

Stadt Belfort: Schnell gewachsene (43 000 Einwohner) Festungs- und Industriestadt an der Burgundischen Pforte. Zuerst im Besitz der Grafen von Mömpelgard (Montbéliard)-Pfirt kam sie im 14. Jahrhundert an Habsburg. 1648 wurde sie, zusammen mit der Grafschaft Pfirt (Ferette), an Frankreich abgetreten, 1659 von Ludwig XIV. dem Kardinal Mazarin verliehen und 1781 durch den Herzog von Valentinois erworben, der sie bis zur Revolution als Grafschaft besaß. Bis 1871 gehörte Belfort zum Elsaß. Seitdem bildet es ein eigenes Departement (Territoire de Belfort).

Burg und Festung Belfort: Die Grafen von Mömpelgard-Pfirt besaßen hier auf steilem Felsen eine Burg, die die Geschicke der Stadt zu ihren Füßen teilte. Sie wurde von

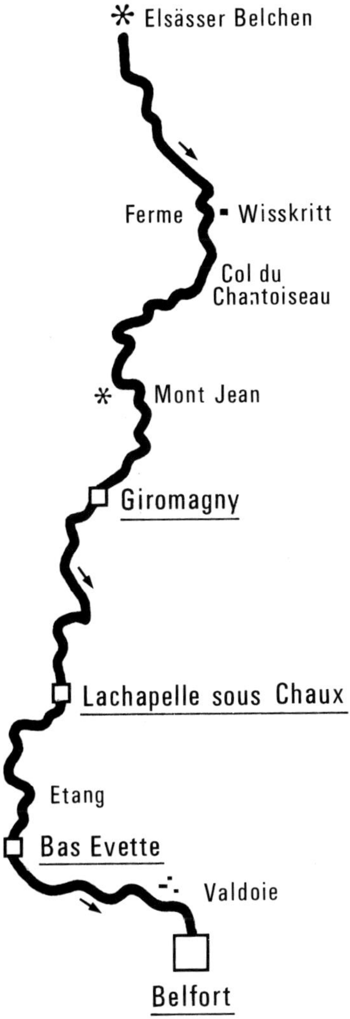
Elsässer Belchen
Ferme
Wisskritt
Col du
Chantoiseau
Mont Jean
Giromagny
Lachapelle sous Chaux
Etang
Bas Evette
Valdoie
Belfort

Vauban zur Festung ausgebaut, die im Kriege von 1870/71, unter ihrem elsässischen Kommandanten Oberst Denfert, der deutschen Belagerung standhielt. Aus diesem Anlaß wurde, auf dem Felsplateau vor der Festung, das 11 m hohe und 22 m lange Denkmal des Löwen von Belfort durch den elsässischen Bildhauer August Bartholdi (auch Schöpfer der Freiheitsstatue in New York) errichtet. Die Festung Belfort hat auch beide Weltkriege unbeschädigt überstanden und vermittelt ein anschauliches Bild (Besichtigungen) französischer Festungsbaukunst des 17., 18. und 19. Jahrhunderts.

Wegebeschreibung: Vom Elsässer Belchen (Ballon d'Alsace) aus wandern wir auf dem Wiesenpfad links der nach Belfort führenden Straße (D 465) weiter. Der Weg ist kaum gekennzeichnet. Nach der Karte handelt es sich um den Wanderweg 1 a mit roter Markierung, dem wir nun bis zur Ferme Wisskritt folgen. Wir erreichen bei einer Auberge (in der Karte verzeichnet) wieder die Straße, und zwar bei der Einmündung der von Sewen kommenden Straße (D 466). Wir gehen auf dieser weiter, bis nach wenigen 100 m links ein Waldweg mit der Anzeige Giromagny-Wisskritt und dem roten Rechteck (1 a der Karte) abgeht. Der Weg gabelt sich nach etwa 50 m beim Eintritt in den Wald. Wir nehmen die nach rechts führende Abzweigung und wandern auf ihr parallel zur Straße, die immer im Blick bleibt, weiter, bis der Weg auf die Straße stößt, die links nach Sewen und rechts, mit einer weiteren Zufahrt auf die D 465, nach Belfort geht. Nach einem kurzen Stück nach rechts, in Richtung Belfort, führt nach links durch ein geöffnetes Viehgatter ein Weg ab. An einem Baum zur Rechten befindet sich ein Wegweiser mit Aufschrift Giromagny, 2 Stunden, 30 Minuten und der Kennzeichnung rotes Rechteck. Der Weg führt uns, über kahle Höhen mit nur schütterem Baumwuchs, zur Ferme

Burgruine Hugstein (S. 276): Torturm

Wisskritt. Wenige Meter danach gabelt sich der GR 5 (1 a, rotes Rechteck). Wir schlagen die nach halbrechts führende Abzweigung, mit der Anzeige GR 5, Giromagny, ein. Sie führt uns abwärts zum Col du Chantoiseau. Von dort aus geht es eine leichte Steigung hoch und, bei der Weggabelung, nach rechts, den Hang entlang, zum Mont Jean. Wir wandern nun nach links, am Osthang des Berges weiter, bis zu der nach Giromagny führenden Straße (D 14). Auf ihr gehen wir im Ort über den Fluß (Savoureuse) und dann nach links, auf der D 465, in Richtung Belfort, bis zu der ersten Seitenstraße nach rechts, in die wir einbiegen. Wenig später wenden wir uns nach links und wandern auf der asphaltierten Straße an einem Sportplatz vorbei. Die Markierung des Weges – rotes Rechteck und manchmal auch rot-weißer Farbstrich – ist sehr gut. Bei einer Linkskurve der Straße führt der Weg geradeaus weiter, durch gerodeten Wald, bis zu einem von links kommenden anderen Weg. Wir wenden uns hier nach rechts und wandern zwischen den beiden Weihern, dem Etang d'Amont und dem Etang d'Aval, hindurch und dann nach links bis zu der Fahrstraße (D 13). Auf ihr gehen wir in Richtung Lachapelle-sous-Chaux. Nach dem ersten Haus, aber noch vor dem Ortsschild, führt der Weg von der Straße weg nach rechts. Wir wandern auf ihm weiter, bei der Kirche nach rechts und auf der Brücke über den Rhome-Bach. Kurz vor dem Ende der Ortsbebauung verlassen wir die asphaltierte Straße, auf einem nach links abzweigenden Weg. Er führt, zuerst durch gerodeten und dann durch Niederwald, zwischen dem Etang de la Véronne und dem Etang de Malsaucy hindurch, auf die von Sermamagny kommende Straße (D 24). Auf ihr wandern wir nach Bas Evette.

In Bas Evette überqueren wir die Bahnlinie und gehen bei der anschließenden Straßengabelung nach links auf der D 24 in Richtung Evette, bis zur ersten nach links abzweigenden Ortsstraße, die wir nun nehmen. Nach dem Ende der Bebauung setzt sie sich als Feldweg, der parallel zur Bahnlinie verläuft, fort. Der Weg mündet dann in die von Salbert kommende Straße (D 24) ein. Auf ihr gehen wir nach links und überqueren die Bahnlinie Lure-Belfort. Nach wenigen 100 m ist der Ortsteil Valdoie von Belfort erreicht. Von diesem sind es noch ca. 3 km auf der Ortsstraße bis zum Stadtzentrum Belfort.

19. Rückweg: Bahnfahrt Belfort – Straßburg, Straßburg – Weißenburg (Wissembourg), Wanderung Weißenburg – Weiler – St. Germanshof – Bobenthal – Nothweiler

Einkehrmöglichkeiten: Weißenburg, Bobenthal, Nothweiler (siehe Seiten 281, 300, 301)
Tourenlänge: 18 km
Markierungen: weißes Kreuz, grünes Rechteck (ab Grenze bei St. Germanshof)
Höhenunterschiede: bis Bobenthal Talwanderung; dazwischen, zum Löffelkreuz, ca. 70 m kurzer Anstieg und nach Bobenthal langsam abfallend; dann ca. 150 m langsam ansteigend und bis Nothweiler ca. 50 m abfallend
Wanderzeit: ca. 4 Stunden
Wanderkarte: Bad Bergzabern und Umgebung mit elsässischem Grenzgebiet 1 : 25 000, Grenzgebiet Pfalz / Elsaß 1 : 25 000

Wissenswertes:
Weißenburg (Wissembourg): Stadt mit 7000 Einwohnern an der Lauter, unweit der elsässisch-pfälzischen Grenze. Die Ursprünge reichen bis zur römischen Zeit zurück, als sich hier in nächster Nähe ein Castell befand. Ihre Entstehung verdankt die Stadt einer großen, im 7. Jahrhundert gegründeten Benediktinerabtei, die erst in der Französischen Revolution aufgehoben wurde. In Weißenburg stand die Wiege der deutschen Literatur, denn hier, im Benediktinerkloster, dichtete der Mönch Otfried, um 870, die „Evangelienharmonie", auch der „Krist" genannt, das Leben Jesu in fränkisch-deutscher Mundart. Die poetische Kraft dieser Dichtung spricht uns, in der hochdeutschen Übertragung, auch heute noch an:

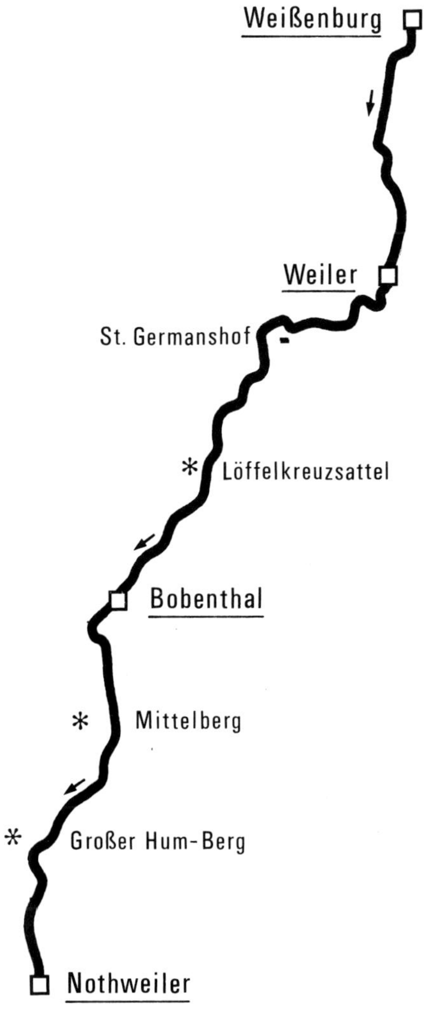
Weißenburg
Weiler
St. Germanshof
Löffelkreuzsattel
Bobenthal
Mittelberg
Großer Hum-Berg
Nothweiler

Da kam ein Bote Gottes, ein Engel
aus dem Himmel,
Tho quam boto fona gote, engil ir himile,

brachte dieser Welt frohe Kunde.
braht er therera worolti diuri arunti.

Er flog Sonnenpfade, Sternenstraßen,
Floug er sunnun pad, sterrono straza,

Wolkenwege
wega wolkono

(Erdmann, Otfrieds Evangelienbuch, Tübingen 1957)

Um das Kloster entwickelte sich im Mittelalter die Stadt. Im 13. Jahrhundert zur Reichsstadt erhoben, hatte sie, besonders vom 17. Jahrhundert an, viel unter Kriegen und Zerstörungen als deren Folge zu leiden. Sie kam 1697 an Frankreich. Am 4. 8. 1870 fand hier das erste Gefecht des deutsch-französischen Krieges von 1870/71 statt, bei dem auf beiden Seiten mit äußerster Erbitterung gefochten wurde. Wie heftig diese Kämpfe tobten geht daraus hervor, daß auf französischer Seite auch Einwohner von Weißenburg, Zivilisten also, daran teilnahmen und die angreifenden bayrischen Truppen, aus der Sicht ihrer Gegner, wie „wilde Tiere“ gekämpft haben sollen. Gemäßigter drückte sich der preußische Kronprinz aus. „Brav habt ihr Bayern euch gehalten“, sagte er zu einem bayrischen Soldaten. „Ja, Königliche Hoheit“, erwiderte dieser, „hätten Sie uns g'führt, anno Sechssasechsge, da hätten S' g'schaugt, wia mer die Malefizpreiß'n außa g'stampert hätten.“
Zahlreiche Gedenksteine am Geißberg, der letzten französischen Verteidigungsstellung in diesem Treffen, erinnern an die Kämpfe.
Dominierendes Bauwerk der sehenswerten Altstadt von Weißenburg ist die ehemalige Klosterkirche St. Peter und Paul, nach dem Straßburger Münster der größte gotische

Burgruine Landskron (S. 278): Bergfried

Kirchenbau im Elsaß. An sie lehnt sich ein alter romanischer Turm an, der aus dem 11. Jahrhundert stammt. Auch ein Teil des spätgotischen Kreuzgangs des Klosters ist erhalten. Sehenswert sind auch die stattlichen Bürgerhäuser von Weißenburg: das Salzhaus (ehemals Spital), das alte Judenbad, das Holzapfelhaus aus dem 15. Jahrhundert, das Vogelsbergerhaus (Renaissance) und das Westerkamphaus (heute Museum). Auch große Teile der alten Stadtbefestigung sind noch erhalten. Im 18. Jahrhundert residierte jahrelang der Polenkönig Stanislaus Leszczynski in Weißenburg, bis seine Tochter als Gemahlin Ludwigs XV. nach Paris geholt und er selbst später Herzog von Lothringen wurde. Um diese Zeit entstanden hier bemerkenswerte Gebäude der französischen Baukunst, wie das Rathaus (Hotel de Ville) und die Unterpräfektur. Heute ist Weißenburg als Weinort und durch die jeweils am Pfingstmontag stattfindenden Trachtenfeste mit Pferderennen bekannt.

Wegebeschreibung: Vom Bahnhof Weißenburg aus die Richtung St. Germanshof (deutsche Grenze) einschlagen. Die große Straßenkreuzung überqueren und dann weiter, entlang der Rue Clemenceau, die parallel zu den Anlagen an der alten Stadtmauer verläuft. Hier tauchen auch die ersten Wegmarkierungen (weißes Kreuz) auf. Nach wenigen hundert Metern geht es links ab in die Rue Château d'Eau, und bald bleiben die letzten Häuser von Weißenburg zurück. Der mit weißem Kreuz gekennzeichnete Weg führt am Hang entlang und verengt sich später zu einem schmalen Pfad, der durch einige Viehzäune hindurchführt, bis der kleine Ort Weiler erreicht ist. Hier überqueren wir die Ortsstraße und später auf einer Brücke die Lauter und stoßen dann auf die von Weißenburg kommende und zur deutschen Grenze führende Straße. Ihr folgen wir über die Grenze und St. Germanshof hinaus (ab hier Wegmarkierung grünes Rechteck) bis zu ihrer Gabelung.

Wir nehmen die rechte Abzweigung, von der wir später den nach links führenden Wanderweg zum Löffelkreuzsattel hinaufsteigen. Von dort aus geht es auf der halblinken Abzweigung des sich mehrfach gabelnden Weges langsam abwärts, bis wir die nach Bobenthal führende Straße erreichen. Im Ort wandern wir nach links, auf der ersten dorthin abzweigenden Seitenstraße, über die beiden Arme der Lauter hinweg, dann nach rechts und wenig später erneut nach rechts und dann nach links im Tal, am Südhang des Mittelbergs langsam ansteigend weiter. Nachdem wir den Sattel südwestlich des Großen Hum-Berges erreicht haben, senkt sich der Weg wieder abwärts und mündet in die Straße von Niederschlettenbach nach Nothweiler. Auf ihr nach links gehend, erreichen wir in wenigen Minuten Nothweiler, den Ausgangspunkt unserer Vogesen-Wanderung nach Belfort.

Weitere sehenswerte Burgruinen mit Wegebeschreibung

In den Vogesen gibt es, wie schon in der Einleitung bemerkt, Burgruinen in einer Häufung wie wohl sonst nirgends. Die bisher nicht erwähnten Burgruinen sind deshalb auf den folgenden Seiten geschildert, zusammen mit den Wegen, auf denen sie zu erreichen sind (Aufführung nicht alphabetisch, sondern von Norden nach Süden). Einige Ruinen, von denen nur noch geringe Reste vorhanden sind, werden dabei, der Vollständigkeit halber, mit aufgeführt. Jeder kann, an Hand der Schilderung, dann selbst entscheiden, ob er sie aufsuchen will oder nicht.

Die benötigten Karten des Maßstabes 1:50000 (1.–5.) bzw. 1:25000 (I.–VII.) werden nachstehend genannt. Herausgeber ist der Vogesenclub (Club Vosgien) 4, Rue Sainte Hélène, Strasbourg.

1. Vosges du Nord (Nordvogesen)
2. Saverne (Zabern)
3. St. Odile, Donon, Hoh-Königsburg
4. Colmar, Münster, Gérardmer, St. Dié
5. Thann, Guebwiller (Thann, Gebweiler)

I. Niederbronn-les-Bains, Lembach (Bad Niederbronn, Lembach)
II. Saverne, Phalsbourg, La Petite-Pierre (Zabern, Pfalzburg, Lützelstein)
III. Dabo, Wangenbourg, Nideck (Dagsburg, Wangenburg, Nideck)
IV. Mont Sainte Odile, Obernai (Odilienberg, Oberehnheim)

V. Tännchel, Dambach
VI. Hohneck, Vallée Munster
(Hohneck, Münstertal)
VII. Grand Ballon, Thann (Großer Belchen, Thann)

Blumenstein: Um 1250 von den Grafen von Zweibrücken erbaut und einem Geschlecht als Lehen übertragen, das sich von Blumenstein nannte. 1347 kamen die von Fleckenstein als Mitbesitzer hinzu. Die Burg wurde 1525 von den aufständischen Bauern und der Wiederaufbau 1689 von den Franzosen zerstört. Erhalten sind Teile der Schildmauer und einige Zisternen. Die Burgruine liegt auf einem Felsklotz am Nordostabhang des Maimont (512 m hoher Berg, über den die pfälzisch-elsässische Grenze verläuft). Man erreicht sie vom Parkplatz an der Straße Schönau-Petersbächel aus, der Beschilderung folgend, in ca. 30 Minuten (Karte Grenzgebiet Pfalz-Elsaß, 1 : 25 000, Landesvermessungsamt Rheinland-Pfalz). Sie liegt noch auf pfälzischem Gebiet.
Eine kleine Burg des gleichen Namens findet sich aber auch im Elsaß, und zwar unmittelbar südlich des Ortes Wintzfelden (nördlich von Gebweiler, Karte 5). 1254 erbaut, wurde sie 1444, damals im Besitz der Rathsamhausen, durch die Armagnaken so gründlich zerstört, daß heute kaum noch Reste vorhanden sind.

Lützelhardt: Im Auftrag der Herzöge von Lothringen im 12. Jahrhundert erbaut. Später, im Tausch gegen andere Besitzungen, an die Grafen von Bitsch-Zweibrücken und von diesen den Fleckensteinern übertragen. 1570 im Erbgang an Hanau-Lichtenberg. Wahrscheinlich 1680 von den Franzosen zerstört. Auf dem Burgfelsen Reste des Bergfrieds und des Palas. Am Fuße Reste der Umfassungsmauer und des Tores. Die Ruine liegt westlich des Ortes Obersteinbach in einer Höhe von 331 m, auf einem

20 m hohen und 60 m langen Felsen. Sie ist von der Straße Obersteinbach – Stürzelbronn (D 35) aus auf dem Wanderweg mit der Markierung gelbes Rechteck in kurzer Zeit zu erreichen (Karte 1. / I.).

Schöneck: Ihren Namen verdankt die Burg der kunstvollen Ausführung ihrer Bauten. Sie stammt aus dem 13. Jahrhundert und war als bischöflich-straßburgisches Lehen im Besitz der Grafen von Lichtenberg. Nach deren Aussterben kam sie 1480 im Erbgang an die Grafen von Bitsch-Zweibrücken, die sie den von Dürckheim als Afterlehen übergaben. 1680 wurde sie von den Franzosen zerstört wie die ebenfalls im Besitz der von Dürckheim befindlichen Burgen Windstein.
Erhalten ist ein großer Teil der Ringmauer mit einem künstlerischen Rundbogenfries als oberem Abschluß, eine Torbastion, das Haupttor mit einem darüber angebrachten Gußerker und, auf dem Burgfelsen, Reste des Palas mit einer Fensternische und Sitzbank. Die Burgruine liegt 380 m hoch auf einem Felsen am Südhang des Schönecker Schloßberges, südwestlich der Ortschaft Obersteinbach. Man erreicht sie vom Parkplatz an der Straße Obersteinbach-Wineckerthal aus, mit Markierung gelbes Rechteck, in ca. 30 Minuten (Karte 1. / I.).

Wineck: Über den Zeitpunkt der Erbauung der Burg gibt es keine gesicherten Angaben. Sie war als lichtenbergisches Lehen im Besitz der von Dürckheim und wurde wie die anderen Burgen dieser Herrschaft 1680 von den Franzosen zerstört. Erhalten sind Teile der Ringmauer und des Bergfrieds.
Die Burgruine liegt nördlich der Ortschaft Dambach auf dem 368 m hohen Schloßberg, der Burgruine Schöneck schräg gegenüber. Man erreicht sie wie diese, jedoch mit der Markierung gelber Punkt und einem Zeitaufwand von ca. 40 Minuten (Karte 1. / I.).

Rotenburg: Erbaut angeblich schon im 10. Jahrhundert durch den Bischof von Straßburg. Im 14. Jahrhundert im Besitz von Bitsch-Zweibrücken als lothringisches Lehen. Von diesen weiter verliehen (Afterlehen) an von Weiskirch. Wegen Raubrittertum dieses Besitzers wurde die Burg, 1369, durch die Stadt Straßburg zerstört und ist seitdem Ruine. Bedingt durch diese frühe Zerstörung, sind kaum noch Reste vorhanden. Sehenswerter als sie ist eine uralte Linde, die auf dem Burgberg steht.
Die Ruine liegt nordwestlich des Ortes Neunhofen im Schwarzbachtal, am Nordende des Rothenberges, oberhalb des Rothenbaches, in etwa 330 m Höhe, auf einem Felsen, der nur erklettert werden kann, da kein Aufgang vorhanden ist. Sie ist in wenigen Minuten von dem unterhalb, an der Straße Stürzelbronn – Philippsburg (D 87 a) gelegenen Parkplatz aus mit Wanderzeichen blauer Punkt zu erreichen (Karte 1. / I.).

Waldeck: Die Burg wurde im 13. Jahrhundert erbaut und 1385 erstmals urkundlich erwähnt. 1480 befindet sie sich im Besitz von Bitsch-Zweibrücken und von 1570 an in dem von Hanau-Lichtenberg. Der unweit der Ruine gelegene Hanauer Weiher hat daher seinen Namen. 1635 wurde die Burg, zu diesem Zeitpunkt Besitz des Herzogtums Lothringen (seit 1606), von den Franzosen zerstört. Noch vorhanden sind einige Felsenkammern und der Turm des Bergfrieds auf dem Burgfelsen. Der Turm ist jedoch nicht ersteigbar, da kein Aufgang vorhanden ist.
Die Ruine liegt nordwestlich über der kleinen Ortschaft des gleichen Namens (östlich Egelshardt) auf einem Felsen, in einer Höhe von etwa 280 m. Sie ist vom Ort aus in wenigen Minuten auf gut ausgeschildertem Weg zu erreichen (Karte 1. / I.).

Falkenstein: Die Burg wurde im 12. Jahrhundert erbaut. Ihre Besitzer, die von Falkenstein, verkauften sie im 16. Jahrhundert an die Grafen von Hanau-Lichtenberg. 1564

wurden die Gebäude durch einen Brand als Folge eines Blitzschlages zerstört und später nur zum Teil wieder aufgebaut. Sie dienten dann als Wohnung für hanauische Forstbeamte. Im Dreißigjährigen Krieg und später 1680 durch die Franzosen erfolgte dann die endgültige Zerstörung. Auf dem Burgfelsen sind nur noch geringe Baureste vorhanden. Die Toranlagen am Fuße des Felsens sind dagegen noch weitgehend erhalten.
Die Ruine liegt nördlich Philippsburg und östlich des Hanauer Weihers in 363 m Höhe, auf einem über 20 m hohen und 120 m langen Felsenriff. Sie ist ein beliebtes Ausflugsziel. Man erreicht sie von dem Parkplatz an der Straße Stürzelbronn – Philippsburg (D 87 a) aus auf dem Wanderweg mit der Markierung blaues Dreieck in etwa einer halben Stunde (Karte 1. / I.).

Hohenfels: Die Burg wurde im 13. Jahrhundert erbaut und als bischöflich-straßburgisches Lehen der Familie Ettendorf übereignet, die sich daraufhin Ettendorf von Hohenfels nannte. Sie starb 1413 aus. Hohenfels war dann gemeinsamer Besitz von Bitsch-Zweibrücken und Hanau-Lichtenberg. 1542 ging die Burg als Lehen an die Grafen von Dürckheim. Sie wurde 1680 durch die Franzosen zerstört und ist seitdem Ruine.
Hohenfels liegt westlich des im Schwarzbachtal gelegenen Ortes Dambach in 343 m Höhe auf einem Sandsteinfelsen. Auf diesem ist die westliche Wand des einstmals dreigeschossigen Palas noch erhalten. Dieser Felsteil ist jedoch nicht zugänglich. Am Fuße des Felsens befinden sich noch geringe Reste der Umfassungsmauern. Weiter sind noch vorhanden einige Felsenkammern und ein aus dem Felsen herausgehauenes, tiefes Verlies.
Vom Ort Dambach aus ist die Ruine in etwa 45 Minuten auf dem Wanderweg mit dem Kennzeichen gelbes Kreuz zu erreichen (Karte 1. / I.).

Ramstein: Die Burg wurde im 13. Jahrhundert erbaut. Sie befand sich als bischöflich-straßburgisches Lehen im Besitz der von Ramstein. 1335 wurde die Burg wegen Raubritterei ihrer Besitzer von den vereinigten Städten Straßburg und Bern zerstört. Der letzte Träger des Namens, Philipp von Ramstein, war von 1521 – 1522 Ammeister der Reichsstadt Straßburg. Von der einstigen Burg sind nur noch geringe Reste des Mauerwerks erhalten. Mehrere aus dem Felsen herausgehauene Kammern sind noch vorhanden. Sehenswert (Taschenlampe!) sind die ausgedehnten unterirdischen Gewölbe unter der Vorburg.
Die Ruine liegt auf dem Schloßberg oberhalb des Ortes Bärenthal, der im Tal der Nördlichen Zinsel liegt, in einer Höhe von 282 m auf einem Sandsteinfelsen. Von Bärenthal aus ist sie, auf dem Wanderweg mit der Markierung weißes Dreieck in kurzer Zeit zu erreichen (Karte 1. / I.).

Herrenstein: Erbaut wurde die Burg zum Schutz der Abtei Neuweiler. Sie befand sich im Besitz der Bischöfe von Metz, bis Anfang des 14. Jahrhunderts. Dann war sie mehrfach verpfändet. Da einer der Besitzer Raubritterei betrieb, wurde die Burg 1397 durch die Straßburger zerstört. Später befand sie sich im Besitz der Reichsstadt. Im Dreißigjährigen Krieg wurde die wieder aufgebaute Burg stark beschädigt. Die Stadt Straßburg verkaufte sie 1651 an den General von Rosen. Dieser ließ sie 1659 umbauen und verstärken. 1673 wurde sie durch die Franzosen zerstört, die die Steine zum Ausbau der Festung Lichtenberg verwendeten. Dennoch sind noch umfangreiche Reste der rechteckigen Anlage erhalten, vor allem aus dem Umbau von 1659.
Die Ruine liegt westlich oberhalb des Ortes Neuweiler (Neuweiler bei Zabern) auf dem Glashaldeberg in 402 m Höhe. Vom Ort aus ist sie in kurzer Zeit zu erreichen, und zwar auf den Wegen mit der Markierung blaues Schrägkreuz und dann blauer Senkrechtstrich (Karte 2. / II.).

Hüneburg: Die Burg wird schon zu Anfang des 12. Jahrhunderts genannt und befand sich zu diesem Zeitpunkt im Besitz eines Geschlechtes, das sich nach ihr benannte, aber im Jahre 1351 ausstarb. Bereits vorher war die Burg zum Teil in die Hände der Grafen von Lichtenberg gelangt. Deren mit der Hüneburg belehnten Vasallen betrieben Raubritterei, weshalb die Straßburger 1370 oder 1378 die Burg zerstörten. Sie wurde später von den Lichtenbergern, die inzwischen den Gesamtbesitz erlangt hatten, wieder aufgebaut und ging nach dem Aussterben dieses Geschlechtes 1480 im Erbgang an die Grafen von Hanau-Lichtenberg und später an deren Erben, die Landgrafen von Hessen-Darmstadt. Wie und wann die Burg zerstört wurde, ist nicht bekannt. Es sind nur noch unbedeutende Mauerreste erhalten.
Auch bei der Hüneburg weiß die Sage von einem Gespenst, einer Weißen Jungfrau, zu berichten, die jedoch nicht die Burg selbst, sondern eine etwas unterhalb gelegene Quelle für ihre Geisterscheinung bevorzugt.
Napoleon erhob seinen späteren Kriegsminister, den aus einer irischen Adelsfamilie stammenden Henri, Jacques, Guillaume Clarke, zum Grafen von Hüneburg, wodurch der Name der Burg wieder auflebte. Die heute auf dem Burgfelsen stehenden Gebäude hat ein der autonomistischen Bewegung nahestehender Elsässer nach dem 1. Weltkrieg in staufisch-romanischem Baustil als „Dem unbekannten elsässischen Soldaten“ gewidmete Gedächtnisstätte, zusammen mit dem sogenannten „Friedensturm“, errichten lassen. Heute befindet sich in den Gebäuden, mit Ausnahme des isoliert stehenden fünfeckigen Turmes, ein Ferienheim der französischen Finanzverwaltung.

„Es wird ein Ding in dem kühlenden,
fließenden Wasser sein.
Es wird eins in der wehenden Luft sein,
und es werden Zustimmungen zu unserem Körper

aus der Eintracht aller Dinge
jede Stunde und jede Minute in unser
Wesen zittern und es erhalten."

(Brunneninschrift auf der Hüneburg)

Die Burg liegt 4 km westlich von Neuweiler 419 m hoch auf einem Felsen. Man erreicht sie vom Ort aus in ca. 1 1/2 Std. auf dem Wanderweg mit der Markierung blauer Punkt (über Forsthaus Hüneburg, Karte 2. / II.), oder aber von Herrenstein aus mit blauem Schrägkreuz weiterwandernd. Man kann die Burg auch mit dem Auto erreichen, und zwar von der D 134 Neuwiller – La Petite Pierre aus, mit der Abzweigung nach links über den Weiler Füllengarten.

Greifenstein: Die Burg wurde im 13. Jahrhundert erbaut und gehörte als bischöflich-straßburgisches Lehen den Herren von Ochsenstein. Durch Aufgabe verfiel sie allmählich, wurde schon 1643 als ruinös bezeichnet und 1675 von den Franzosen gesprengt. Es sind dennoch umfangreiche Reste erhalten. Die Burgruine liegt auf einem 360 m hohen Bergvorsprung des rechten Zorntales oberhalb von Zabern (Saverne), der Ruine Hohbarr gegenüber. Man erreicht sie von der durch das Zorntal führenden Straße aus (D 132) mit der Markierung blaues Rechteck in ca. 90 Minuten (Karte 2. / II.).

Lützelburg: Im 12. Jahrhundert durch die Herren von Lützelburg erbaut. Diese starben schon 1235 aus. Von da an wechselten die Besitzer. 1504 befand sich die Burg im Besitz des Franz von Sickingen. In dessen Auseinandersetzung mit dem pfälzischen Kurfürsten wurde sie 1523 zerstört und ist seitdem Ruine. Es sind noch bedeutende Reste der umfangreichen Anlage erhalten, darunter vor allem der Bergfried und ein weiterer fünfeckiger Turm.

Die Ruine liegt auf dem Felsplateau des Schloßberges 322 m über dem Ort Lützelburg im Zorntal. Man erreicht sie vom Ort aus in etwa 20 Minuten (Karte 2. / II.).

Girbaden: Die Burg geht bis ins 10. Jahrhundert zurück. Besitzer waren die mächtigen Grafen von Dagsburg-Egisheim. Nach deren Aussterben gelangte die Burg 1225 in den Besitz der Bischöfe von Straßburg, die sie an Lehensleute vergaben, darunter ab 1477 die Herren von Rathsamhausen. In deren Besitz verblieb sie, bis das Geschlecht 1689 ausstarb. 1633, im Dreißigjährigen Krieg, wurde Girbaden zerstört. Nachdem die Hohkönigsburg wieder aufgebaut wurde, gilt nun Girbaden als die größte Burgruine des Elsaß. Sie umfaßt eine Fläche von 260 x 60 m und besteht aus drei Baugruppen, die durch tiefe Einschnitte voneinander getrennt sind. Eine dreifache Ringmauer umschließt die gesamte Anlage. Um in ihr Inneres zu gelangen, muß man fünf Tore passieren. Die Ruine enthält noch imposante und kunstvolle Baureste, darunter die Südfront des Palas mit romanisch gekuppelten Fenstern und der Bergfried. Die dem hl. Veit geweihte Burgkapelle wurde nach der Zerstörung wieder aufgebaut und ist ein beliebter Wallfahrtsort bei Tierkrankheiten.
Die Ruine liegt südlich des Ortes Mollkirch am Eingang des Breuschtales auf einem 565 m hohen, von der Magel umflossenen Bergvorsprung. Man erreicht sie von Mollkirch aus in ungefähr 40 Minuten auf dem Wanderweg mit dem Kennzeichen gelbes Kreuz (Karte 3. / III.). Etwas länger (ca. 1 Std.), aber bequemer ist der Weg von der Ortschaft Grendelbruch mit dem Wegkennzeichen rot-weiß-rotes Rechteck.

Steinschloß: Die Burg wurde um die Mitte des 12. Jahrhunderts auf älteren Resten erbaut. Sie war Reichslehen der Familie zum Stein und Sitz der Herr-

schaft Steintal. 1303 war sie als Lehen der von Rappoltstein im Besitz der Herren von Girsberg. Ende des 14. Jahrhunderts besaßen sie die von Rathsamhausen als kaiserliches Lehen. Im 15. Jahrhundert wurde die Burg zweimal, zuletzt 1472, als Raubritternest zerstört und ist seitdem Ruine. Es sind nur noch geringe Reste vorhanden.
Die Ruine liegt südlich des Ortes Bellefosse im Steintal 820 m hoch auf einem Felsen. Sie ist vom Ort aus auf dem mit gelbem Kreuz gekennzeichneten Weg in wenigen Minuten zu erreichen (Karte 3. / IV.).
Die Herrschaft Steintal umfaßte das Breuschtal von Schirmeck bis Fouday (Urbach) und das eigentliche Steintal, das ist das Breusch-Seitental von Belmont (Schönberg), Waldersbach. Im letztgenannten Ort wirkte der evangelische Pfarrer Johann Friedrich Oberlin (1740–1826), der dem armen und rückständigen Gebiet zu einem gewerbetätigen Aufschwung verhalf. An sein Wirken erinnert das Musée du Pasteur Oberlin im ehemaligen Pfarrhaus, und auf seinem Grabstein hat die Bevölkerung dem ,,Vater des Steintals“ ihre Dankbarkeit ausgedrückt. Heute ist Waldersbach ein beliebtes Ferienziel ruhesuchender Urlauber.

Bilstein bei Urbeis: Die wahrscheinlich im 13. Jahrhundert erbaute Burg war von 1361 an im Besitz der Habsburger, die sie an wiederholt wechselnde Lehensleute vergaben. Wann die Burg zerstört wurde, ist nicht bekannt. Wahrscheinlich ist sie allmählich verfallen. Jedenfalls findet sie, seit 1543, in keiner Urkunde mehr Erwähnung, so daß anzunehmen ist, daß sie bereits zu diesem Zeitpunkt Ruine war. Von den Wohngebäuden steht noch eine Südwand mit mehreren Fenstern und einem Kamin. Außerdem ist noch die Nordwand des in Buckelquadern ausgeführten Bergfrieds erhalten.
Die Ruine liegt in 599 m Höhe nördlich des im Weilertal gelegenen Ortes Urbeis. Sie ist von Urbeis aus auf dem

Wanderweg mit der Markierung gelbes Schrägkreuz in ca. 35 Minuten zu erreichen (Karte 3. / IV.).

Frankenburg: Die Burg wurde im 12. Jahrhundert erbaut und war Besitz der Grafen von Werd, zunächst als Eigentum und später als bischöflich-straßburgisches Lehen. Ab dem 14. Jahrhundert wechselten die Lehensträger. 1582 wurde die Burg durch eine Feuersbrunst weitgehend und durch die Schweden im Dreißigjährigen Krieg dann endgültig zerstört. Erhalten sind Reste der Ringmauer, des Wohngebäudes und der Kapelle sowie der runde Bergfried mit einer Höhe von 12 m.

Die Burgruine liegt auf dem 703 m hohen Schloßberg oberhalb der Ortschaft Gereuth (elsässisch: Krüt, französisch: Neubois) am westlichen Eingang des Weilertales (Val de Villé), gegenüber den Burgruinen Ortenburg und Ramstein. Vom Ort aus ist sie mit der Markierung blaues Kreuz zu erreichen. Ein anderer Weg führt von der Ortschaft Wanzel (La Vancelle, südwestlich Neubois) aus über das Forsthaus Wanzel und von dort, mit Wanderzeichen roter Punkt, zu dem „Schloßplatz" genannten Sattel unterhalb der Burg. Dort steigt man dann das kurze Stück zur Ruine der Frankenburg hinauf. Für beide Wege benötigt man jeweils ca. 60 Minuten. Der Schloßplatz ist auch mit dem Auto erreichbar, und zwar von der Ortschaft Breitenau (südlich Weiler = Villé) aus über eine asphaltierte Forststraße (Karte 3. / V.).

Hoheckerich: Die Burg war Besitz der Herzöge von Lothringen, die mit ihr die von Hattstatt und die Waffler von Eckerich belehnten. Letztere starben 1381 aus. Ihnen folgten die von Rappoltstein. 1585 erloschen auch die von Hattstatt. Die Burg scheint nicht zerstört, sondern im 16. Jahrhundert verfallen zu sein. Es sind nur noch geringe Reste vorhanden.

Die Ruine liegt oberhalb (nordwestlich) der Ortschaft Klein-Rombach (nordöstlich Markirch = Ste.-Marie-aux-Mines) auf einem steilen, einzelstehenden, ungefähr 400 m hohen Berghügel. Sie ist von Klein-Rombach aus auf mit gelbem Kreuz gekennzeichneten Wegen in kurzer Zeit zu erreichen (Karte 3. / V.).

Reichenberg: Wann die Burg erbaut wurde, ist nicht bekannt, sie soll jedoch sehr alten Ursprungs sein. Der Name weist darauf hin, daß sie sich im Besitz der Grafen von Reichenberg befand, einer alten und begüterten Familie, die 1361 ausstarb. Bereits vorher war die Burg als Teilbesitz in die Hände der Habsburger gelangt, die später den Gesamtbesitz erwarben.
Ob sie zerstört wurde, ist nicht bekannt. Wahrscheinlich ist sie allmählich verfallen, da schon Berichte aus dem 16. Jahrhundert von ihrem ruinösen Zustand sprechen. Es sind heute nur noch geringe Reste vorhanden.
Die Ruine liegt oberhalb der von der Ortschaft Bergheim nach Westen führenden Straße (D 42). Sie ist von dort aus in wenigen Minuten auf dem Wanderweg mit der Markierung blaues Schrägkreuz zu erreichen (Karte 4. / V.). Die Bauten, die sich heute auf dem Gelände der Ruine befinden, sind neueren Ursprungs.

Reichenstein: Die Burg stammt wahrscheinlich aus dem 13. Jahrhundert und befand sich im Besitz eines Geschlechtes, das sich nach ihr benannte. Da die Burgherren Raubritterei betrieben, wurde sie schon 1269 von den Straßburgern zerstört. Von der kleinen Wallburg sind nur noch geringe Mauerreste und der Stumpf des fünfeckigen Bergfrieds vorhanden. Sie liegt 425 m hoch auf einem Felsen unweit (westlich) von Reichenweier (Riquewihr) und ist vom Ort aus auf dem Wanderweg mit der Markierung gelber Punkt, von dem später ein Pfad abgeht, in kurzer Zeit zu erreichen (Karte 4. / V.).

Gutenburg: Die Burg wurde 1161 / 62 erstmals erwähnt und befand sich damals im Besitz der Grafen von Dagsburg-Egisheim. Ihnen folgten im Erbgang die Grafen von Pfirt und ab 1324 die Habsburger, die die Burg als Lehen an die Rappoltsteiner vergaben. Der Zeitpunkt der Zerstörung ist nicht bekannt; jedenfalls wird sie 1597 noch erwähnt, war also damals wohl noch unzerstört. Es sind nur noch geringe Reste vorhanden.

Die Ruine liegt oberhalb (nördlich) des Ortes Bonhomme auf einem etwa 800 m hohen, steilen Bergkegel und ist vom Ort aus in wenigen Minuten zu erreichen (Karte 4. / V.).

Kaysersberg: Im Jahre 1227 wird die Burg erstmals erwähnt. In ihr hielten sich mehrmals deutsche Kaiser auf, so Rudolf von Habsburg 1285 und Karl IV. 1354. Die 1525 im Bauernkrieg schwer beschädigte Burg wurde im Dreißigjährigen Krieg durch die Schweden dann endgültig zerstört. Von ihr sind noch umfangreiche Baureste erhalten. Der mächtige runde Bergfried der Ruine beherrscht noch heute das Ortsbild der zu ihren Füßen liegenden kleinen Stadt Kaysersberg, die 1293 zur Freien Reichsstadt erhoben wurde und Mitglied des elsässischen Zehnstädtebundes war.

Sehenswert sind im Ort, neben schönen alten Häusern, die Heiligkreuzkirche aus dem 12.–15. Jahrhundert, die Michaelskapelle aus dem 14. Jahrhundert, das von 1521 – 1604 erbaute Rathaus und die befestigte Brücke über die Weiß aus dem Jahre 1511. Die Stadt ist die Heimat des berühmten Kanzelredners des Straßburger Münsters Geiler von Kaysersberg (gestorben 1510) und Geburtsort von Albert Schweitzer (1875 – 1965). Vom Ort aus ist die Burgruine in wenigen Minuten zu erreichen (Karte 4. / VI.). Sie liegt 50 m über der Stadt auf einem Felshang.

Hohnack: Die Ursprünge der Burg gehen bis ins 11. Jahrhundert zurück. Als Erbauer werden die Grafen von Dagsburg-Egisheim angesehen.
Später war sie im Besitz der Grafen von Pfirt und der Rappoltsteiner. Sie wurde im Dreißigjährigen Krieg teilweise und 1655 durch die Franzosen endgültig zerstört.
30 Jahre wurden benötigt, um die hochragenden Mantelmauern und wuchtigen Türme der Burg niederzulegen. Es sind noch umfangreiche Reste vorhanden, die auf die kunstvolle Ausführung der Bauten hinweisen. Die Ruine liegt südwestlich des Ortes Labaroche auf dem 920 m hohen Kleinen Hohnack. Auf kürzestem Weg ist sie von dem an der Straße Orbey – Türckheim (D 11) gelegenen Weiler Giragoutte (zu Labaroche gehörend) mit Wanderzeichen gelbes Kreuz zu erreichen (Karte 4. / VI., ca. 1 / 2 Std.). Die Bewohner der nahegelegenen Ortschaft Labaroche und der Umgebung werden ,,Barochais" genannt. Von den anderen Elsässern werden sie von altersher, aber auch noch heute, als Welsche bezeichnet (,,les Barochais sont des Welsches", in einem Artikel über Labaroche in ,,Les Vosges", der Zeitschrift des Vogesenclubs, 4 / 1985). Sie sprechen eine zwar romanische, vom Französischen aber stark abweichende Sprache, die möglicherweise keltischen Ursprungs ist.
Nachstehend, als Beispiel, einige Ortsbezeichnungen:

Lac Blanc	=	Biantch mâ
Schlucht	=	Lo Chlouy
Münster	=	Wonmotéy
Kaysersberg	=	Késpé
Schlettstadt	=	Lèsta
Straßburg	=	Trôbo oder Etrôbo

Die Familiennamen, z. B. Florence, Minoux, Meunier, Parmentier, Perrin, Voison usw., sind eindeutig romanisch. Es ist eine ungelöste Frage, warum die alemannischen Eindringlinge bei ihrem Vorstoß über den Rhein

nach Westen diese Gegend – zwischen den nördlichen Bergen des Münstertals hin zum Lac Blanc und dem hinteren Kaysersbergertal – ausgespart haben, so daß sich hier die ursprüngliche Bevölkerung halten konnte.
Aber auch deren Idiom, das bis in die Gegend von Fréland und Lapoutroie gesprochen wurde, ist auf dem Rückzug, wie alle Regionalsprachen in Frankreich. Die Jugend spricht auch hier überwiegend französisch. „C'est chic de parler français!“ Wer kann sich schon dieser speziell auf elsässische Sprachverhältnisse bezogenen, suggestiven amtlichen Parole entziehen.
Die Bezeichnung Welsche, als völkische Klassifizierung der Barochais, ist im Ursprung aus dem altdeutschen „Walch“ abgeleitet, das aus dem keltischen Stammesnamen „Volcae“ entstanden ist. Dieser keltische Stamm war um 500 v. Chr. den Germanen in Mitteldeutschland benachbart. Daher bezeichneten diese alle keltischen Stämme mit diesem Namen. Als die Kelten später romanisiert wurden, ging die Bezeichnung Welsche auf die Romanen (Franzosen, Italiener) über. Aus heutigem deutschen Sprachgebrauch ist das Wort fast völlig verschwunden.

Gestion: Nordwestlich von Labaroche liegt der 826 m hohe Gestion. Auf seinem „Schloßberg“ genannten Gipfel stand ehemals eine Burg, deren Geschichte jedoch weitgehend unbekannt ist. Es gilt aber als sicher, daß sie, wahrscheinlich im 13. Jahrhundert, durch den Herzog von Lothringen erbaut wurde. Der Zeitpunkt ihrer Zerstörung ist unbekannt. Die noch vorhandenen Reste sind so unbedeutend, daß sie in manchen Karten nicht als Ruinen bezeichnet werden. Im 1. Weltkrieg befand sich auf dem Gipfel eine deutsche Beobachtungsstelle.

Pflix- oder Plixburg: Die Burg war Reichsbesitz und wurde wahrscheinlich Anfang des 13. Jahrhunderts von Wölfe-

lin, dem staufischen Reichsvogt von Hagenau, erbaut, dem auch die Erbauung von Kaysersberg zugeschrieben wird. Nach verschiedenen Lehnern und Pfandherren gelangt sie 1434 durch Verkauf in den Besitz der Herren von Rappoltstein. Da jedoch die von Hattstatt ältere Ansprüche geltend machten, kam es zu Auseinandersetzungen, in deren Verlauf die Burg wahrscheinlich zerstört wurde. Der noch vorhandene runde Bergfried kann nicht bestiegen werden. Unter den Bauresten sollen sich weitläufige, tiefe Keller befinden. Auch ist im Volksmund von einem Geist, „s'wyss Fräule", die Rede.
Die Ruine liegt am Eingang des Münstertales, westlich des Ortes Wintzenheim, in 458 m Höhe. Man erreicht sie von der Straße zwischen Türckheim und Walbach (D 417) aus auf dem Wanderweg mit der Markierung gelbes Rechteck bzw. blaues Dreieck oder auf dem Weg über den Wilsbachgraben (zuerst mit dem Zeichen gelbes Schrägkreuz und dann, wenig später, nach links abbiegen). Für beide Wege ist mit einem Zeitaufwand von etwa einer halben Stunde zu rechnen (Karte 4. / VI.). Wer es bequemer haben will, fährt mit dem Wagen auf der hinter Wintzenheim (südwestlich von Colmar) nach links abzweigenden 5-Burgen-Straße bis zum Parkplatz unterhalb der Ruine. Sie ist von dort, bei leichtem Anstieg, in etwa 15 Minuten zu erreichen.

Hohlandsberg: Wahrscheinlich um 1285 erbaut und Eigentum der Habsburger, die die Burg an Lehner vergaben. 1563 wurde sie von dem Landsknechtführer Lazarus von Schwendi käuflich erworben, der sich daraufhin Freiherr von Landspurg nannte. Er ließ umfangreiche bauliche Veränderungen vornehmen. Sein Grabmal (1584) befindet sich in der Kirche von Kientzheim (zwischen Kaysersberg und Sigolsheim). Lazarus von Schwendi war mehr als ein gewöhnlicher Landsknechtsführer. Ihm wird die Einführung der Tokay-Traube im Elsaß zugeschrieben. Bekannt ist auch sein Kriegsdiskurs, in welchem der folgende beachtenswerte Satz zu finden ist: ,,Im Kriege soll man niemals einen Plan oder ein Unternehmen halsstarrig durchsetzen wollen, wenn Gelegenheit und Zeit nicht günstig dazu sind. Denn der Versuch, in einer großen Gefahr die Zeitumstände und das Glück zu seinen Gunsten zwingen zu wollen, ist dasselbe, als gegen Wind und Strom zu segeln und ist ein Anzeichen eines verblendeten und überheblichen Gemütszustandes.“ Das liest sich, als wäre es im Rückblick auf die Schlacht von Stalingrad geschrieben worden.

Die Burg wurde im Dreißigjährigen Krieg zerstört. Die rechteckige Ruine gehört zu den größten des Elsaß. Zu ihrem Bau wurden hellgraue Granitsteine verwendet, wie man aus den noch vorhandenen umfangreichen Resten ersehen kann.

Die Ruine liegt in 645 m Höhe auf einem Bergplateau südlich Wintzenheim. Am besten erreicht man sie, wenn man von der Pflixburg aus auf dem Weg mit der Markierung gelbes Rechteck weiterwandert. Sie ist von dort ungefähr 2 km entfernt (Karte 4. / VI.).

Wer die Gesamtwanderung Pflixburg – Hohlandsberg scheut, kann auf der 5-Burgen-Straße bis zum Parkplatz unterhalb der Ruine fahren. Von dort aus ist sie, bei ziemlich steilem Anstieg, in etwa einer halben Stunde zu erreichen.

Hageneck: Der Zeitpunkt der Erbauung wie auch der Erbauer sind nicht bekannt. Ein Ritter von Hageneck bewohnte die Burg im Jahre 1263 und verkaufte sie im Jahre 1300 an die Johanniter von Colmar. In einer Fehde mit den späteren Besitzern, den Herren von Wettolsheim, eroberten die von Hattstatt die Burg und zerstörten sie. Sie ist seitdem, also seit dem 14. Jahrhundert, Ruine. Aus dem

heute noch vorhandenen zweifachen Mauerkranz, der sie in annähernd quadratischer Form umgibt, erheben sich die Mauerreste des Palas, die der viereckige Stumpf des Bergfrieds überragt. In ihrem geschlossenen Baukörper, auf verhältnismäßig kleinem Raum, ähnelt die Burg der Ortenburg, oberhalb Scherweiler.
Die Ruine liegt westlich Wettolsheim auf einem 420 m hohen Bergkegel. Man erreicht sie vom Ort aus auf dem Wanderweg mit der Markierung blaues Kreuz in etwa einer Stunde (Karte 4. / VI.). Der Weg ist bis kurz vor der Ruine asphaltiert, so daß man auch den Wagen benutzen kann.

Hohegisheim: Eine Eigenart des elsässischen Burgenbaus, die sonst wohl nirgends anzutreffen ist, ist die Massierung mehrerer Burgen auf engem Platz oder Umkreis. So besteht auch Hohegisheim aus eigentlich drei Burgen, nämlich Weckmund, Wahlenburg und Dagsburg. Der letzte Namen deutet daraufhin, daß sie sich im Besitz der Grafen von Dagsburg-Egisheim befanden. Erbaut wurden sie im 11. / 12. Jahrhundert. Nach dem Erlöschen des Geschlechts im Jahre 1225 gelangten die Hohegisheimer Burgen in den Besitz des Bischofs von Straßburg, der sie an verschiedene Adelsfamilien als Lehen vergab. Im sogenannten Sechs-Plappert-Krieg der Reichsstädte Mülhausen, Kaysersberg und Türckheim gegen den oberelsässischen Adel (siehe auch unter Hirzenstein) wurde Hohegisheim 1466 erobert. Die Burg befand sich damals im Besitz des Raubritters Peter von Regisheim. Er entkam zwar, aber vier seiner Gefährten wurden gehenkt.
Die Burg selbst wurde „ausgebrannt“ (siehe Seite 35). Bei den ungeschlachten Blöcken des Weckmund und der Wahlenburg brachte dieses Verfahren jedoch keinen vollen Erfolg, jedenfalls nicht bei ihren unteren und mittleren Teilen. Die westliche und nördliche Seite des Turmes

Dagsburg aber stürzte zusammen. Die drei in einem Abstand von 66 m nebeneinander stehenden, mächtigen viereckigen Türme der Burg ragen, von Mauerresten umgeben, noch heute in die Höhe. Der Volksmund nennt sie die drei Exen, abgeleitet aus dem mundartlich elsässischen Egse für Egisheim.
Die Ruine liegt südwestlich des Ortes Egisheim, in einer Entfernung von ungefähr 3 km, auf einem 591 m hohen Bergrücken. Sie ist vom Ort aus auf dem Wanderweg mit der Markierung weißes Rechteck zu erreichen. Der kürzeste Weg ist mit dem Kennzeichen gelbes Schrägkreuz versehen und führt von der Ortschaft Häusern (Husseren-les-Châteaux) zur Ruine (ca. 30 Minuten, Karte 4. / VI.).
Wem selbst dieser Weg nicht kurz genug ist, der kann auf der 5-Burgen-Straße bis zum Parkplatz unterhalb der Ruine fahren. Von dort aus führt ein Pfad in etwa 10 Minuten zu dem Burgenplateau auf dem 591 m hohen Schloßberg über der Ortschaft Häusern.

Schwarzenburg: Um 1261 durch Walther von Geroldseck erbaut und dem Bischof von Basel als Lehnsherrn übertragen, der sie – nach den von Geroldseck – an verschiedene Familien als Lehen vergab. Der Zeitpunkt der Zerstörung der Burg ist nicht bekannt. Wahrscheinlich ist sie, nicht mehr bewohnt, allmählich verfallen. Es sind nur noch geringe Reste der Mauern, des Bergfrieds und eines weiteren Turmes erhalten.
Die Ruine liegt östlich von Münster 520 m hoch auf einem bewaldeten Nordhang über dem Münstertal. Man erreicht sie vom Ort aus in etwa 30 Minuten auf dem Wanderweg mit der Markierung blaues Dreieck (Karte 4. / VI.).

Hohhattstatt: Die Burg wurde um 1280 / 82 durch die Herren von Hattstatt als Lehen der Grafen von Horburg erbaut. Spätere Lehnsherren waren – als Nachfolger der

von Horburg – die Herzöge von Württemberg. Hohhattstatt blieb im Besitz des Geschlechtes, das ihr den Namen gegeben hat, bis zu dessen Aussterben im Jahre 1585. Im 15. Jahrhundert befand sich die Burg als Pfand oder Afterlehen in den Händen des Raubritters Peter von Regisheim. Sie wurde deshalb, auf Anordnung des Landvogtes im Elsaß, von den Bürgern von Münster genommen und ausgebrannt. Ihre endgültige Zerstörung erfolgte im Dreißigjährigen Krieg. Es sind nur noch geringe Reste, darunter eine Frontmauer des Palas, erhalten.
Die Ruine liegt westlich des Ortes Hattstatt in 826 m Höhe auf dem Barby-Felsen, weshalb sie, in älteren Urkunden, auch Barbenstein genannt wird. Man erreicht sie von dem Ort Sulzbach (Soultzbach-les-Bains) im Münstertal aus auf dem Wanderweg mit der Markierung blaues Dreieck. Angenehmer ist der Weg aus der Gegenrichtung, d. h. statt von Westen von Osten kommend, ausgehend von dem Ort Vögtlinshofen auf dem Wanderweg mit dem Kennzeichen gelbes Dreieck. Der Zeitaufwand beträgt in beiden Fällen etwas mehr als eine Stunde (Karte 4. / VI.).

Schrankenfels: Die Burg wurde im 13. Jahrhundert durch ein Adelsgeschlecht erbaut, das sich nach ihr benannte und 1427 ausstarb. Ihm folgten als Besitzer die Hattstatt und die Schauenburg. Der Sitz dieses ursprünglich badischen Geschlechtes, von dem nur noch spärliche Reste erhalten sind, liegt südlich von Sulz auf einem Felsen (Karte 5). Schrankenfels war bischöflich-straßburgisches Lehen. Die Burg wurde schon im 16. Jahrhundert als zerstört bezeichnet. Es sind nur noch geringe Reste der Umfassungsmauern, des fünfeckigen Bergfrieds und eines weiteren Turms erhalten.
Die Ruine liegt südlich des Ortes Sulzbach auf einer 783 m hohen Bergkuppe über dem Krebsbachtal und den Einschnitten des Ammeltals und des Runzbach- bzw. Klein-

tals. Etwas unterhalb von ihr liegen in einer Höhe von 765 m die Reste der fast ganz verschwundenen Burg Haneck, vielleicht ehemals ein Vorwerk von Schrankenfels. Südwestlich davon, auf dem 747 m hohen Laubeck-Berg, sind ebenfalls noch Reste einer früheren Burg anzutreffen. Die Ruine Schrankenfels erreicht man, ausgehend von Sulzbach, in einer knappen Stunde auf dem Wanderweg mit der Markierung rotes Kreuz. Man kann dabei den etwas beschwerlicheren Weg über Haneck nehmen oder geradeaus weitergehen, unterhalb daran vorbei und direkt nach Schrankenfels. Nach Laubeck gelangt man, indem man von Schrankenfels aus den Weg mit der Markierung gelbes Rechteck in Richtung Wolfsgrubesattel (Col de Wolfsgrube) einschlägt und später, unterhalb des Pfaffenheimerkopfs, nach rechts abbiegt (Karte 4. / VI.).

Strauburg: Die Burg wurde vermutlich zu Beginn des 13. Jahrhunderts erbaut. Nachdem ihre Besitzer mehrfach gewechselt hatten, war sie anfangs des 15. Jahrhunderts von Raubrittern bewohnt, was wahrscheinlich ihre Zerstörung zur Folge hatte. Hinter Wall und Graben stehen noch Reste der Mauern und Wohngebäude und des runden Bergfrieds.
Die Ruine liegt auf einem 738 m hohen Bergkegel über dem Krebsbachtal, unmittelbar nördlich der kleinen Ortschaft Wasserburg. Sie ist vom Ort aus in ca. 30 Minuten auf dem Wanderweg mit der Markierung gelber Punkt zu erreichen (Karte 4. / VI.).

Altschloß: Die Burg war im Besitz der bischöflich-straßburgischen Vasallen von Stettenberg. 1354 wurde sie durch die von Schönau den Antonitern von Isenheim übergeben, die sie der Gemeinde Orschweier gegen Bezahlung überließen. Seit der Französischen Revolution ist sie Eigentum dieser Gemeinde. Der Grund und der Zeitpunkt

der Zerstörung sind ungewiß. Angeblich soll die Burg schon seit 1375 zerstört sein. Es sind nur noch geringe Reste der Mauern und eines Turmes vorhanden.
Die Ruine liegt am Berghang westlich der Ortschaft Orschweier (Orschwihr) in ca. 400 m Höhe. Man erreicht sie vom Ort aus in einigen Minuten auf dem Weg in Richtung Bannsteinsattel (Col de Bannstein, Karte 5).

Husenburg: Die auch Huserschloß genannte Burg wurde im 13. Jahrhundert zum Schutz der nahe gelegenen Abtei Murbach erbaut, wie auch die Burgen Hugstein, Freundstein, Herrenflüh und Hirzstein. Es sind nur noch geringe Mauerreste vorhanden. Der Sage nach sollen manchmal aus den Kellern der Burg Hammerschläge zu hören sein, und die Zwerge vom Rabenfelsen (Roché du Corbeau) in der Nähe sollen dort unten einen Schatz behüten.
Die Ruine liegt, westlich der Ortschaft Sengern im Lauchtal, auf einem 658 m hohen, felsigen Talvorsprung. Man erreicht sie am besten vom Parkplatz beim Forsthaus Nieder-Lauch (Maison Forestière Dauvillers, es spielt eine Rolle in dem Roman ,,Die Linden von Lautenbach", von Jean Egen), indem man von dort aus den Weg mit der Markierung blaues Dreieck einschlägt. Er führt uns in etwa 45 Minuten zu den Resten der Husenburg (Karte 5. / VII.).

Hohrupf: Von dieser Burg sind nur noch so geringe Reste vorhanden, daß sie in den Karten nicht als Ruine erwähnt wird (Chau Rné = Chateau Ruiné = Burgruine) und der Berggipfel, auf dem sie einstmals stand, statt dessen als Aussichtspunkt gekennzeichnet ist. Sie wurde, ebenso wie die Burgen Freundstein, Husenburg, Hugstein, Hirzenstein und Herrenflüh, zum Schutze der Abtei Murbach erbaut, und zwar wahrscheinlich im Jahre 1250. Der genaue Zeitpunkt und der Anlaß ihrer Zerstörung sind ungewiß.

Der gleichfalls Hohrupf genannte kegelförmige Berg, auf dem sie errichtet wurde, erhebt sich, mit steilen Hängen, nordwestlich Gebweiler, zwischen dem Lauchtal und dem Tal von Murbach. Sein 813 m hoher Gipfel bietet schöne Ausblicke auf die Täler und Höhen der umgebenden Berge. Man erreicht ihn auf kürzestem Wege und steilem, serpentinenreichen Anstieg, von Murbach aus, mit der Kennzeichnung blaues Dreieck (Karte 5. / VII.).

Hugstein: Die Burg wurde vermutlich um 1216 durch den Abt Hugo (daher der Name) der Abtei Murbach erbaut. Durch Kriegshandlungen im Jahre 1542 teilweise zerstört und durch Blitzschlag 1598 weiter beschädigt, wurde die Burg Anfang des 17. Jahrhunderts nur noch als Kerker für Frauen benützt, die der Hexerei angeklagt waren. In dieser Zeit wurden mehrere sogenannte Hexen hier verbrannt. Im Jahre 1798 war die Ruine noch von armen Leuten bewohnt. Heute sind von ihr noch Teile der Umfassungsmauern und die Stümpfe des Bergfrieds und eines weiteren Turmes zu sehen.
Die Ruine liegt, zwischen Gebweiler und Bühl, in einer Höhe von 389 m, auf einem vorgeschobenen Abhang des Hochkopfs. Man erreicht sie, in wenigen Minuten, von dem südlich gelegenen Parkplatz aus, mit der Markierung blaues Dreieck (Karte 5. / VII.).

Hirz- oder Hirzenstein: Die Burg wurde um 1265 durch den Abt Berthold der Abtei Murbach erbaut. Ab 1385 war sie als Lehen im Besitz der Herren von Wattweiler. Im sogenannten Sechs-Plappert-Krieg (Veranlassung war der ausstehende Lohn eines Müllergesellen; Plappert = Heller, siehe auch unter Hohegisheim) wurde die Burg 1466 von Schweizer Söldnern erobert und in Brand gesteckt. Wieder hergestellt, wurde sie, 1525, von aufständischen Bauern vergeblich berannt. Im 17. Jahrhundert verfiel die

nicht mehr bewohnte Burg allmählich und diente als Steinbruch für die umliegenden Ortschaften, so daß heute nur noch unbedeutende Reste des Mauerwerks vorhanden sind.
Die Ruine liegt, nordwestlich des Ortes Wattweiler, 571 m hoch auf einem Felsen. Man erreicht sie, vom Ort aus, in knapp 30 Minuten, auf dem Weg mit dem Kennzeichen gelber Punkt, der von der Straße (D 5 III) nach rechts abgeht (Karte 5. / VII.).

Herrenflüh: Die Burg wurde um 1312 durch den Abt Konrad von Murbach auf den Resten einer älteren Befestigung erbaut. Sie wurde 1356 von Söldnerscharen aus dem englisch-französischen Krieg und 1466, im Sechs-Plappert-Krieg, von Schweizer Söldnern der Reichsstadt Mülhausen zerstört und ist seitdem Ruine. Es sind nur noch geringe Reste vorhanden.
Die Ruine liegt westlich des Ortes Wattweiler 857 m hoch auf einem Felsen. Man erreicht sie vom Ort aus auf der Straße (D 5 III) und dann, nach rechts abzweigend, auf dem Wanderweg mit der Markierung rot-weiß-rotes Rechteck. Von diesem Weg geht man, kurz vor dem Erreichen des Herrenflüh-Sattels (Col de Herrenfluh), nach rechts auf der Route des Crêtes (Kammstraße) weiter. In der Kurve der Straße wendet man sich nach rechts und erreicht nach wenigen Schritten die Ruine. Wer diesen etwas längeren Weg scheut, kann auch auf der D 5 III und dann weiter auf der Route des Crêtes bis zu dem genannten Punkt fahren (Karte 5. / VII.).

Burgruinen im Sundgau

Sundgau und Burgundische Pforte: Als Sundgau (ursprünglich Südgau) wird im Elsaß das wellige Hügelland bezeichnet, das sich südöstlich von Belfort, entlang der schweizerischen Grenze, am Nordhang des Jura erstreckt. Zwischen ihm und den Südvogesen öffnet sich der uralte Völkerweg der Burgundischen Pforte, von den Franzosen „Trouée de Belfort" genannt. Auch die Höhen des Sundgaus waren im Mittelalter mit Burgen geschmückt, die heute aber, wie die Vogesenburgen, in Trümmern liegen.

Landskron: Die Burg liegt 560 m hoch in der Nähe des vielbesuchten Ortes Leymen, nahe der schweizerischen Grenze. Sie wurde von den Grafen von Pfirt zu Beginn des 13. Jahrhunderts erbaut. Später gehörte sie verschiedenen Adelsfamilien und wurde schließlich, nachdem das Elsaß französisch geworden war, von Vauban zur Festung ausgebaut. Ihre Zerstörung erfolgte 1814 bei der Belagerung von Hüningen durch österreichische Truppen. Sehenswerte und umfangreiche Reste von Mauern, Gebäuden und Türmen sind noch erhalten.
Wegebeschreibung: Auf der Straße von Flüh nach Leymen, gleich hinter dem Bahngleis, Weg nach links, bis zum unterhalb der Burg gelegenen Restaurant. Von dort Feldweg zur Ruine, die man in 10 Minuten erreicht.

Waldeck im Sundgau: Unmittelbar südwestlich von Landskron liegen in 489 m Höhe die spärlichen Überreste der Burg Waldeck. Sie wurde wahrscheinlich im 12. Jahrhundert erbaut, war Lehen des Bischofs von Basel und befand sich zuletzt, 1580, im Besitz der von Reichenstein. Der Zeitpunkt der Zerstörung ist nicht bekannt.
Wegebeschreibung: Hinter Leymen, in Richtung Rodersdorf, den nach links von der Straße abzweigenden Weg

einschlagen. Später von diesem nach rechts abbiegen. Bei einer starken Rechtsbiegung des Weges sieht man rechter Hand die Ruine liegen. Für den Weg benötigt man etwa 30–40 Minuten.

Liebenstein: Auch diese 543 m hoch gelegene Burg wurde im 13. Jahrhundert von den Grafen von Pfirt erbaut, aber nicht von diesen selbst bewohnt, sondern als Lehen vergeben. Sie wurde 1356 durch ein schweres Erdbeben zerstört und ist seitdem Ruine. Erhalten sind Teile von Bergfried und Mauern.
Wegebeschreibung: Ausgangspunkt ist der Friedhof von Liebsdorf am Ortsende, in Richtung Courtavon (Ottendorf). Den rechts vom Friedhof wegführenden Weg nehmen und bei der ersten Wegkreuzung nach links bis zum Hof Liebenstein. Die stark verwachsene und kleine Ruine erhebt sich unmittelbar über dem Gehöft. Für den Weg benötigt man ungefähr 30 Minuten.

Mörsberg (Morimont): Die 530 m hoch gelegene Burg wurde durch die Grafen von Pfirt im 13. Jahrhundert erbaut. Später gehörte sie dem Bischof von Basel, der sie als Lehen an die Familie von Mörsberg vergab, die sich dann im Dienste der Habsburger und der deutschen Kaiser hervorgetan hat. 1637 wurde Mörsberg von französischen Truppen zerstört. Die Ruine ist noch gut erhalten. Sie ist mit ihrer Ausdehnung, den mächtigen Mauern und den sieben Türmen eine der interessantesten des Elsaß.
Wegebeschreibung: Nach dem Ortsende von Levoncourt (Luffendorf) erster Weg rechts, der von der Straße nach Oberlarg abgeht. Rechts an einem Baum Hinweisschild: Ruine und Ferme-Auberge Morimont. Sobald der Weg aus dem Wald herausführt, sieht man links die mächtige Ruine liegen. Die Wanderung dorthin dauert ungefähr 30 – 40 Minuten.

Hohenpfirt: Die 613 m hoch über dem Städtchen Pfirt (Ferrette) gelegene Burg wurde Anfang des 12. Jahrhunderts erbaut und war Residenz der mächtigen Grafen von Pfirt. Sie ging 1324 mit dem gesamten Gebiet der Grafschaft im Erbgang an die Habsburger über, die dadurch in den Besitz des größten Teiles des Oberelsaß gelangten. Im Dreißigjährigen Krieg wurde die obere Burg, 1633, von den Schweden zerstört. Der im 14. Jahrhundert entstandene untere Teil der Burg fiel erst in der Französischen Revolution der Zerstörung anheim. Von beiden Burgen sind noch Reste der Mauern, Turmstümpfe und Gebäudeteile erhalten.
Wegebeschreibung: Im Ort Pfirt bei der Kirche nach links bis zum Ende der asphaltierten Straße. Von dort aus der Markierung folgen. In etwa 20 Minuten erreicht man die Ruinen.

Für die Wanderungen zu den Burgruinen im Sundgau benötigt man die Karte Sundgau 1 : 50 000. Herausgeber ist der Vogesenclub (Club Vosgien), 16, Rue Sainte Hélène, F-67000 Strasbourg.

Einkehr- und Übernachtungsmöglichkeiten bestehen u. a. in Oberlarg und in Pfirt (siehe Seiten 300, 302).

Anschriftenverzeichnis

1. Hotels und Restaurants in den beschriebenen Orten (in der Reihenfolge der Aufführung der Orte)

Bei den aufgeführten Hotels handelt es sich um eine Auswahl aus den verschiedenen Kategorien (mittlerer Komfort bis Luxushotel = 1 Stern bis 4 Sterne). Hinsichtlich der Klassifizierung „Logis“ und „A. F.“ siehe Seite 299. Das Essen in den Hotels entspricht im allgemeinen der Einstufung, liegt aber fast immer über dem entsprechenden deutschen Standard. In den gesondert aufgeführten Restaurants ist es gleichfalls gut bis ausgezeichnet.

67160 Wissembourg

** Hôtel à l'Ange	(88) 94.12.11
2, Rue de la République	(88) 94.07.70
** Hostellerie Au Cygne *Logis*	
3, Rue du Sel	(88) 94.00.16
** Hôtel de la Walck *Logis*	
2, Rue de la Walck	(88) 94.06.44

Obersteinbach (67510 Lembach)

* Hôtel Anthon	
45, Rue Principale	(88) 09.25.01

67110 Niederbronn les Bains

**** Grand Hôtel	
16, Avenue Foch	(88) 09.02.60
Télex 890151 F GRANTEL	
** Hôtel Bristol *Logis*	
4, Place de l'Hôtel de Ville	(88) 09.61.44

sowie Wanderung 2, Seite 299

Lichtenberg (67340 Ingwiller)

siehe Wanderung 2, Seite 301

67360 Woerth
* Hôtel Belle-Vue
43, Grand' Rue (88) 09.31.44

67660 Betschdorf
Hôtel-Restaurant à la Couronne
28, Rue du Dr. Deutsch (88) 80.54.14

67500 Haguenau
** Hôtel à l'Etoile
46, Route de Marienthal (88) 93.89.25

** Hôtel à l'Aérodrome
79, Route de Bischwiller (88) 93.76.77

* Hôtel Kaiserhof
119, Grand' Rue (88) 93.49.81

Petite Pierre (La) (67290 Wingen sur Moder)
** Hôtel aux trois Roses *Logis*
19, Rue Principale (88) 70.45.02

** Hôtel La Clairière
Route d'Ingwiller (88) 70.47.76

sowie Wanderung 3, Seite 299 und 301

67330 Bouxwiller
** Hôtel Au Soleil
71, Grand' Rue (88) 70.70.06

* Hôtel Heintz
84 A, Grand' Rue (88) 70.72.57

67700 Saverne
* * Hôtel Chez Jean *Logis*
3, Rue de la Gare (88) 91.10.19

* * Hôtel Geiswiller *Logis*
17, Rue de la Côte (88) 91.18.51

* Hôtel National
2, Grand' Rue (88) 91.14.54

sowie Wanderung 4, Seite 299 und 301

67440 Marmoutier
* Hôtel aux deux Clefs
30, Rue du Général Leclerc (88) 70.61.08

Obersteigen (67710 Wangenbourg)
* * Hostellerie Belle-Vue
16, Route de Dabo (88) 87.32.39

sowie Wanderung 5, Seite 299

67710 Wangenbourg
* * Parc-Hôtel *Logis*
Rue du Général de Gaulle (88) 87.31.72

* Hôtel des Vosges
5, Rue de Steigenbach (88) 87.30.35

sowie Wanderung 5, Seite 299

Oberhaslach (67190 Mutzig)
siehe Wanderung 6, Seite 299 und 301

Niederhaslach (67190 Mutzig)
* Hôtel à la Pomme d'Or *Logis*
36, Rue Principale (88) 50.90.21

67000 Strasbourg

* * * * Hôtel de France	
20, Rue du Jeu des Enfants	(88) 32.37.12
Télex 890084	
* * * Hôtel de la Dauphine	
30, Rue de la 1re Armée	(88) 36.26.81
Télex 880766	
* * * Hôtel Monopole Métropole *Logis*	
16, Rue Kuhn	(88) 32.11.94
Télex 890366	
* * * Hôtel de l'Orangerie	(88) 35.10.69
58, Allée de la Robertsau	(88) 35.10.70
* * * Motel P. L. M.	
Pont de l'Europe – Parc du Rhin	(88) 61.03.23
Télex 870833	
* * * Hôtel des Rohan	
17–19, Rue du Maroquin	(88) 32.85.11
* * * Hôtel de l'Union	
8, Quai Kellermann	(88) 32.70.41
* * * Hôtel Villa d'Est	
12, Rue Jacques Kablé	(88) 36.69.02
* * Hôtel Horloge Astronomique	
2, Rue de la Râpe	(88) 35.22.11
* * Hôtel Ibis	
1, Rue de Sébastopol	(88) 22.14.99
Télex 880399	
* * Hôtel de Paris	
13, Rue de la Mésange	(88) 32.15.50
* * Hôtel du Rhin	
7–8, Place de la Gare	(88) 32.35.00

** Hôtel Suisse
4, Rue de la Râpe (88) 35.22.11

* Centr' Hôtel
10, Rue de Sébastopol (88) 32.06.42

* Hôtel du Jura
5, Place du Marché (88) 32.12.72

Restaurants der Spitzenklasse:

Buerehiesel
4, Parc de l'Orangerie (88) 61.62.24

Crocodile
1e, Rue de l'Outre (88) 32.13.02

Maison Kammerzell
16, Place de la Cathédrale (88) 32.42.14

Maison des Tanneurs
42, Rue du Bain-aux-Plantes (88) 32.79.70

Restaurants mit elsässischen Spezialitäten:

Ami Schutz
1, Ponts Couverts (88) 32.76.98

Aux Armes de Strasbourg
8, Place Gutenberg (88) 32.85.62

Espérance
22, Rue des Veaux (88) 32.12.13

Weinstuben:

S' Burjerstuewel
10, Rue de Sanglier (88) 32.84.15

Zum Hailiche Graab
15, Rue des Orfèvres (88) 32.39.97

A la Mouche
43, Rue Finkwiller (88) 32.04.18

Pfifferbriader
9, Place de la Grande Boucherie (88) 31.15.43

Strissel
5, Place de la Grande Boucherie (88) 32.14.73

Au Tire Bouchon
5, Rue des Tailleurs-de-Pierre (88) 32.47.86

67120 Molsheim
* * * Hôtel Diana *Logis*
Pont de la Bruche (88) 38.51.59
Télex 890559

* * Hôtel du Centre *Logis*
1, rue Saint-Martin (88) 38.54.50

* Auberge du Cheval Blanc *Logis*
5, Place de l'Hôtel de Ville (88) 38.16.87

67560 Rosheim
* * Hostellerie du Rosenmeer
45 a, Avenue de la Gare (88) 50.43.29

Auberge du Cerf
120, Rue du Général de Gaulle (88) 50.40.14

67210 Obernai
* * * Le Grand Hôtel *Logis*
Rue Dietrich (88) 95.51.28

* * * Hôtel du Parc *Logis*
169, Rue du Général Gouraud (88) 95.50.08

* * Hôtel a la Cloche
90, Rue du Général Gouraud (88) 95.52.89

* * Hostellerie La Diligence et
Résidence Exquisit *Logis*
23, Place de la Mairie (88) 95.55.69

67130 Schirmeck
* * Hôtel Neuhauser *Logis*
Les Quelles par Schirmeck (88) 97.06.81

* Hôtel Hamm
170, Grand' Rue (88) 97.16.51

sowie Wanderung 7, Seite 300

Klingenthal (67530 Ottrott)
* * * Hôtel Clos des Délices (88) 95.81.00

sowie Wanderung 8, Seite 301

67530 Ottrott
* * * Hôtel Beau Site
1, Rue du Général de Gaulle (88) 95.80.61

* * Hôtel Fritz
8, Rue des Châteaux (88) 95.87.39

* * Hôtel les Châteaux
11, Rue des Châteaux (88) 95.81.54

Hôtel l'Elsberg
23, Rue Saint Nabor (88) 95.87.77

sowie Wanderung 9, Seite 301

Grendelbruch (67190 Mutzig)
* Hôtel à la Couronne
15, Route de Schirmeck (88) 97.40.94

67140 Barr
** Hôtel Maison Rouge *Logis*
1, Rue de la Gare (88) 08.90.40

* Hôtel le Brochet *Logis*
Place de la Mairie (88) 08.92.42

* Hôtel du Château d'Andlau *Logis*
94, Vallée Saint Ulrich (88) 08.96.78

Weinstube Restaurant-Caveau
30, Rue du Docteur Sultzer (88) 08.94.24

Hohwald (Le) (67140 Barr)
*** Grand Hôtel
Rue Principale (88) 08.31.03

** Hôtel Marchal *Logis*
N° 104 A (88) 08.31.04

* Hôtel Pension Zundelkopf *Logis*
N° 129 a/b (88) 08.30.41

Andlau (67140 Barr)
*** Hôtel Kastelberg *Logis*
Rue du Général Kœnig (88) 08.97.83

Restaurant au Boeuf Rouge
6, Rue du Docteur Stoltz (88) 08.96.26

sowie Wanderung 10, Seite 300

Reichsfeld (67140 Barr)

siehe Wanderung 10, Seite 301

67650 Dambach-la-Ville
** Hôtel au Raison d'Or (88) 92.40.08
28, Rue Clémenceau (88) 92.48.66

Hôtel A la Couronne
13, Place du Marché (88) 92.40.85

Hôtel aux deux Clefs
1, Rue des Remparts (88) 92.40.11

67730 Châtenois
* Hôtel de l'Aigle
87, Rue du Maréchal Foch (88) 92.12.67

67600 Séléstat
* * * Hôtel Vaillant
Place de la République (88) 92.09.46

* * Hôtel Belle Vue
9, Route de Sainte-Marie-aux-Mines (88) 92.92.88

* Hôtel de l'Ill
13, Rue de Bâteliers (88) 92.24.34

Restaurant Vieille Tour
8, Rue de la Jauge (88) 92.15.02

68590 Saint-Hippolyte
* * * Hôtel Munsch
«Aux Ducs de Lorraine» *Logis*
16, Route du Vin (89) 73.00.09

* * Hôtel-Restaurant a la Vignette *Logis*
66, Route du Vin (89) 73.00.17

* * Hôtel-Restaurant du Parc
6, Rue du Parc (89) 73.00.06

Thannenkirch (68590 Saint-Hippolyte)
* * Auberge la Meunière *Logis*
38, Rue Principale (89) 73.10.47

sowie Wanderung 12, Seite 300

68750 Bergheim
* Hôtel à la Vignette *Logis*
14, Route de Thannenkirch (89) 73.63.42

68150 Ribeauvillé

* * * * Hôtel le Clos Saint Vincent
Route de Bergheim (89) 73.67.65

* * * Hôtel la Pépinière
Route de Sainte-Marie-aux-Mines (89) 73.64.14

* * Hôtel-Restaurant Au Cheval Blanc *Logis*
122, Grand Rue (89) 73.61.38

* * Hôtel de la Tour *Logis*
1, Rue de la Mairie (89) 73.72.73

sowie Wanderung 12, Seite 300

Aubure (68150 Ribeauvillé)

siehe Wanderung 12, Seite 302

Fréland (68240 Kaysersberg)

siehe Wanderung 13, Seite 300

68650 Lapoutroie
* * Auberge les Alisiers *Logis*
5, Faudé (89) 47.52.82

sowie Wanderung 13, Seite 300

68340 Riquewihr
** Hôtel le Riquewihr
Route de Ribeauvillé (89) 47.83.13

* Hôtel au Dolder
52, Rue du Général de Gaulle (89) 47.92.56

Restaurant Auberge du Schoenenbourg
2, Rue de la Piscine (89) 47.92.28

Hunawihr (68150 Ribeauvillé)
* Hôtel la Cigogne
26, Rue du Nord (89) 73.60.14

68240 Kaysersberg
*** Hôtel les Remparts *Logis*
4, Rue de la Flieh (89) 47.12.12

* Hôtel du Château *Logis*
38, Rue du Général de Gaulle (89) 47.12.72

Hôtel Résidence Chambard
13, Rue du Général de Gaulle (89) 47.10.17

68770 Ammerschwihr
** Hôtel aux Armes de France
1, Grand' Rue (89) 47.10.12

** Hôtel a l'Arbre Vert *Logis*
7, Rue des Cigognes (89) 47.12.23

* Hôtel aux 3 Merles *Logis*
1, Rue de la 5e D. B. (89) 47.12.78

68370 Orbey
** Hôtel-Restaurant de la Croix d'Or *Logis*
13, Rue de l'Eglise (89) 71.20.51

* Hôtel au Rendez-Vous des Bons Amis *A. F.*
105, Rue Charles de Gaulle (89) 71.20.57

** Hôtel Wetterer *Logis*
Basses-Huttes (89) 71.20.28

* Hôtel Pairis *Logis*
233, Pairis (89) 71.20.15

sowie Wanderung 13, Seite 302

68910 Labaroche
** Hôtel les Evaux *Logis* (89) 49.80.06
Les Evaux (89) 49.85.05

* Hôtel Blanche-Neige
Les Evaux (89) 49.83.35

* Auberge de la Rochette *Logis*
La Rochette (89) 49.80.40

Hôtel Panorama *A. F.*
Route d' Ammerschwihr (89) 49.81.21

68230 Turckheim
** Hôtel des Deux Clefs *Logis*
3, Rue du Conseil (89) 27.06.01

** Hôtel des Vosges
1, Place de la République (89) 27.02.37

** Auberge du Brand *A. F.* (89) 27.06.10
8, Grand' Rue (89) 27.03.66

** Hôtel au Berceau du Vigneron *Logis*
10, Place Turenne (89) 27.06.62

Auberge la Mangeoire *A. F.*
11, Rue de la Grenouillère (89) 27.41.66

68410 Trois-Epis

* * * * Mapotel le Grand Hôtel Télex F 880 229 GRANTEL	(89) 49.80.65
* * * Hôtel-Restaurant Marchal *Logis*	(89) 49.81.61
* * Hôtel la Croix d'Or *Logis*	(89) 49.83.55
Hôtel Villa Rosa *A. F.*	(89) 49.81.19

68000 Colmar

* * * Park Hôtel 52, Avenue de la République Télex 880 200 F Code 515	(89) 41.34.80
* * * Hôtel Terminus Bristol 7, Place de la Gare Télex 880 248 F	(89) 23.59.59
* * Hôtel Colbert 2, Rue des Trois Epis	(89) 41.31.05
* * Hôtel de la Fecht *Logis* 1, Rue de la Fecht Télex 880 650 Fecotel	(89) 41.34.08
* * Motel Azur 50, Route de Strasbourg	(89) 41.32.15
* * Hôtel Turenne 10, Route de Bâle	(89) 41.12.26
* Hôtel Muller «La Chaumière» 74, Avenue de la République	(89) 41.08.99
* Hôtel du Hagueneck 83, Avenue du Général de Gaulle	(89) 41.36.98
* Hôtel du Ladhof 198, Rue du Ladhof	(89) 41.09.78

Hôtel Beau Séjour *Logis*
25, Rue du Ladhof (89) 41.37.16

Hôtel du Soleil
7, Rue Saint Eloi (89) 41.40.50

Restaurant Kopfhüs (Maison des Têtes)
19, Rue des Têtes (89) 24.43.43

Restaurant au Fer Rouge
52, Grand' Rue (89) 41.37.24

68600 Neuf-Brisach
** Hôtel du Soleil *Logis*
6, Rue de Bâle (89) 72.51.28

** Hôtel du Cerf *Logis*
11, Route de Strasbourg (89) 72.56.03

* Hôtel de France
17, Route de Bâle (89) 72.56.06

* Hôtel de la Poste
17, Rue de Strasbourg (89) 72.51.30

Restaurant au Soleil
1, Rue de Colmar (89) 71.40.53
Andolsheim (nahe der Rheinbrücke Breisach)

67390 Marckolsheim
** Hostellerie de l'Aigle
28, Rue du Maréchal Foch (89) 92.50.02

Eguisheim (68420 Herrlisheim)
*** Hôtel Auberge Alsacienne
12, Grand' Rue (89) 41.50.20

Weinstube Caveau d'Eguisheim
3, Place du Château (89) 41.08.89

68140 Munster

* * Hôtel-Restaurant de la Cigogne *Logis*
4, Place du Marché (89) 77.32.27

* * Hôtel aux deux Sapins *Logis*
49, Rue du 9e Zouave (89) 77.33.96

Hohrodberg (68140 Munster)

* * Hôtel Roess *Logis*
N° 57 (89) 77.36.00

* Hôtel Panorama *Logis*
N° 48 (89) 77.36.53

Muhlbach sur Munster (68380 Metzeral)

* * Hôtel Perle des Vosges *Logis*
110, Route du Gaschney (89) 77.61.34

68250 Rouffach

* * * * Château-Hôtel d'Isenbourg
Télex 880 666 IS 14 (89) 49.63.53

* * Hôtel à la Ville de Lyon
1, Rue Poincaré (89) 49.65.51

* * Hôtel du Bollenberg *Logis*
Bollenberg (89) 49.62.47
Télex BOLLENB 880 896 F

68610 Lautenbach

* Hôtel Marck *Logis*
68, Rue Principale (89) 76.32.03

Le Markstein (68610 Lautenbach)

* * Hôtel Wolf *Logis* (89) 82.61.80

* Hôtel Belle-Vue (89) 82.61.82

68500 Guebwiller
* * Hôtel d'Alsace *Logis*
140, Rue de la République (89) 76.83.02

* * Hôtel du Lac *Logis*
Rue de la République (89) 76.63.10

Auberge du Hugstein
244, Rue de la République (89) 76.81.17

Grand Ballon (68760 Willer-sur-Thur)

siehe Wanderung 15, Seite 300

68700 Cernay
* * Motel la Tour
RN 66 (89) 75.51.40

* Hôtel Bellevue *A. F.*
10, Rue Maréchal Foch (89) 75.40.15

Hartmannswiller (68500 Guebwiller)
* * Hôtel Meyer *Logis*
49, Route de Cernay (89) 76.73.14

Chalampé (68490 Ottmarsheim)
* Hôtel du Rhin
7, Rue Lucas (89) 26.05.18

68000 Mulhouse
* * * * Hôtel Frantel
4, Place Charles de Gaulle (89) 46.01.23
Télex 881 807

* * * Hôtel de l'Europe
11, Avenue du Maréchal Foch (89) 45.19.18
Télex ALMU 881 720 code 30

** Hôtel du Musée
3, Rue de l'Est — (89) 45.47.41
Télex 881 188 F

** Hôtel Salvator
29, Passage Central — (89) 45.28.32
7, Rue Louis Pasteur
Télex 881 188 F SALV

* Hôtel le Paon d'Or *Logis*
13, Avenue de Colmar — (89) 45.34.41

68680 Kembs
** Hôtel du Rhin — (89) 48.33.36
22, Rue du Ruisseau — (89) 48.30.88

Restaurant Schäferhof
129, Rue de Rhin — (89) 48.36.24

68800 Thann
* Hôtel de France
22, Rue du Général de Gaulle — (89) 37.02.93

* Hôtel-Restaurant Mangel *Logis*
39, Rue Kléber — (89) 37.13.66

sowie Wanderung 16, Seiten 300 und 302

Wildenstein (68820 Kruth)

siehe Wanderung 14, Seite 302

68820 Kruth
Hôtel au Soleil d'Or
49, Grand' Rue — (89) 82.28.06

sowie Wanderung 15, Seite 300

68290 Masevaux
* Hostellerie Alsacienne
16, Rue du Maréchal Foch (89) 82.45.25

* Hôtel à l'Aigle d'Or *Logis*
9, Place Clémenceau (89) 82.40.66

* Hôtel Relais de la Poste *Logis*
16, Fossé des Flagellants (89) 82.46.30

Ballon d'Alsace (90200 Giromagny)

siehe Wanderung 17, Seiten 300 und 302

68130 Altkirch
** Hôtel de la Terrasse *Logis*
44, 46, Rue du 3e Zouave (89) 40.98.02

2. Übernachtungen an den beschriebenen Wegstrecken:

a) Fermes Auberges (Almwirtschaften der Südvogesen) mit Übernachtungsmöglichkeiten (nachstehend abgekürzt FA)

Wanderung 13: FA du Kebespre (ca. 2 km nordwestlich Lapoutroie), C. Verchere, 68650 Lapoutroie, Tel. (89) 47.50.71
Wanderung 14: FA Trois-Fours, (2,5 km südlich Col de la Schlucht), A. Schott, 68140 Munster, Tel. (89) 77.31.14
FA la chaume de Schmargult (ca. 2 km südwestlich Hohneck), J.-J. Neff, 88400 Gerardmer, Tel. (29) 63.11.49
FA Firstmiss (im Sattel zwischen Kastelberg und Rainkopf, in unmittelbarer Nähe der Route des Crêtes), G. Devin-Lochert, 88400 Gerardmer, Tel. (29) 63.26.13

Wanderung 15: FA du Treh (am Trehkopf), P. Schott, 68610 Lautenbach, Tel. (89) 82.66.26
FA du Steinlebach (nördlich des Markstein), G. Heinrich, Markstein, 68610 Lautenbach, Tel. (89) 82.61.87
Wanderung 16: FA du Freundstein (nahe der N 431, südlich der Ruine Freundstein), V. Luttringer, 68760 Willer-sur-Thur, Tel. (89) 82.31.63
Wanderung 17: FA du Thanner Hübel (am Thanner Hübel), P. Welker, Bourbach-le-Haut, 68290 Masevaux, Tel. (89) 38.85.81
FA du Gresson (ca. 1,5 km südlich des Col des Charbonniers), C. Munsch, Oberbruck, 68290 Masevaux, Tel. (89) 82.00.21

b) Logis und Auberges de France (Logis de France: kleinere oder mittlere Betriebe; Auberges de France: Betriebe mit bescheidenerem Komfort als die ,,Logis")

Wanderung 2: Hotel Muller, 16, Avenue de la Liberation, 67110 Niederbronn-les-Bains, Tel. (88) 09.70.00
Hotel Cully, 35, Rue de la Republique, 67110 Niederbronn-les-Bains, Tel. (88) 09.01.42
Wanderung 3: Hotel Lion d'Or, 15, Rue Principale, La Petite Pierre, 67290 Wingen-sur-Moder, Tel. (88) 70.45.06
Auberge d'Imsthal, Route Forestière d'Imsthal, La Petite Pierre, 67290 Wingen-sur-Moder, Tel. (88) 70.45.21
Wanderung 4: Hotel Boeuf Noir, 22, Grande Rue, 67700 Saverne, Tel. (88) 91.10.53
Hotel Fischer, 15, Rue de la Gare, 67700 Saverne, Tel. (88) 91.19.53
Wanderung 5: Hotel au Goldbrunnen, 17, Route de Dabo, Obersteigen, 67710 Wangenbourg, Tel. (88) 87.31.01
Hotel Scheidecker-Fruhauf, 35, Rue de Général de Gaulle, 67710 Wangenbourg, Tel. (88) 87.30.89
Wanderung 6: Hotel Aux Ruines du Nideck, 2, Rue de Molsheim, Oberhaslach, 67190 Mutzig, Tel. (88) 50.90.14

Wanderung 7: Hotel du Donon, Col du Donon par Grand Fontaine, 67130 Schirmeck, Tel. (88) 97.20.69

Wanderung 10: Hotel au Canon, 2, Rue des Remparts, Andlau, 67140 Barr, Tel. (88) 08.95.08

Wanderung 12: Hotel au Taennchel, 144, Rue Principale, Thannenkirch, 68590 Saint-Hippolyte, Tel. (89) 73.10.15

Hotel des Vosges, 2, Grand' Rue, 68150 Ribeauvillé, Tel. (89) 73.61.39

Wanderung 13: Hotel du Kalblin, Fréland, 68240 Kaysersberg, Tel. (89) 47.18.30

Hotel du Faude, 28, Rue du Général Dupieux, 68650 Lapoutroie, Tel. (89) 47.50.35

Wanderung 15: Auberge de France, 68820 Kruth, Tel. (89) 82.28.02

Hotel du Grand Ballon, 68760 Willer-sur-Thur, Tel. (89) 76.83.35

Wanderung 16: Hotel Moschenross, 42, Rue Général de Gaulle, 68800 Thann, Tel. (89) 37.00.86

Auberge aux Rendez-vous des Chasseurs, 68620 Bitschwiller-les-Thann, Tel. (89) 37.11.57

Wanderung 17: Auberge la Chaumière, Ballon d'Alsace, 90200 Giromagny, Tel. (84) 29.30.08

Hotel du Saut de la Truite, Ballon d'Alsace, 90200 Giromagny, Tel. (84) 29.32.64

Wanderung 18: Hotel la Sapinièr, 90200 Giromagny, Tel. (84) 29.32.88

Hotel Thiers, 9, Rue Thiers, 90000 Belfort, Tel. (84) 28.10.24

Wanderung Sundgau: Auberge a la Source de la Largue, Oberlargue, 68480 Ferrette, Tel. (89) 40.41.22

Hotel Collin, 4, Rue de Château, 68480 Ferrette, Tel. (89) 40.40.72

c) Sonstige Hotels und Auberges

Wanderung 1: Landgasthaus zur Wegelnburg, 6749 Nothweiler/Pfalz, Tel. 06394/284

Pension Kraft, 6749 Nothweiler/Pfalz,
Tel. 06394/495
Hotel aux deux Châteaux, N. Metz, Windstein, 67110 Niederbronn-les-Bains, Tel. (88) 09.24.41
Hotel du Windstein, Ch. Issel, 12, Rue Principale, Windstein, 67110 Niederbronn-les-Bains, Tel. (88) 09.24.18

Wanderung 2: Hotel au Soleil, 2, Place de l'Eglise, Lichtenberg, 67430 Ingwiller, Tel. (88) 89.96.13
Hotel-Restaurant du Château, 4, Place de l'Eglise, Lichtenberg, 67340 Ingwiller, Tel. (88) 89.96.11

Wanderung 3: Hotel des Vosges, 30, Rue Principale, La Petite Pierre, 67290 Wingen-sur-Moder,
Tel. (88) 70.45.05

Wanderung 4: Auberge Haut-Barr, Haut Barr, 67700 Saverne, Tel. (88) 91.17.61
z. Z. keine Übernachtungen
Hotel de la Marne, 5, Rue de Griffon, 67700 Saverne, Tel. (88) 91.19.18

Wanderung 6: Hotel Hohenstein, 59, Route de Nideck, Oberhaslach, 67190 Mutzig, Tel. (88) 50.91.38

Wanderung 8: Hotel des Vosges, 4, Rue de Grendelbruch, Klingenthal, 67530 Ottrott, Tel. (88) 95.82.86
Hotel au Cygne, Klingenthal, 67530 Ottrott, Tel. (88) 95.82.94
Hotel au Moulin, Klingenthal, 67530 Ottrott, Tel. (88) 95.87.33

Wanderung 9: Hospices du Mont Sainte Odile, Mont Sainte Odile, 67530 Ottrott, Tel. (88) 95.80.53 und 95.80.65

Wanderung 10: Hotel Bleeß, Rue Principale, Reichsfeld, 67140 Barr, Tel. (88) 85.50.61

Wanderung 11: Hotel Schafläger, Route Orschwiller-Haut Koenigsbourg, 68590 Orschwiller, Tel. (88) 92.23.59
Hotel Haut-Koenigsbourg, Haut-Koenigsbourg, 68590 Saint-Hippolyte, Tel. (89) 92.10.92

Wanderung 12: Hotel au Grand Tétras, 1, Rue de la Poste, Aubure, 68150 Ribeauvillé, Tel. (89) 73.90.66

Wanderung 13: Hotel du Lac Blanc, Lac Blanc, 68370 Orbey, Tel. (89) 71.21.97

Wanderung 14: Hotel le Chalet, Col de la Schlucht, 68140 Munster, Tel. (89) 77.36.44
Hotel Hohneck-Sommet, Hohneck, 88250 La Bresse, Tel. (29) 63.11.47
Chalet-Refuge du Rainkopf, Daniel Muller, 3, Rue du Rhin, 68120 Pfastatt, Tel. (89) 53.68.10
Hotel du Soleil, 51, Grand' Rue, Wildenstein, 68820 Kruth, Tel. (89) 82.28.41

Wanderung 16: Hotel à la Ville de Thann, 12, Rue de Rhin, 68620 Bitschwiller-les-Thann, Tel. (89) 37.02.64

Wanderung 17: Auberge-Refuge Neuweiher, Agnes Hoog, Rimbach-près-Masevaux, 68290 Masevaux, Tel. (89) 82.02.09 oder 82.02.53
Hotel du Sommet du Ballon d'Alsace, Ballon d'Alsace, 90200 Giromagny, Tel. (84) 29.30.60
Wanderung 18: Hotel la Tour d'Argent, 90300 Valdoie, Tel. (84) 21.56.50
Wanderung Sundgau: Hotel Felseneck, 42, Rue de Château, 68480 Ferrette, Tel. (89) 40.41.54
Hotel-Restaurant Willig, Liebsdorf, 68480 Ferrette, Tel. (89) 40.80.24

d) Jugendherbergen (Auberges de Jeunesse)

Wanderung 4: 67700 Saverne, Tel. (88) 91.14.84
Wanderung 8: Grandfontaine, 67130 Schirmeck, Tel. (88) 97.20.76
Wanderung 17: Ballon d'Alsace, 90200 Giromagny, Tel. (84) 29.32.50
Wanderung 18: Rue Dubail, 90000 Belfort, Tel. (84) 28.00.53

e) Campingplätze

Wanderung 1: Am Südende des Fleckensteiner Weihers, Ortsbezeichnung „Tannenbrück“, Zufahrt von der D 925, 67510 Lembach, Tel. (88) 94.40.38

Wanderung 2: Auf dem Gelände des Vogesenclubs, Ortsbezeichnung „Heidenkopf“, Zufahrt von Bad Niederbronn, 67110 Niederbronn-les-Bains, Tel. (88) 09.08.46

Wanderung 3: Links der Zufahrt zur Auberge Imsthal und dem Imsthaler Weiher, Ortsbezeichnung „Imsterfeld“, Zufahrt von der D 178
67290 La Petite Pierre, Tel. (88) 70.45.25, Herr Küster

Wanderung 4: Am südlichen Ortsende von Zabern (Saverne), unterhalb der Ruine Hohbarr, Zufahrt von der dorthin führenden D 171, 67700 Saverne, Rue du Père Libermann, Tel. (88) 91.35.65

Wanderung 5: 1 km südlich Wangenburg, an der Straße Richtung Nideck (D 218), Zufahrt von dort. 67110 Wangenburg-Engenthal, Tel. (88) 87.32.44

Wanderung 6: Auf dem Gelände des Vogesenclubs, Ortsbezeichnung „Lüttenbach“, im Haseltal, beim Hotel „Hohenstein“ Zufahrt von der D 218. Oberhaslach, 67190 Mutzig, Tel. (88) 50.90.62

Wanderung 8: Im Breuschtal (Vallée de la Bruche), 1 km nordöstlich von Schirmeck, auf gemeindeeigenem Gelände an der N 392, Zufahrt von dort. 67130 Schirmeck, Tel. (88) 97.01.61

Wanderung 12: Camping „Trois Châteaux“, am westlichen Ortsende von Rappoltsweiler, unterhalb der Burgen, im Strengbachtal, an der D 416, Zufahrt von dort. 68150 Ribeauvillé, kein Telefon
Am Ortseingang von Aubure, von der D 11 kommend (von Rappoltsweiler) linker Hand, auf gemeindeeigenem Gelände, Zufahrt von der D 11 Aubure. 68150 Ribeauvillé, Tel. (89) 73.90.16 (Mairie = Bürgermeisteramt)

Wanderung 13: Camping ,,Les Verts Bois", Fréland, auf gemeindeeigenem Gelände, an der D 11. Zufahrt von dort. Fréland, 68240 Kaysersberg, Tel. (89) 47.18.05
Camping ,,Les Clos des Biches", Lapoutroie, Zufahrt von der N 415. 68650 Lapoutroie, Tel. (89) 47.50.86
Wanderung 14: Camping ,,Schloßberg", am Wildensteiner See, am Fuße des Wildensteiner Schloßberges, Zufahrt von der D 13. 68820 Kruth, kein Telefon
Wanderung 18: 90200 Giromagny, in Ortsmitte, auf gemeindeeigenem Gelände, kein Telefon
90000 Belfort, ,,Promenades d'Essert", Avenue du Général Leclerc, Ortsausgang in Richtung Paris, kein Telefon

3. Wandervereine:
Club Vosgien, 16, Rue Sainte Hélène, F-67000 Strasbourg, Tel. (88) 32.57.96
Vosges Trotteurs, 58, Rue St. Aloyse, F-67000 Strasbourg, Tel. (88) 34.20.17
Club Alpin Français, 48, Rue de la Meinau, F-67000 Strasbourg, Tel. (88) 39.21.84
Union Touristique les Amis de la Nature, 20, Rue de la Bruyere, F-67400 Illkirch, Tel. (88) 65.05.35

Verzeichnis der Orte

Verzeichnis der Burgen

Der Adel im heutigen Elsaß

Der Adel, einst im Elsaß so zahlreich, teilte das Schicksal seiner Burgen. So wie sie in Trümmer sanken, ist auch er, von wenigen Familien abgesehen, erloschen; dezimiert durch die vielen Kriege (allein in der Schlacht von Sempach, 1386 gegen die Schweizer, fielen auf habsburgischer Seite von den hier erwähnten Geschlechtern: ein Ochsenstein, ein Geroldseck, ein Andlau, ein Müllenheim, ein Rathsamhausen, der letzte von der Dycke, zwei Hattstatt, drei Greifenstein, drei Landsberg, vier Mörsberg und viele andere) und entrechtet und vertrieben durch die Revolution von 1789. Auch das Haus Habsburg, dessen Schicksal durch viele Jahrhunderte mit dem Elsaß verknüpft war, ist seit 1740 im Mannesstamm ausgestorben und nennt sich seitdem Habsburg-Lothringen. Die Rathsamhausen, 1828 im Mannesstamm erloschen, leben in dem bayrischen Adelsgeschlecht der von der Tann-Rathsamhausen weiter. Die wittelsbachischen Herzöge von Pfalz-Zweibrücken wurden 1799 Kurfürsten und 1806 Könige von Bayern (bis 1918). Das Schicksal der im Elsaß verbliebenen Familien spiegelt das Schicksal des Landes in seiner Zerrissenheit zwischen Deutschland und Frankreich wider: ein Freiherr von Türckheim (Johann, geboren 1778 in Straßburg) war bis 1835 badischer Minister, dessen Sohn (Hans von Türckheim) von 1871–1878 Mitglied des deutschen Bundesrates, ein Dürckheim (Ferdinand Eckbrecht Graf von Dürckheim-Montmartin) war 1850 Präfekt in Colmar, dann Generalinspekteur der französischen Telegrafenverwaltung und setzte sich nach 1871 für die deutschen Belange im Elsaß ein; ein Graf von Andlau (Gaston, Joseph, Hardouin) war französischer General, nachdem er vorher als Oberst im Generalsstab der französischen Rheinarmee im Kriege von 1870/71 bei der Kapitulation von Metz in deutsche Gefangenschaft geraten war, ein Zorn von Bu-

lach (Hugo Freiherr Zorn von Bulach, geboren 1851) war Unterstaatssekretär der Abteilung Landwirtschaft des Ministeriums für die Reichslande Elsaß-Lothringen. Sein Bruder Franz, geboren 1858, war zunächst im Auswärtigen Amt in Berlin und wurde, nach Übertritt in den Geistlichenstand, 1901 Bischof von Straßburg. Heute sind noch folgende Familien im Elsaß ansässig: Andlau, Dietrich, Dürckheim, Müllenheim, Reinach, Schauenburg, Türckheim, Waldner von Freundstein, Wangen, Zorn von Bulach. An diese Familie und ihren Sitz, Schloß Osthausen, ist Claus von Breuschheim, die Hauptfigur in René Schickeles Roman „Das Erbe am Rhein“, angelehnt.
Die Zorn, wie auch die Müllenheim, entstammen dem Stadtpatriziat von Straßburg. Ebenso die im 16. Jahrhundert aus Lothringen eingewanderten Dietrich, deren ursprünglicher Name Didier war.

Verzeichnis sonstiger Ziele in den Vogesen

Register

Kursiv bedeutet ausführliche Beschreibung

A

B

C

D

E

F

G

H

I, J

K

L

M

N

O

P

Q

R

S

Sch

Sp

St

T

U

V

W

Z

Ottmarsheim (S. 93): Zentralbau der Stiftskirche

Abbildungsverzeichnis

Colmar (S. 83): Kopfhüs

Quellenverzeichnis

Anheißer, Roland, Das deutsche Elsaß, 1941
Aufschlager, Johann, Friedrich, Das Elsaß, 1825
Borries, Emil von, Geschichte der Stadt Straßburg, 1909
Bouchholtz, Fritz, Elsässische Sagen, 1922
Elsaß-Lothringen: ein Heimatbuch, 1928
Burgen und Schlösser im Elsaß, 1962
Braun, Jean, Circuits des châteaux-forts d'Alsace, 1978
Christen, A., Sankt Odilien, 1975
Christmann, Ludwig, Bilder aus dem Elsaß und den Vogesen, 1888
Club Vosgien, Guide des Vosges, 1982
Club Vosgien, Les Vosges, 1974–1990
Club Vosgien, Section Niederbronn-Reichshoffen, Bulletins de Liaison 1974–1990
Digot, Histoire de Lorraine, 1880
Ebhardt, Bodo, Die Burgen im Elsaß, 1904
Eyer, Fritz, Aus der Geschichte des Fleckensteins, 1971
Lichtenberg in Sage und Geschichte, 1978
Fabricius, W., Die Grafschaft Veldenz, 1913
Flake, Otto, Straßburg und das Elsaß, 1908
Goethe, Johann, Wolfgang v., Aus meinem Leben, Wahrheit und Dichtung, 1875
Hartung Walter, Pfälzisches Burgenbrevier, 1967
Haug, Hans, Die Hohkönigsburg, 1964
Hertzog, G., Friedrich der I., der Siegreiche, Kurfürst von der Pfalz, 1918
Hockenjos, Fritz, Von einem Jahr zum andern, 1983
Hoefle, R., Châteaux des Vosges, 1840
Hotz, W., Handbuch der Kunstdenkmäler im Elsaß und in Lothringen, 1970
Imlin, E. F., Vogesische Ruinen und Naturschönheiten, 1821
Kindler von Knobloch, Die Burggrafen und Vitztumgeschlechter im Elsaß, 1881

Maursmünster (S. 69): Westfassade der Abteikirche

Kindler von Knobloch, Der alte Adel im Oberelsaß, 1882
Kirner/Baumann, Das Theobaldusmünster zu Thann, 1979
Klein, G., L'Art du Vignoble alsacien, 1979
Klein, Karl, Fröschweiler Chronik, 1931
Krieg von Hochfelden, Geschichte der Militärarchitectur, 1859
Lehmann, J. G., Dreizehn Burgen des Unterelsaß und Bad Niederbronn, 1878
Mandel, Emile, Les ruines des châteaux-forts des Vosges du Nord, 1950
Mathis, C., Wasgowiana, Sagen des Wasgenwaldes, 1918
MERIAN, Heft 12/IX, Straßburg, 1956
MERIAN, Heft 5/XIV, Das Elsaß, 1961
MERIAN, Heft 9/XXI, Lothringen, 1968
MERIAN, Heft 7/XXXIII, Straßburg und das Elsaß, 1980
Metz, Adolf, Friederike Brion, 1924
Mirambeau, Ed., Le franchissement du Rhin par les Allemands, o. J.
Naeher, Julius, Die Burgen in Elsaß-Lothringen, 1905
Piper, Otto, Burgenkunde, 1905, 1967
Redslob, Schmitt, Ulrich, Châteaux des Vosges, 1960
Schelm/Mehrle, Erinnerungsbuch der 215. Infanterie-Division, o. J.
Sittler, Lucien, Dans les Vosges du Nord, 1957
Steiner, Eugen, Vogesenburgen, 1914
Wackernagel, Rudolf, Geschichte des Elsaß, 1919
Wagner, Emil, Die Burgruinen der Vogesen, 1900
Wenger, Daniel, Sur les sentiers Vosgien, 1982
A la decouverte des Vosges, 1982
Wolff, F., Elsässisches Burgenlexikon, 1908, 1979
Wülfing, O. E., Burgen der Hohenstaufen in der Pfalz und im Elsaß, 1958
Wurch, Ernest, Burgenfahrten Elsaß und Queichgau, 1978
Zimmermann, Wilhelm, Der große deutsche Bauernkrieg, 1975

Zabern (S. 134): Westturm der Pfarrkirche

Nachwort

Das vorliegende Buch, das umfassend wie kaum ein anderes über das Elsaß informiert, wäre ohne entsprechendes Quellenstudium nicht möglich gewesen.

Der Staatsbibliothek Bamberg gilt deshalb mein besonderer Dank für die Zeit und Mühe, die ihre Mitarbeiter aufgewendet haben, um mir die benötigten Veröffentlichungen zu beschaffen, die nur in wenigen Fällen aus eigenen Beständen stammen.

Von den vielen Anregungen, die ich aus dem Elsaß erfahren habe, sind vor allem die Veröffentlichungen des Vogesenclubs in dessen Zeitschrift „Les Vosges" zu nennen. Ihren Verfassern sei gleichfalls an dieser Stelle gedankt.

Belfort (S. 242): Eingangstor der Festung

Anton Braun

Burgen und Klöster im Rheinland

Wanderungen zwischen Bonn und Wiesbaden,
an der Mosel, Lahn und Ahr

352 Seiten, 32 farbige Abbildungen, 40 Wanderkarten

Wie und wo man wandert, wissen viele. Wie und wo man aber besonders erlebnisreich wandern kann, verrät Anton Braun in seinem neuen Wanderführer: im Siebengebirge, in den östlichen Ausläufern der Eifel, an der Mosel, an der Lahn, am Rhein zwischen Bonn und Bingen oder Wiesbaden oder im Rheingau. Zielpunkte der 39 Wandervorschläge sind Klöster und Burgen, denn sie erzählen die Geschichte des Rheinlandes von der Römerzeit bis ins 20. Jahrhundert. Jede Wanderung (jeweils zwischen zwei und fünf Stunden) hat der Autor selbst Meter für Meter abgegangen. Der Streckenverlauf ist genau beschrieben und zusätzlich auf farbigen Karten markiert.
Die eingeschobenen Kapitel enthalten die Geschichte der Burgen, Klöster und der Städte am Wege, die Sagen und Legenden und auch die geographischen Beschreibungen der Landschaften und der Weinlagen. Die vorgeschlagenen Wanderwege führen durch Wälder und Täler, entlang der Flüsse und Seen und durch die Weinberge.
Zentraler Ausgangspunkt ist die Stadt Koblenz. Die Anfahrten mit dem Auto oder öffentlichen Verkehrsmitteln sind ebenso angegeben wie die Rückfahrtmöglichkeiten zum Ausgangspunkt jeder Wanderung. Das Buch ist so gegliedert, daß die einzelnen Wanderungen als Tagestouren unternommen oder auch zu Kurzurlauben von vier bis sechs Tagen zusammengefaßt werden können.

Hans Beuter

Ritter, Schurken, Schloßgespenster

Wanderführer zu den schönsten Sagenstätten zwischen Murg und Eyach, Nagold und Neckar

280 Seiten, 15 Abbildungen, 38 Karten

„Wanderführer gibt es wie Sand am Meer. Die besseren von ihnen zeichnen sich durch präzise Wegbeschreibungen, Hinweise auf Einkehrmöglichkeiten und Aussichtspunkte, gut lesbare Karten und knappe Beschreibungen der Kunst- und Naturdenkmäler rechts und links des Weges aus. All dies trifft auch auf Hans Beuters 37 Wegbeschreibungen zu. Doch bietet Beuter seinen Lesern entschieden mehr. Sämtliche Wanderziele zwischen Murg und Eyach, Nagold und Neckar werden mit der Erzählung einer Sage verknüpft. Vom Heidenjokele und Bundelweible bei Schopfloch im oberen Waldachtal ist da die Rede, die Geister vom Frundeckschlößle werden beschworen, der sagenumwobene Mummelsee umwandert, vom Mirakel von Kloster Kirchberg bei Haigerloch sowie vom versteinerten Brot in der St.-Ulrichs-Kapelle im Neckartal erfährt der neugierige Wanderer etwas, und schließlich noch, wie der Teufel nach Weitingen kam. Besonders Kinder, die sich bei Wanderungen nicht selten langweilen, können mit diesen Historien im Gepäck vielleicht dazu bewegt werden, den Wandertag als abenteuerliche Reise in die geheimnisvolle Vergangenheit zu erleben. Zu jedem Ort am Weg liefert Beuter die notwendigsten (kunst)historischen Informationen. Für alle Wanderungen werden eine Parkmöglichkeit am Ausgangspunkt sowie die Gehzeit angegeben."

Frankfurter Allgemeine Zeitung

Jörg Sieger

Kardinal im Schatten der Revolution

Der letzte Fürstbischof von Straßburg

424 Seiten, 26 Abbildungen, Ganzleinen

Obschon die Zeit der Französischen Revolution den Hintergrund der vorliegenden Darstellung abgibt, spielen die Ereignisse der großen und nur allzu bekannten Politik nur am Rande eine Rolle. Anhand der Persönlichkeit des letzten Straßburger Fürstbischofs, der im Zusammenhang mit der Halsbandaffäre des Jahres 1785 traurige Berühmtheit erlangte und sich nach Ausbruch der revolutionären Unruhen in seine rechtsrheinischen Besitzungen zurückzog, werden vor allem die Auswirkungen der Revolution auf die Gebiete am Oberrhein thematisiert. Neu beleuchtet wurden dadurch die Schwierigkeiten und Probleme der Unmenge von Kleinstaaten, auf die Unruhen zu reagieren, und vor allem die Verhältnisse der einfachen städtischen und dörflichen Bevölkerung. Gerade die starke Orientierung an den Quellen ermöglichte ein anschauliches und plastisches Bild davon zu zeichnen, wie die Menschen im späteren Baden, insbesondere in der Ortenau und den ehemaligen Oberämtern Ettenheim und Oberkirch, die Vorgänge der Revolution mit den Koalitionskriegen bis hin zum Reichsdeputationshauptschluß im Jahre 1803 erlebten.

Schon von daher sind die hier gesammelten Forschungsergebnisse, die mit wissenschaftlicher Genauigkeit und dennoch leicht lesbar dargeboten werden sollten, landeskundlich höchst interessant. Hinzu kommt, daß diese Ereignisse nicht für sich betrachtet, sondern in den größeren geschichtlichen und politischen Zusammenhang dieser Welt gestellt wurden, eine Zeit, von der wesentliche Impulse für unser heutiges Demokratie- und Staatsverständnis ausgingen.

MORSTADT VERLAG KEHL STRASBOURG BASEL

Kurt Gayer

Die Alemannen-Saga

Ein Volk, kein Reich und 100 Herren

232 Seiten, 20 Abbildungen und Dokumente

,,In vielen Fremdsprachen steht ,,Allemagne" und ,,Alemania" für alles, was deutsch ist. ,,Ahnherren" dieses Namens war das unstete Reitervolk der Alemannen, über dessen Herkunft sich die Historiker bis auf den heutigen Tag nicht einig sind. Der Autor ist ihren Wegspuren in der Weltgeschichte nachgegangen bis zu der Zeit, als sich der Stamm sammelte und sich ihm auf dem langen Marsch nach Süden ,,alle Mann" anschlossen. Nach der Erstürmung des Limes setzten sie sich ,,mit breitem Hintern" in den Gebieten zwischen den Vogesen und dem Lech, zwischen dem unteren Neckar fest, wo sie noch immer sitzen, aufgeteilt zwischen fünf Nationen. Fesselnd geschrieben und immer an den historischen Fakten orientiert, wird dieses Buch des bekannten Autors mit dazu beitragen, das geschichtliche Dunkel um Weg und Abkunft der Alemannen aufzuhellen . . ."

Georg Wittenberger / Hanauer Anzeiger

,, . . . Hier wird keine trockene Unterrichtsstunde abgehalten. Da mischen sich Fakten mit Anekdoten, Daten und Bonmots . . . Kurt Gayers Passage über das Elsaß ist ein Beispiel, wie man ein heikles Kapitel einfühlsam, zurückhaltend, schlichtweg sympathisch abhandelt . . ."

Nordschweiz / Basler Volksblatt

,, . . . liest sich spannend wie ein Abenteuerroman, angefüllt mit geschichtlichen Fakten . . . eine chronologische Kulturgeschichte eines Volkes."

Buchhändler heute / Düsseldorf

,,Dem Erfolgsautor Kurt Gayer geht es mit seiner Alemannen-Saga darum, nicht eine Bewegung zu inszenieren, sondern darum, auf das 7-Millionen-Volk der Alemannen wissenschaftlich fundiert aufmerksam zu machen . . ."

Prof. Dr. Franz Ortner in Vorarlberger Nachrichten